Tanja Schurkus

Matthias Claudius

Romanbiografie

BRUNNEN
Verlag Giessen · Basel

MIX
Papier aus verantwortungsvollen Quellen
FSC® C006701
FSC
www.fsc.org

www.brunnen-verlag.de
Lektorat: Eva-Maria Busch
Umschlagmotiv: Shutterstock
Umschlaggestaltung: Ralf Simon
Satz: Die Feder GmbH, Wetzlar
Herstellung: CPI – Ebner & Spiegel, Ulm
ISBN 978-3-7655-1180-6

Wir sind nicht umsonst in diese Welt gesetzt,
wir sollen hier reif für eine andre werden.

(Aus: Valet an meine Leser, in:
Asmus omnia sua secum portans, VII. Teil)

Für meine Eltern

Inhalt

1 Der Bote

's ist Krieg! 's ist Krieg! O Gottes Engel, wehre
und rede du darein!
's ist leider Krieg – und ich begehre,
nicht schuld daran zu sein!

Was sollt ich machen, wenn im Schlaf mit Grämen
und blutig, bleich und blass
die Geister der Erschlagnen zu mir kämen
und vor mir weinten, was?

(Aus: Kriegslied, in: Asmus omnia sua secum portans, IV. Teil)

Mai 1813

Plötzlich war es still. So still war es nie zuvor in diesem Haus, in dieser Stadt gewesen. Es war so still, dass Caroline den Stoff ihres Kleides rascheln hörte, obwohl sie sich nicht bewegte. Sie kniete vor der Bank, die unter dem Fenster zum Jungfernstieg stand, und es war ihr Herzschlag, der den Stoff über ihrer Brust pulsierend flüstern ließ. Sie öffnete die Augen und sah auf ihre gefalteten Hände. Die Fingerknöchel zeichneten sich weiß ab, kleine rote und blaue Äderchen darin.

Sie horchte. Von der Straße drang kein Laut. In den Holzbohlen des Salons knackte es, aber es bewegte sich niemand. Es war nur die Ungewissheit, die durch das Haus schlich. Warum hatte der Beschuss aufgehört?

Caroline löste ihre Hände. Sie schmerzten, weil sie die Finger ineinander verkrampft hatte. Sie erinnerte sich daran, dass ihr Vater ihr in liebevoller Eindringlichkeit beigebracht hatte, dass man zum Beten die Handflächen *aneinander* legen sollte, damit die Fingerspitzen nach oben zeigten zu Gott.

Nun, da sie ihre schmerzenden Finger bewegte, spürte sie einen ganz irdischen Grund für diese Handhaltung. Aber sie musste sich gestehen, dass sie die meiste Zeit, da sie hier kniete, nicht im Gebet verbracht hatte, sondern in Gedanken an Friedrich. Am Vortag hatte er ihr einen Boten geschickt, der nach einer Phiole verlangte, die in seinem Schreibtisch lag. Caroline wusste, dass diese Phiole Gift enthielt, und sie hatte den Boten mit Fragen bedrängt: Warum schickte ihr Mann jetzt danach? Der Bote wusste nur zu sagen, dass die Sache Dringlichkeit besaß.

Caroline hatte das Fläschchen in ihrer Hand gewogen, als wäre es das Leben ihres Mannes selbst. Wenn die Franzosen Hamburg zurückerobern würden, so würde man Friedrich zur Rechenschaft ziehen, weil er die Bürgergarde, die er zwei Monate zuvor im Auftrag der französischen Verwaltung aufgestellt hatte, nun gegen ihre Truppen führte. Er war in den Augen der Franzosen kein gegnerischer Offizier, er war ein Aufständischer, ein Verräter, ein Wortbrüchiger. Wollte Friedrich zum Gift Zuflucht nehmen, bevor man ihn als solchen büßen ließ? Und sie sollte ihm dieses Gift bringen lassen?

Caroline hatte mit sich gerungen, bis sie fast die Besinnung verlor. Und dann, in einem Moment der Klarheit, hatte sie alles Gott befohlen: das Schicksal ihres Mannes, ihr eigenes, das Leben und das Wohl ihrer Kinder, die Geschicke ihrer bedrängten Heimatstadt Hamburg. Doch kaum war der Bote mit der Phiole am Ende des Jungfernstiegs ihren Blicken entschwunden, waren ihr Zweifel gekommen. Und seitdem quälte sie sich mit der Frage, ob sie Friedrich zu einem Freitod verholfen hatte. Sie hatte ihn seit Tagen weder gesehen noch hatte sie ein persönliches Wort von ihm gehört. Jeden Morgen ging sie mit den Frauen hinaus, die Proviant für die Männer der hanseatischen Legion in den Körben trugen. Doch sie gingen nur bis zum Grasbrook vor, wo das Lager war; die Geschütze und die Schanzen, von denen aus sie die napoleonischen Truppen unter Feuer nahmen, waren weiter draußen.

Den ganzen Tag über kamen Männer und Frauen ins Haus, die ihre Aufgabe bei der Verteidigung der Stadt umhertrieb. Hier fanden sie ein Schlaflager, und sie ließ ihnen zu essen geben. Jeden, der von der Elbe kam, fragte Caroline nach Friedrich. Man sagte ihr, er sei ein Vorbild an Tapferkeit, ein Patriot, ein hanseatischer Held, aber das war es nicht, was sie hören wollte. Sie wollte hören, dass er wohlbehalten zu ihr und den Kindern zurückkehrte.

Caroline stand auf. Ihr schmerzten die Knie. Ihr Blick ging aus dem Fenster hinaus, wo sie über die Alster hinweg in der Ferne den Kirchturm von Wandsbek sehen konnte. Ein heftiges Sehnen überkam sie nach diesem Ort, der ihr Frieden und Sicherheit versprach. Ihre jüngeren Kinder Leonore und Bernhard hatte sie schon vor einigen Tagen mit der Amme nach Wandsbek geschickt. Die Kinder waren in Jubelrufe ausgebrochen, wie immer, wenn man ihnen einen Besuch bei den Großeltern Claudius in Aussicht stellte. Und wie immer waren beim Abschied dennoch Tränen geflossen. Für Caroline war es kein gewöhnlicher Abschied gewesen, und so waren ihre Tränen verzweifelter, und es hatte sie Kraft gekostet, die Kinder ihre Angst nicht spüren zu lassen, denn sie musste befürchten, sie nicht wiederzusehen. Drüben in Wandsbek, bei den Großeltern in Dänemark, waren die Kinder sicher – aber Hamburg lag seit vier Tagen unter Beschuss.

In den ersten Tagen war das Feuer nicht mehr gewesen als das Begrüßungsritual zwischen Feinden. Die Kugeln schlugen in den Marschwiesen ein, ohne großen Schaden anzurichten. Der Beschuss setzte ein und hörte auf, ganz nach der Uhr: Er ging über die Mittagszeit, dann wurde er in der Stunde bis zum Dunkelwerden fortgesetzt und um Mitternacht begann er erneut. Die Bewohner standen an den Fenstern und in den Gassen, denn der Feuerschweif der Granaten war ein grausig schönes Schauspiel am Nachthimmel. Aber seit dem gestrigen Tag war der Beschuss grimmiger geworden und hatte keine Pause gekannt – bis jetzt. Es musste etwas zu bedeuten haben, dass die Kanonen nun schwiegen. Das bange Warten auf Gewissheit machte alles um sie herum zur leeren Kulisse.

„Mama?“ Clemens’ verschlafene Stimme klang zu ihr herüber. Sie hatte den Jungen auf das Sofa gebettet, denn er wollte nicht im Kinderzimmer schlafen, seit seine Geschwister fort waren. Er war der Furchtsamste und Anhänglichste unter ihnen, und so hatte Caroline ihm nachgegeben, als er sich weinend an sie geklammert hatte, um bei ihr bleiben zu dürfen.

„Ist so still, Mama. Sind die Kanonen weg?“

Caroline kniete sich neben das Sofa, beugte sich dabei aber nicht vor, denn wenn man auch noch nichts sah von dem neuen Leben, das in ihr wuchs, so glaubte sie doch, behutsam damit sein zu müssen.

„Nein, das wohl nicht. Vielleicht sind ihnen ja die Kanonenkugeln ausgegangen.“ Sie strich dem Jungen über die schlafroten Wangen. Clemens runzelte missmutig die Stirn. Es gab einen Wettbewerb unter den Kindern darin, die eingeschlagenen Kanonenkugeln aufzulesen und zum Sammelplatz zu bringen, damit die Kugeln, falls sie nicht unbrauchbar geworden waren, nun den hanseatischen Kanonen als Munition dienten. Es gab keinen Nachschub für die Bürgergarde. Der König von Dänemark hatte seine Hilfe zugesagt, aber seine Truppen ließen auf sich warten, und manche sagten, das sei gut so, denn wenn die Dänen erst einmal in der Stadt wären, würden sie sie als ihr Eigentum betrachten, so wie es die Franzosen vor ihnen getan hatten.

Vor einigen Tagen waren in diesem Haus die Waffen ausgegeben worden, die Friedrich heimlich aus den französischen Beständen beiseitegeschafft hatte. Man fluchte dabei auf die Franzosen, gab Spottverse zum Besten und sprach Drohungen aus. Als alles ruhig geworden war, saß der alte Büchsenmacher zu einer flackernden Kerze gebeugt über einer schadhaften Flinte.

„Hamburg wird nich wieder frei sein. Wenn es nich die Franzosen sind, dann sind es die Dänen; wenn es nich die Dänen sind, sind es die Preußen. Wir kämpfen nich für unsere Freiheit, sondern nur gegen den einen Herrn und für einen anderen. Wenn wir's da mal nur richtig machen! Wenn Frankreich nich Krieg gegen England führen würde und unser Hafen wieder offen wäre, ja, dann ginge es uns allen wieder gut. Dann ist der französische Kaiser so gut wie jeder andere."

Er hatte es sehr leise gesagt und nur zu ihr, denn es hieß, dass man in diesen Tagen eher dem Teufel Freundschaft anbieten durfte als einem Franzosen. Einige Jahre zuvor waren in ihrem Haus zwei französische Soldaten einquartiert gewesen. Der eine kam aus den Pyrenäen, der andere aus Lyon. Jeder Haushalt in Hamburg hatte „seine Franzosen" und beinahe jeder sah sie als Familienmitglieder an. In Carolines Familie waren Tränen geflossen, als die beiden sich verabschiedeten. Nun stellte sie sich vor, dass sie auf der anderen Seite unter Waffen standen. Sie war dabei, Schießpulver in Papierhütchen zu drehen.

Caroline hatte Mitleid empfunden, als die Familien der französischen Beamten in den kalten Frühlingstagen aus der Stadt hatten fliehen müssen, weil es hieß, dass sie in Hamburg nicht mehr sicher waren. Ihr trostloser Aufbruch zu den Resten der Armee, die geschlagen aus Russland zurückkehrte, hatte bei ihr keine Häme ausgelöst. Die Kinder weinten ebenso wie die ihren, wenn sie die Angst der Erwachsenen spürten, und den Frauen war ebenso die Sorge um ihre Männer anzusehen, wie man sie jetzt in ihrem Gesicht hätte lesen können. Nun vertrieb sie den Gedanken mit einem Blick in Clemens' Gesicht.

„Hast du gut geschlafen, mein Liebling?"

Der Dreijährige befreite sich aus der Decke und nickte.

„Hast du etwas geträumt?"

Mit zusammengepressten Lippen dachte er nach.

„Von den Hühnern!", rief er plötzlich aus. „Von Großvaters Hühnern!" Das Zimmer der Kinder in Wandsbek ging zum Hühnerstall hin, Caroline hatte sie oft morgens am Fenster aufgereiht gefunden, wo sie beobachteten, was sich im Hühnerhof tat.

„Sie waren alle weiß“, sagte Clemens, „und konnten fliegen.“

„Wie Schwäne?“

„Wie Schäne auf der Alster!“

„Schwäne, Clemens, *Schwäne* …“

Hufschlag, leise noch wie der Trommelschlag, der einen Delinquenten begleitete, drang an ihr Ohr. Der Hufschlag eines erschöpften Pferdes.

Nicht zu uns!, dachte sie, denn sie wusste, dass dieses Pferd einen Karren zog und auf dem Karren lagen die Toten. Anders als in den Zeiten einer Seuche holte man die Toten nicht aus den Häusern, man brachte sie dahin zurück. Jetzt konnte sie schon das Ächzen der Räder hören.

Sie bringen mir Friedrich zurück.

„Mama!“, beschwerte sich Clemens, denn sie hatte die Hand des Kleinen gefasst und zugedrückt. Sie ließ los.

Fahr doch weiter!, dachte sie, doch dann hörte sie das „Brrr!“ und die Räder kamen zum Stillstand.

Caroline erhob sich. „Steh auf“, sagte sie zu Clemens. „Die Mittagszeit ist vorüber.“

Unten wurde die Tür geöffnet. Erst hörte sie Dorothee, das Dienstmädchen, und eine Männerstimme, die ihr antwortete. Dann war es die Stimme ihrer ältesten Tochter Agnes. Rasche Schritte auf der Treppe. Agnes erschien mit roten Wangen in der Tür.

„Es ist Großvater!“, rief sie aus.

„Großvater ist in Wandsbek“, erwiderte Caroline. Man musste ihr die Wahrheit nicht vorenthalten, um sie zu schonen. Sie wusste: Der Karren hatte Unheil gebracht, weil alle Karren mit müden Pferden das taten.

„Nein, er ist hier!“

„Großvater!“, jubelte Clemens und sprang vom Sofa.

„Gib acht an der Treppe!“, rief Agnes und war schon hinter ihm her. Erst durch die Freude der Kinder begriff Caroline. Sie verließ den runden Salon und am Treppenabsatz hielt sie inne.

Im Hausflur stand ihr Vater. Er trug seinen schwarzen abgetragenen Mantel. Den dunklen, aus der Form geratenen Hut hielt er in der einen Hand, mit der anderen strich er Clemens über den Kopf.

„Wo ist Bernhard? Wo ist Leonore?“, fragte der Junge, der sich nach seinen Geschwistern sehnte. Caroline spürte, wie sehr auch sie ihren Vater vermisst hatte, denn ihr Vater war Frieden und Geborgenheit für sie. Und so lief sie die Treppe hinunter und hatte schon die Arme um ihn geworfen.

„Na, min Deern!“, sagte er halb verlegen, halb vorwurfsvoll, denn das war nicht die übliche Begrüßung, zu der er sie seit Kindesbeinen angehalten hatte. Also trat Caroline einen halben Schritt zurück, nahm seine Hand und küsste sie, doch dann umarmte sie ihn erneut. Er erwiderte die Umarmung.

„Geht es meinen Kleinen gut?“, fragte sie.

„Mach dir keine Sorgen. Am Abend weinen sie nach ihrer Mama, aber beim Gebet ist's schon wieder gut.“

„Ich dachte, sie bringen mir meinen Friedrich zurück, als ich den Karren hörte.“

„Ein Fuhrmann hat mich vom Stadttor mitgenommen. Ja, früher konnte ich den Weg von Wandsbek zu Fuß laufen.“ Aber er hatte die siebzig bereits überschritten, und wenn sein Haar auch immer noch braun war, so lag es doch in einem recht schütteren Kranz um den Kopf.

„Aber warum machst du denn den Weg hierher?“, fragte Caroline. Nun war es an ihr, gutmütigen Vorwurf in die Stimme zu legen.

„Ich komme doch jeden Dienstag und jeden Donnerstag nach Hamburg.“ In seinen Augen lag das Zwinkern, das Caroline so vertraut war und mit dem er nun zu sagen schien: Es ist in unserer Familie alles so wie immer. Doch als seine Mundwinkel herabsanken, war sein Gesicht streng und duster.

„Ihr könnt hier nicht bleiben. Es steht schlecht um Hamburg. Daher bin ich hier.“

2 Die Stimme im Sturm

Du stehst da hier auf dem Hügel mit offenem Munde, und es will dir eine gebratene Taube hineinfliegen, und du willst das nicht haben. In solchen Umständen könntest du nun freilich die Sturmglocke im Schlaraffenland anziehen, dass alle Leute mit Leitern und Ofengabeln kämen und gegen die gebratene Taube aufmarschierten. Du kannst aber viel kürzer dazu kommen: Mach's Maul zu. So kann sie nicht hinein.

(Aus: Eine andere Auflösung, in: Asmus omnia sua secum portans, IV. Teil)

Mai 1813

„Ich muss auf Friedrich warten", sagte Caroline und ging unruhig im Salon auf und ab. „Ich kann nicht fort, bevor ..."

... bevor ich nicht weiß, ob er noch lebt. Sie beendete den Satz nur in Gedanken, denn auf dem Sofa saßen Agnes und Clemens. Die Ältere hatte dem Jüngeren ein Bilderbuch hingelegt, aber nur die Blicke des Jungen ließen sich von den bunten Bildern fesseln, Agnes' Blick ging zum Fenster hin und hatte sich in Gedanken verloren.

„Min Herr Claudius! Das ist so schön, Sie hier to haben!" Das Dienstmädchen hatte den Salon betreten. Sie stellte eine Teetasse auf den runden Intarsientisch. „Der Tee is reichlich dünn. Ham ja nicht mehr viel hier. Seit Tagen geben wir alles fort. Sie haben es ja unten gesehen: Strohsäcke, Decken ... Aber in Wandsbek gehen die Dinge gut?"

„Wo tun sie das in diesen Tagen, Dorothee? Die Frau Rebekka ist krank gewesen und erst seit zwei Tagen wieder aus dem Bett. Sie war ganz verlegen darum, dass sie mir nichts mitgeben konnte."

Denn wenn er nach Hamburg kam, brachte er sonst stets etwas aus der Küche des Wandsbeker Hauses mit: Rauchfleisch, Pasteten, Zuckerbrot.

„Meine arme Mama!“, sagte Caroline und dachte nun, dass es besser wäre, ihr in Wandsbek zur Hand zu gehen.

„Es kommen sehr viele Flüchtlinge durch Wandsbek“, fuhr Claudius fort, als er zur Teetasse griff. „Und ein dänisches Regiment ist auch dort. Wir haben aber gottlob keine Einquartierung bekommen. Es fällt uns nun schwer, zu glauben, dass jemand Truppen schickt, um mit dem Krieg nichts zu tun zu haben.“

Claudius war Untertan des dänischen Königs. Er war Bürger der dänischen Besitzung Schleswig und war zwischen Jena, Heidelberg und Wien als ein deutscher Dichter bekannt. In den meisten Jahren seines Lebens hatte er das nicht als Widerspruch erlebt. Aber seit Napoleons Armee in Russland vernichtet worden war, regte sich in den deutschen Ländern Widerstand gegen die bestehenden Bündnisse mit dem Franzosenkaiser. Und Hamburg, das seit dem 1. Januar 1811 als französische Stadt galt, hatte sich diesem Widerstand angeschlossen. Dänemark aber hatte Zwist mit England und sah also in Frankreich einen Gesinnungsgenossen.

Claudius erinnerte sich an die Debatten und Beratungen, die seit den Tagen der Französischen Revolution in den Hamburger Salons stattgefunden hatten. Er hatte meist schweigend dabeigesessen. Zum einen, weil er fand, dass es ihm nicht zustand, Partei für oder gegen eine Seite in dem großen Streit zu ergreifen; zum anderen, weil er den großen Reden misstraute: Sie brachten die Parolen in die Welt; die Parolen richteten sich an die Völker und die Nationen. Die aber hatten kein Gewissen. Der Einzelne hatte es und an ihn musste man die Stimme richten. Nicht die Guillotine war das Werkzeug der Veränderung, nicht die Parole, sondern das Wort brachte die Einsicht. *Am Anfang war das Wort.*

Er hatte sich selbst immer mehr als einen Boten gesehen

denn als einen Dichter. Viele nannten ihn den *Wandsbecker Bothen,* nach der Zeitung, die er dort mehr als vier Jahre herausgegeben hatte. Aber die Zeiten waren zu laut geworden für die Stimme eines Einzelnen.

„Es muss doch etwas zu bedeuten haben, dass der Beschuss aufgehört hat!" Caroline war vor dem Fenster stehen geblieben. „Ob denn die schwedischen Truppen endlich heranmarschieren? Oder ist Hamburg wirklich verloren?"

„Eine Stadt kann nicht verloren gehen. Sie ist doch kein Hosenknopf." Er hatte es mit einem Schmunzeln gesagt. „Sie gehört dann eben nur jemand anderem."

„Du sagst es so gelassen!"

„Weil die wichtigen Dinge, die wir gewinnen und verlieren können, in unserem Inneren sind. Sie sind nicht in den Mauern einer Stadt und auch nicht in der Fahne, die man darüber aufzieht."

„Aber Friedrich!", entfuhr es Caroline, denn ihn zu verlieren, war ihre wirkliche Angst. Sie besann sich und sagte zu Agnes: „Geh doch mit Clemens in die Küche, damit er noch ein Butterbrot bekommt."

Sobald die Kinder den Salon verlassen hatten, sank Caroline neben dem Sessel ihres Vaters auf die Knie. Sie sah auf seine Hand, die auf der Sessellehne lag, auf die Altersflecken, auf die kräftige Ader, die sich über den Handrücken zog. Die Hand, die ihr und ihren Geschwistern Tränen getrocknet hatte oder mit erhobenem Zeigefinger ermahnt hatte; die Hand, die den Kopf ihrer Mutter gehalten hatte, wenn sie in den Wehen lag; die Hand, die die Augen ihrer Schwester Christiane geschlossen hatte, als sie am Nervenfieber gestorben war. Die Finger schlank, der Handrücken dennoch breit: Ihr Vater hatte stets ebenso viel im Garten gearbeitet wie am Schreibtisch, war immer mehr Landmann gewesen als *homme des lettres*.

Mit dem Blick auf diese Hand begann Caroline zu erzählen, was in den letzten Tagen geschehen war. Sie erzählte von der

Giftphiole und den Vorwürfen, die sie sich machte, seit sie das Fläschchen auf Bitten ihres Mannes ausgehändigt hatte.

„Was hat dich denn bewogen, seiner Bitte nachzukommen?", fragte Claudius mit ruhiger Stimme.

Zuerst erschien Caroline diese Frage seltsam, hatte sie doch erwartet, einige Worte des Trostes oder der Ermutigung zu hören. Als sie dann aber an den Moment zurückdachte, in dem sie die Phiole aus dem Schreibtisch genommen hatte, da war die Antwort auf diese Frage zugleich die Antwort auf ihre Sorgen: „Ich wollte ihm zeigen, dass er sich auf mich verlassen kann, dass ich ihm vertraue bei allem, was er tut."

„Und jetzt fürchtest du, er könnte dieses Vertrauen enttäuschen? Glaubst du, es war falsch, sich auf ihn zu verlassen?"

Caroline schüttelte sogleich den Kopf. Für einen Augenblick schien ihr die Angst töricht, dann sagte sie: „Es sind die anderen. Ich befürchte, sie könnten ihn zu irgendeinem verrückten Fanal überreden ... Lieber tot als Franzose oder was weiß ich."

„Min Deern: In den vergangenen Wochen und Monaten war es dein Mann, der die anderen zu etwas überredet hat." Es war heiter gesagt, aber es waren auch Briefe zwischen Wandsbek und Hamburg hin- und hergegangen, in denen manch ernstes Wort dazu stand. „Du selbst hast mir erzählt, dass es jeden Vormittag einen Debattierklub in Friedrichs Buchhandlung gab, in dem es nur um den Krieg gegen Frankreich ging."

Caroline hob den Kopf. Von der Gasse drang ein Ruf herüber: „Koop Lepel, koop! Olle vertuschen för neue, Stück ein Schilling tau."

„Da! Die Revolution ist schon wieder in unseren Gassen!", sagte Claudius. „Olle vertuschen för neue – aus der Monarchie wird die Republik, aus der Republik das Direktorium, aus dem Direktorium das Kaiserreich, aus Bündnissen wird Feindschaft, aus Feindschaft werden Koalitionen: Olle för neue."

Caroline musste lächeln, auch weil dort ein Weib Löffel feilbot so wie alle Tage. Und als hätte man nur auf diesen Auftritt des Gewöhnlichen gewartet, hörte man Holzpantinen in der

Gasse klappern und zwei Mägde sangen ein Arbeitslied. So wie die Insekten wieder nach dem Regen hervorkommen, dachte Caroline.

„Mitunter will mir scheinen, dass wir in dieser Stadt nun solche Bedrängnis durchleiden müssen, weil Hamburg jahrelang an den Kriegen verdient hat", sagte Caroline. „Es gab an der Börse doch oft keine bessere Nachricht, als dass in Österreich oder Preußen Krieg sei, denn das bescherte den Spekulanten volle Taschen. Ja, die Stadt ist davon reich geworden. Vielleicht erscheint es Gott gerecht, dass wir nun arm und elend dadurch werden; vielleicht will er uns für das Kriegsgewinnlertum strafen."

„Na, das sagt man schnell, wenn Menschen einander Schlimmes antun … das sei Gottes Strafe." Er berührte ihre Wange. „Wenn Gott uns Unglück durchleiden lässt, dann nicht, um uns zu strafen, sondern damit wir etwas begreifen. Man ist in unseren Zeiten leichtfertig mit dem Krieg, der die Welt besser machen soll. Und vielleicht sollen wir begreifen, dass nicht der Mensch den Krieg für seine Zwecke nutzt, sondern dass der Krieg die Menschen verbraucht: Er verbraucht ihre Hoffnung und lässt sie in Verzweiflung und Verrohung zurück. Er macht sie ungerecht. – Und wenn ich um deinen Friedrich fürchte, dann auch, dass er diesen Weg einschlägt. Die Franzosen können in dieser Welt über ihn zu Gericht sitzen, und was ist das schon? Das Gericht in der anderen Welt schaut in seine Seele."

„Dass er blindwütig wird – nein, diesen Weg würde Friedrich nie einschlagen, dafür bewundert er dich zu sehr." Genau das war es, was Caroline in diesen Stunden Hoffnung gab: dass sich Friedrich ihren Vater zum Vorbild im Glauben genommen hatte.

„Er soll aber seine Entscheidungen nicht aus Bewunderung für mich treffen, sondern aus Liebe zu dir und euren Kindern." Ihre Blicke ruhten ineinander, als er fortfuhr: „Und hast du nicht Angst davor, dass du seine Liebe verlierst an die hanseatische Republik? An ein deutsches Reich? Der Politiker in ihm war mir nie geheuer."

„Er hat bereits von einer Exilregierung gesprochen – in Kopenhagen oder gar in London. Nun haben die Kinder schon Bilder von beiden Königen aufgehängt und streiten darum, in wessen Land es uns führen soll."

„In Kopenhagen habe ich ja selbst einmal gelebt, aber London ist weit fort. Solange Krieg herrscht zwischen Frankreich und England, würden wir einander nicht wiedersehen. Es ist mir nie leichtgefallen, meine Kinder gehen zu lassen: Meine Söhne an die Universität, meine Töchter in den Haushalt eines anderen Mannes."

Caroline erinnerte sich mit einem Lächeln: „Ein Jahr lang durfte ich Friedrich nicht sehen, nachdem er um meine Hand angehalten hatte. Du hast ihn nachgerade vor die Tür gesetzt." Die Erinnerungen an die überstandenen Ungewissheiten gaben ihr Kraft für die gegenwärtigen. Es tat gut, dass sie mit ihrem Vater darüber sprechen konnte.

„Ich war mir nicht sicher, ob seine Gefühle aufrichtig waren."

„Ich denke, es missfiel dir, dass er dem Schiller-Kreis nahestand."

„Eben daher. Große Worte sind wie große Ofenklappen: Es brennt nicht immer auch ein großes Feuer dahinter."

„Meine Gefühle für ihn waren aufrichtig. Und hätte Mutter mir nicht zugeredet: Ich wäre mit ihm *durchgebrannt* …"

Das späte Geständnis nahm Claudius mit heiterer Gelassenheit: *„Ihr Kinder plagt uns Eltern recht. Hat man euch nicht lieb, so ist's keine Freude und der Mühe nicht wert, Kinder zu haben; und hat man euch lieb, so gibt's immer, mehr oder weniger, zu fürchten und zu sorgen."*

„Weil ihr euch sorgt, bin ich geblieben … und weil ich mir stets eines wünschte: so wie du und Mutter alle Tage beieinander sein zu können. Von euch wollte ich es lernen. Als Frau Sieveking am Jahresanfang von einem Besuch bei euch zu mir kam, meinte sie, es sei immer entzückend, ein junges verliebtes Paar zu sehen. Aber ein altes verliebtes Paar, wie ihr eines seid, das rühre noch viel mehr an …" Caroline schluckte. „Und jetzt frage ich mich, ob das mir und Friedrich beschieden sein wird: Ob wir einmal gemeinsam auf ein Leben zurückblicken können, in dem wir die richtigen Entscheidungen getroffen und keine Schuld auf uns geladen haben."

„Keine Schuld?" Der Vater atmete tief durch. „Immer wenn uns einer stirbt, den wir lieben, fühlen wir uns schuldig. Wider alle Vernunft machen wir uns den Vorwurf, es nicht verhindert zu haben."

Diese Ohnmacht gegenüber dem Tod trug für Claudius einen Namen, den seines Bruders Josias. Der elende Tod, den Josias hatte sterben müssen, war auch das Ende seiner eigenen Jugend gewesen – denn die Jugend endete dort, wo man um die Unausweichlichkeit des Todes nicht nur wusste, sondern sie als die wahre Natur alles Lebendigen begriff. Er hatte es begriffen beim Anblick des entstellten Gesichts, in dem die Augen zu verkrusteten Schlitzen zusammengedrückt waren.

„Vater?" Caroline drückte seine Hand. „Glaubst du, wir …"

Lärm aus dem Hausflur unterbrach sie. Matthias rief die Stiege hinauf: „Vater! Vater kommt heim!"

Caroline sprang so schnell auf, dass ihr schwindelte. Matthias, ihr ältester Sohn, hatte sich schon am Morgen selbst zum Wachposten am Jungfernstieg eingeteilt, nun steckte er kurz den Kopf zum Salon herein, wiederholte: „Vater ist da!", übersah ganz die Anwesenheit seines Großvaters und war schon im Kinderzimmer, um die Nachricht zu wiederholen.

Im Nu war das Haus erfüllt von Stimmen und Schritten. Caroline hörte, wie ihr Mann zwei Stufen auf einmal nahm – sie wusste, dass nur er es sein konnte, der dem Salon entgegeneilte. Sein Anblick gab ihr einen Stich fürsorglicher Rührung, denn die Ereignisse der vergangenen Tage sprachen aus seiner Erscheinung: Der Uniformrock der Bürgergarde war an manchen Stellen zerschlissen, graue Flecken von Pulverdampf und Erde zeigten sich überall, das Haar stand wirr um seinen Kopf. Als Caroline ihn umarmte, roch sie den Schwefel und den Ruß.

„Ich hatte solche Angst um dich!", flüsterte sie. „Die Phiole …"

„Heß wollte sie haben", beschwichtigte sie Friedrich. „Er wird sie nicht benutzen." Jetzt erst schien er Claudius zu bemerken.

„Vater Claudius! Verzeiht!" Er löste sich von Caroline und begrüßte seinen Schwiegervater, indem er die Hand zum flüchtigen Kuss nahm, wie es die Gepflogenheit in der Familie war.

„Ihr müsst euch in Dänemark in Sicherheit bringen", sagte Claudius eindringlich.

Agnes hatte den Raum betreten. Sie setzte Clemens auf den Boden, der mit „Papa! Papa!"-Rufen sogleich verlangte, von Friedrich auf den Arm genommen zu werden. Friedrich küsste ihn auf die Wange.

„Vater Claudius hat recht", sagte er dabei zu Caroline. „Ihr müsst noch in dieser Stunde nach Wandsbek aufbrechen."

„*Wir?* Du musst mit uns kommen!"

„Linchen, wenn die Franzosen mich suchen, bringe ich euch in Gefahr, wenn ich mit euch gehe!" Er setzte seinen Sohn wieder ab. „Ich kann noch nicht fort: Wir müssen wissen, wo die anderen der hanseatischen Legion sind, was mit Bremen und Lübeck geschehen ist. Unsere ‚Befreier' haben uns offensichtlich im Stich gelassen: Tettenborn und die Russen sind mit unserem Geld auf und davon. Und von den Schweden ist nichts zu hören. Wir wissen aber, dass Napoleon bereits einen Militärgouverneur in Hamburg ernannt hat: Marschall Davout. Von dem haben wir keine Nachsicht zu erwarten."

Einige andere drängten sich an der Tür zum Salon. Der traurige Zustand ihrer Kleidung hielt sie offenbar davon ab, einzutreten, sie grüßten mit einem „Werter Herr Claudius" und „Werte Madame Perthes". Nun griffen sie das Gesagte auf, mutmaßten und beratschlagten. Dass Davout ein strenger Administrator war, wusste man aus der Zeit, in der er schon einmal Statthalter des französischen Kaisers in Hamburg gewesen war. Dennoch regten einige an, um Verhandlungen nachzusuchen.

„Franschbüttel!“, zischten manche.

Friedrich erhob seine Stimme: „Wir wissen nicht, welche Maßnahmen Napoleon gegen uns beschlossen hat. Für ihn sind wir Aufständische. Womöglich ist entschieden, ein Exemplum an uns zu statuieren.“

„Was ist ein Ex-plum?“, fragte Clemens seine ältere Schwester.

„Etwas, das anderen eine Lehre sein soll“, antwortete sie ernst und fing dabei den Blick ihrer Mutter auf. Stumm verständigten sie sich über die Befürchtung, dass „Exemplum“ Erschießungen bedeutete.

„Dann wären Verhandlungen sinnlos“, schloss Friedrich.

Dass man weiter kämpfen wolle, wurde nun proklamiert. Man wolle den Franzosen auch ein Exemplum der freien deutschen Männer geben, und zwar in ihrem Blut …

„Was ihr getan habt, ist töricht.“ Claudius hatte sich erhoben, nicht ruckartig, aber seine dunkel gekleidete Erscheinung und die strenge Stimme forderten sogleich alle Aufmerksamkeit. Er fuhr fort: „Euch steht ein ganzes Corps der französischen Armee gegenüber unter einem Marschall, den nicht einmal die Russen bezwingen konnten. Was habt ihr denn geglaubt, ausrichten zu können?“

Nach einigen leise gesprochenen Worten sagte einer: „Ja, min Herr Claudius, wir wissen, dass Ihr ein frommer und guter Mann seid, der den Krieg nicht schätzt. Aber man will gleich die ganze Stadt zur Geisel nehmen und sie für den Krieg zahlen lassen.“

„Wollt ihr denn lieber mit dem Leben zahlen? Wollt ihr euren Kopf riskieren, um euer Ohrläppchen zu retten?“

„Wenn auch der ein oder andre Franzmann dran glauben muss!“, rief einer und ein anderer meinte: „Min Herr Claudius, Ihr habt doch selbst gesagt, dass es richtig ist, sich gegen die Ungerechtigkeit zu wehren!“

„Ja, ihr aber gebt einem Herrscher Grund oder doch zumindest Vorwand für Ungerechtigkeiten, von denen wir bisher verschont waren!“

Das Schweigen zeigte, dass viele seine Befürchtung teilten.

„Aber was sollen wir denn Eurer Meinung nach tun?“

„Nach Hause gehen und hoffen, dass den Franzosen nicht noch mehr Grund gegeben ist, auf diese Stadt zu schießen!“

„Wir werden es machen wie die Spanier und in den Gassen im Hinterhalt liegen oder ihnen Sprenggranaten ins Stroh legen!“

„Nein, das werden wir nicht!“, sagte Perthes scharf. „Auch im Krieg gibt es noch etwas, das man als Barbarei verpönen muss. Wir werden uns den Truppen der Koalition anschließen. Und Gevatter Claudius hat recht: Geht nach Hause und sorgt dafür, dass eure Familien in Sicherheit kommen! Die Grenze nach Dänemark ist offen.“ Es war halb als Frage gesagt und er wandte sich zu Claudius um.

„Der dänische König nimmt alle Flüchtlinge auf und verspricht ihnen Sicherheit vor Nachstellung.“ Claudius sagte es mit Nachdruck, um seinen Schwiegersohn daran zu erinnern, dass auch ihm noch die Gelegenheit zur Flucht offenstand. Aber dieser sagte: „In zwei Stunden treffen wir uns an der Pforte von St. Nicolai – alle, die noch Waffen tragen.“

Mit Gerede zerstreute sich die Versammlung und man hörte das Trampeln von genagelten Schuhen auf der Stiege.

„Ihr sucht das Wichtigste zusammen“, Friedrich fasste Caroline bei den Schultern, „und geht mit Vater Claudius nach Wandsbek. Ich komme in den nächsten Tagen nach.“

Obwohl Caroline wusste, dass es nicht ihrem Mann gegeben war, darüber zu entscheiden, ob sie einander wiedersehen würden, nickte sie, froh über dieses Versprechen.

Sie blickten einander an. Weil ihnen in diesem Moment des Abschieds die Worte fehlten, schlossen sie einander stumm in die Arme.

„Sagt aber niemandem, dass ich komme. In diesen Zeiten

wird jeder für ein Handgeld zum Verräter.“ Die Warnung Friedrichs galt auch dem Schwiegervater, der gekränkt erwiderte: „In Wandsbek bist du unter Freunden! Und ich werde Freund Reimarus aufsuchen, bevor wir die Stadt verlassen. Falls erforderlich, wird er vielleicht bei den Franzosen ein Wort für dich einlegen können.“

„Es ist nicht nötig, dass jemand um mein Leben bettelt!“ Die Heftigkeit der Worte brach sich an Claudius’ Blick, der ebenso traurig wie streng war. „Die Franzosen bereiten mir mitunter nicht so viel Kummer wie die Blindwütigkeit derer, die sich gegen sie erhoben haben“, sagte er.

3 Salongespräche

Vetter Steffens sagte mir im Vertrauen, dass ein Mann, der Lessing heißt und der sich hier aufhalten soll, diese ganze Geschichte gemacht habe – Nun so vergeb's ihm Gott, dass er dem Major und dem armen Fräulein [von Barnhelm] so viel Unruhe gemacht hat. Ich will gewiss den Hut nicht vor ihm abnehmen, wenn er mir begegnet. Aber zehn Taler wollte ich darum geben, wenn ich noch einmal eine solche Geschichte mit ansehen könnte. Mir war den ganzen Abend das Herz so groß und warm –

(Aus: Korrespondenz zwischen Fritz, seinem Vater und seiner Tante, in: Hamburgische Adreß-Comptoir-Nachrichten)

Mai 1813

Als Claudius den Seilzug der Türglocke schon in der Hand hielt, zögerte er. Er blickte an der Fassade des Hauses empor und erinnerte sich daran, wie er vor vielen Jahrzehnten zum ersten Mal in das Haus an der Fuhlentwiete gekommen war. Damals hatte er das Äußere des Hauses betrachtet, wie man das Äußere eines Buches ansah, um von diesem Anblick darauf schließen zu können, was ihn im Inneren erwartete. Lederne Gelehrsamkeit? Aus Leinen gewobene Gespräche? Die flüchtige Aufmerksamkeit einer Broschur?

Noch zu seiner Zeit als Sekretär in Kopenhagen hatte man Claudius den Rat gegeben, bald nach seiner Ankunft in Hamburg im Haus Reimarus vorzusprechen – weil man dort einen der Fäden aufnehmen konnte, die in die Gesellschaft Hamburgs führten. Albert Reimarus stand schon damals in dem Ruf, ein guter Arzt und Apotheker zu sein, und er sollte Bekanntheit dadurch erlangen, dass er die Pockenimpfung in

Hamburg einführte. Er war das, was man einen fortschrittlichen Geist nannte, und in Hamburg hielt man sich gerne zugute, dass die Hansestadt der einzige Ort im deutschsprachigen Raum war, wo solche Geister unbehelligt wirken konnten, während andernorts Zensur und Lehrverbote den Gedanken der Aufklärung entgegenwirkten.

So waren es nicht nur Patienten, die für Betriebsamkeit im Hause Reimarus sorgten. Es kamen auch solche, die den Austausch mit Albert Reimarus und seiner belesenen Schwester Elise suchten; solche, die auf Reisen waren, die Schriften und Bücher von Voltaire, Lavater oder Kant mit sich führten. Und es kamen solche, die durch die Beziehungen der Familie Reimarus in Hamburg und seiner Gesellschaft Fuß fassen wollten. So weltoffen der Hafen zu jener Zeit war, so verschlossen blieb der Kreis der erbgesessenen Bürger für die Zugereisten.

Die Familie Reimarus gehörte zu diesen erbgesessenen Bürgern der freien Reichs- und Hansestadt Hamburg, hatte somit nicht nur Anteil an der Selbstverwaltung der Stadt, sondern auch an den Privilegien, die daraus folgten.

Ein Dienstmädchen, das an Fleischbrühe und Milchkannen denken ließ, öffnete. Albert Reimarus sei zu sprechen, sagte sie. Und wieder betrat Claudius das Haus mit einem Anliegen, das sich nicht in Worte fassen ließ: Die Sorge um seinen Schwiegersohn hatte ihn hergeführt. Man hatte das Haus Reimarus oft als das Sickerloch beschimpft, durch das das Französische in die Stadt träufelte: Freiheitsbäume, Menschenrechtsdeklarationen, Geldforderungen, Bündniszwänge. Jetzt wogte die Flut eines französischen Korps gegen die Tore Hamburgs. Konnte durch das Gespräch in einem Salon noch etwas erreicht werden?

Claudius folgte dem Dienstmädchen auf dem Weg in seine eigenen Erinnerungen an das Jahr 1768, als er zum ersten Mal durch diese Räume gegangen war. Das Haus war damals von einer undurchschaubaren Lebendigkeit erfüllt gewesen. Offene Türen, allerlei Geschäftigkeit, kurze neugierige Blicke hatten ihn in den Salon begleitet. Dort hatten ihn Elise Reimarus, die unverheiratete Schwester des Arztes, und dessen Frau empfangen.

Die beiden Frauen saßen zur Linken und zur Rechten einer geöffneten Flügeltür. In dem Raum dahinter gewahrte Claudius den Schatten von Bewegung, hörte auch das Knarren von Bodendielen und Möbeln, ohne aber jemanden zu sehen. Elise Reimarus hatte ein Buch auf den Knien, ihre Schwägerin hielt einen kleinen runden Stickrahmen und führte emsig die Nadel durch den Stoff.

Claudius war in dieses Haus gekommen, um einen der Fäden aufzunehmen, aus denen er selbst seine berufliche Zukunft weben konnte. Die Universität in Jena hatte er ohne höheren akademischen Grad verlassen, eine Zeit lang war er als Sekretär in Kopenhagen angestellt gewesen. Nun sammelte er Vermischtes für eine Zeitung in Hamburg, doch darauf konnte und wollte er seine Existenz nicht aufbauen.

„Sie stammen also aus Holstein?", eröffnete Elise das Gespräch.

„Ja, aus Reinfeld. Mein Vater hat dort eine erbliche Pfarrstelle inne."

„Warum sind Sie nicht Pfarrer geworden?"

„Weil man dazu Theologie studieren muss."

„Was ist am Studium der Theologie falsch?"

„Es ist die Philosophie der Verkündigung, nicht die Verkündigung selbst. Es macht aber keinen Sinn, den Durstigen die Chemie des Wassers zu erklären. Sie wollen einfach trinken."

„Als Pfarrer könnten Sie den Durst der Seelen stillen."

„Ich denke, der beste Weg, das Evangelium zu verkünden, ist der, es zu leben. Dazu muss man nicht Pfarrer sein."

„Das Evangelium leben?", rief nun eine Männerstimme aus dem Nebenraum. „Er hat recht hohe Ansprüche an sich selbst."

Claudius, dem man bisher keinen Platz angeboten hatte, beugte sich zur Seite, um einen Blick auf den Sprecher werfen zu können. Aber alles, was er sah, waren ein Arm und eine Gänsekielfeder, die schnell über ein Papier geführt wurde.

Als er antwortete, hob er seine Stimme, damit auch jedes Wort ins Nebenzimmer drang: „Unser Herr Christus hatte nicht die Absicht, es uns schwer zu machen. Nach seinem Evangelium zu leben, ist daher eine sehr einfache Sache. Es ist offenbar viel schwieriger, etwas zu finden, durch das man in dieser Welt sein Auskommen hat."

Im Nebenzimmer wurde wohlwollend gelacht. „Mit dem Auskommen ist es in Hamburg nicht schwer! Hier gibt es genug Kartentische und Börsentage. Mit dem Einkommen sieht es da schwieriger aus."

„Meine Ansprüche sind nicht besonders groß."

„Das sieht man."

Der Mann am Schreibtisch hatte sich seitwärts gebeugt, um einen Blick auf Claudius werfen zu können. Das Gesicht und die gepuderte Perücke verschwanden sofort wieder aus seinem Blickfeld. Die Bemerkung erheiterte Claudius. Er fühlte sich in seinem dunklen wollenen Gehrock und den entsprechenden Kniehosen wohl und hätte sie nicht gegen den steifen Brokat eintauschen mögen, aus dem die Kleider der beiden Frauen gemacht waren.

„Wo sind Sie untergekommen?", fragte Elise nun.

„Bei Herrn Fahlius, unweit der Mühlenbrücke. Es ist sauber und hell."

Von nebenan wurde gerufen: „Sie brauchen Licht zum Schreiben, nicht wahr?"

„Ja, und zum Leben, wenn's recht ist."

Die Frauen zeigten ein amüsiertes Lächeln.

„Sie schreiben für die *Adreß-Comptoir-Nachrichten*?"

„Schreiben lässt man mich dort wenig. Ich sammle allerlei Artikel, die eben in ein Blatt gehören, in dem es um Börsenkurse und Handelsverträge geht. Bisweilen darf ich etwas Eigenes beitragen, solange es zur Zerstreuung dient. Diese Tätigkeit ist auf Dauer ein wenig … dumpf."

Das Wortspiel wurde aus dem Nebenraum mit einem Auflachen beantwortet, denn „Dumpf" war der Name des Herausgebers der Zeitung. Das Blatt versorgte die Hamburger Kaufleute mit den Nachrichten, die sich in den Zahlen ihrer Handelsbücher niederschlagen sollten – und nebenbei gab es eine kleine Rubrik, die sich der Dichtkunst und dem Theater widmete.

„Kennen Sie denn unseren Herrn Lessing?“, fragte Elise nun.

„Zu meinem Bedauern noch nicht persönlich. Ich hatte die Freude, seine Beiträge für die *Comptoir-Nachrichten* aufzunehmen. Und ich habe eine Besprechung seiner *Minna von Barnhelm* geschrieben – das Stück ist mir recht zu Herzen gegangen.“

„Von so mancher Kanzel wurde viel über das Stück geschimpft“, bemerkte Elise.

„Ja, da sehen Sie, warum ich nicht Pastor werden wollte: Dann müsste ich jetzt über den Herrn Lessing und sein unsittliches Stück schimpfen ... Und das würde seinen Absichten sicher nicht gerecht.“

„Wir werden Herrn Lessing das Theater einer neuen Zeit zu verdanken haben!“, sagte Elise schwärmerisch, und der Glanz ihrer Augen verriet Claudius, dass sie für Herrn Lessing mehr schwärmte als für das Theater.

„Dieses neue Theater hat unserem Herrn Lessing aber kein Glück gebracht“, wurde aus dem Nebenzimmer angemerkt. „Er steht sich finanziell nicht sehr gut.“

„Sie sehen: Das Glück und eine gute finanzielle Lage sind in Hamburg ein und dasselbe“, sagte Elise darauf mit einem spitzen Unterton. „Es ist der mangelnde Kunstsinn der Hamburger, der Lessing in diese Verlegenheit gebracht hat.“ Man sah ihr den Eifer an, mit dem sie den Bewunderten verteidigte.

„Es wird wohl eher daran liegen, dass der sich mindestens so oft in den Spielsalons aufhält wie in seinem Nationaltheater“, mischte sich ihre Schwägerin ein.

„Von der Feder allein kann eben niemand leben“, kam es aus dem Nebenraum. Claudius schien das auch eine Ermahnung an ihn selbst zu sein. Tatsächlich sprach ihn sein unsichtbarer Gastgeber an: „Sie schreiben keine Theaterstücke, Herr Claudius? Sie schreiben Gedichte, nicht wahr?“ Die Stimme kam aus einem fernen Winkel des Nebenzimmers und bewegte sich dort durch den Raum: „Warum Gedichte?“

„Weil die Menschen gern Gedichte lesen.“

„Nun, Ihre Gedichte wurden von manchen offensichtlich nicht gerne gelesen.“ Elises Lächeln konnte ebenso milde wie süffisant sein. „Herr Nicolai wusste über Ihre *Tändeleyen* nur zu sagen, dass sie in schlechter Weise nachgeahmt seien.“

Ohne Erfindung, ohne Naivität, ohne Geist. So hatte Friedrich Nicolai, der strenge Richter und Wächter über die deutsche Literatur, geschrieben.

„Aber wie man sieht, ist mein Bändchen zur Kenntnis genommen worden und auch nach sieben Jahren noch nicht vergessen“, erwiderte Claudius. Und doch: Es hatte ihn mehr als ein Jahr gekostet, nach den ungnädigen Kritiken wieder Zutrauen zu seiner Schreibfeder zu fassen. Er hatte einsehen müssen, dass es zu nichts führte, dem Stil derer nachzueifern, die er bewunderte. Wie aber fand man zu einer eigenen Stimme, wenn der Broterwerb gnadenlos sein Diktat in jeden Beitrag, jeden Brief schrieb?

„Welchen Dichter schätzen Sie am meisten?“, wollte Elise wissen. Alle ihre Fragen klangen prüfend, und ihr Blick unterstrich diesen Eindruck.

Ob es etwas gab, das sie zu hören wünschte, wusste Claudius nicht. Gewiss gab es Antworten, mit denen er sich in diesem Haus besonders beliebt machen konnte, aber er zog es vor, einfach ehrlich zu sein: „Klopstock! Ich bewundere seine Kunstfertigkeit mit der Schreibfeder und auf Schlittschuhen.“

„Auf Schlittschuhen?“, wiederholte Elise überrascht. „Dann kennen Sie ihn persönlich?“

„Er war so freundlich, mich für die Anstellung bei den *Comptoir-Nachrichten* zu empfehlen.“ Claudius dachte an die Winterstunden zurück, die sie auf den zugefrorenen Kanälen und Seen Holsteins verbracht hatten, und dass er beizeiten ausgerufen hatte: „Könnte man doch damit seinen Lebensunterhalt bestreiten!“ Und Freund Klopstock hatte den Scherz aufgenommen, und sie hatten in Talern, Gulden und Dukaten errechnet, was welche Figur auf dem Eis einbringen sollte.

„Elise, sprach denn Herr Bode nicht neulich über diese Zeitung? Wie war denn das? Wollte er eine herausgeben oder eine einstellen?“

Nun endlich war Albert Reimarus aus seinem Arbeitszimmer in die Tür zum Salon getreten. Claudius begrüßte den Hausherrn mit einer Verbeugung. Reimarus trug einen dunkelbraunen Samtrock ohne Zierrat, eine hellgelbe Weste und Kniehosen von derselben Farbe. Er hatte auffallend weit auseinanderstehende Augen und sein Kinn wirkte auf Claudius, als wäre es nachträglich an das Gesicht modelliert worden.

„Es ging um diese Zeitung in Wandsbek“, sagte Elise und schlug das Buch zu, das auf ihren Knien lag. „Herr von Schimmelmann, der drüben im Dänischen die Kattundruckerei betreibt, ist unzufrieden mit der Zeitung, die dort erscheint. Er wünscht sich etwas, das zur moralischen Erbauung seiner Arbeiter und Bauern beiträgt.“

„Ja!“ Reimarus hob den Zeigefinger, wie man es bei einer guten Idee tat. „Bode arbeitet auch schon mit Lessing als Verleger zusammen. Er wird doch gewiss zu unserer Teegesellschaft nächste Woche kommen, und Sie, Herr Claudius, sind selbstverständlich auch eingeladen: Sprechen Sie mit Bode wegen dieser Zeitung!“

Claudius, der lediglich gehofft hatte, eine Empfehlung als Sekretär oder Hauslehrer zu erhalten, wagte kaum zu fragen, welche Aussichten ihm damit eröffnet werden konnten.

„Ob denn Herr Bode die Freundlichkeit besitzen wird, mich als Mitarbeiter einer neuen Zeitung in Betracht zu ziehen?“

„Mitarbeiter? Herausgeber vielleicht. Aber darüber hat natürlich Herr von Schimmelmann zu befinden. – Meine Liebe: Wollen wir unseren Gast denn nicht zum Tee bitten?“

4 Botschaften und Bittgesuche

Durchlauchtiger Fürst,
Gnädigster Fürst und Herr!
Ich habe heute die Gnade gehabt, von Ew. Hochfürstlichen Durchlaucht parforcegejagt zu werden. Ich liege hier und mag meinen Kopf nicht aufheben, und das Blut läuft mir aus Maul und Nüstern. Wie können Ihr Durchlaucht es doch übers Herz bringen, ein armes unschuldiges Tier, das sich von Gras und Kräutern nährt, zu Tode zu jagen?

(Aus: Schreiben eines parforcegejagten Hirschen an den Fürsten, der ihn parforcegejagt hatte, d. d. jenseits des Flusses, in: Asmus omnia sua secum portans, III. Teil)

Mai 1813

Als das Dienstmädchen mit dem Tablett das Arbeitszimmer betrat, gab es einen dumpfen Knall. Es erschrak so sehr, dass das Geschirr klapperte.

„Ach, die Franzosen schießen wieder, dann muss wohl Mittag sein“, spottete Reimarus. „Vetter Asmus: Was treibt Sie in solch schrecklichen Tagen nach Hamburg?“

Claudius lächelte über die Anrede: Als „Vetter Asmus“ hatte er zahlreiche Beiträge im *Wandsbecker Bothen* geschrieben. Offenbar hatten sich diese Anrede auch jene zu eigen gemacht, die seinen wahren Namen kannten.

Die schweren Vorhänge des Arbeitszimmers ließen je nur einen Spalt frei. Aufdringlich fiel das Licht an diesen Stellen herein, respektlos hob es die Spuren des Alters in Reimarus' Gesicht hervor: Die Augen schienen noch weiter auseinandergetreten, Tränensäcke lagen darunter, die Haut am wulstigen Kinn war schlaff. Wenn Claudius sein eigenes altes Gesicht im

Spiegel ansah, dann waren es die scharfen Falten in den Mundwinkeln, die ihm missfielen. Es gab seinen Zügen etwas Freudloses und Verbittertes; die Verbitterung war ihm wie ein hungriger Wolf zeitlebens auf den Fersen gewesen, und in den letzten Tagen war das geifernde Tier näher gekommen.

„Es sei ehrlich gesagt, dass mein Besuch Ihrem Schwiegersohn, dem Monsieur Reinhard, gilt“, sagte Claudius, als er dem Hausherrn gegenüber Platz nahm. Er spürte dessen Verwunderung.

„Mein Schwiegersohn ist nicht hier. Zuletzt hörte ich von ihm aus Kassel, wo er am Hof des Königs Jérôme wahrscheinlich die Spitzel bespitzelt.“ Schon die Betonung, die Reimarus dem Wort „Kassel“ gab, zeigte, dass ihm sein Schwiegersohn in eine Entfernung gerückt war, die nichts mit Wegstrecken zu tun hatte. Der Wandel Frankreichs von der Republik zum Kaiserreich hatte auch in der Familie Reimarus zu Spannungen geführt.

1796 war Reimarus' Tochter Christine die Frau von Karl Reinhard geworden. Der hatte sich zur Zeit der Revolution in Frankreich aufgehalten und hatte in der Verbreitung ihrer Ideale seine Mission gefunden. Für ihn war die Französische Revolution nicht die Angelegenheit einer Nation, sondern ein Riesenschritt in den Fortgängen des menschlichen Geistes überhaupt. Er war Botschafter Frankreichs in Hamburg gewesen, als die Stadt noch freie Reichs- und Hansestadt gewesen war, dann übernahm er außenpolitische Aufträge des neuen Kaisers von Frankreich, offenbar nicht immer zu dessen Zufriedenheit. Dennoch hegte Claudius die Hoffnung, dass Reinhard über Verbindungen nach Paris verfügte, die man für die bedrängten Hanseaten verwenden konnte.

„Ich denke, Perthes kann und wird für das einstehen, was er begonnen hat“, sagte Claudius, „aber ich fürchte um die Sicherheit meiner Tochter und meiner Enkelkinder.“

Er befreite seine Brust mit einem tiefen Atemzug und musste husten, schmerzhaft und tief aus dem Inneren heraus.

„Immer noch das alte Leiden?“, fragte Reimarus mitfühlend.

„Ja, dieses Leiden war alt, bevor ich es war.“ Claudius trank einen Schluck Tee. Als er wieder aufblickte, war ihm, als hätte der Schatten hinter dem Kamin Gestalt angenommen. Es war eine ihm vertraute Gestalt, eine farblose Gestalt, die sich selten rührte. Immer, wenn er sie sah, stand sie nur so da, mit verschränkten Armen, den Kopf geneigt, das Gesicht unter einem schwarzen Schlapphut verborgen, und mutete an wie ein Handwerksgeselle, der auf die Weisungen seines Meisters wartete.

Zum ersten Mal hatte Claudius diese Gestalt gesehen, als sein Bruder Detlev ihn aus dem See gerettet hatte, in den er bei einer Bootspartie gestürzt war. Claudius hatte die Gestalt am Ufer des Sees entdeckt, während er noch nach Atem rang. Einige Jahre später hatte dieser Besucher sehr nahe am Bett seines Bruders Josias gestanden. Mit der Zeit war ihm die Gestalt so vertraut geworden, dass er ihr einen Namen gegeben hatte: *Bruder Hain*. Als er ihn nun in diesem Salon bemerkte, wusste er, dass er Reimarus nach dem heutigen Besuch nie wieder sehen würde.

Claudius setzte die Teetasse ab.

„Wenn Perthes zur Rechenschaft gezogen wird, so könnte das auch für meine Caroline den Kerker bedeuten“, fuhr er fort, „und für die Kinder, dass sie den Vater verlieren und Angst ausstehen müssen um die Mutter. Könnte denn dein Schwiegersohn ein Wort um ihretwillen einlegen?“

„Unser Vetter Asmus – glaubt immer noch an das Wort!“

„*Man wird alt. Aber gottlob, mein inwendiges Wohlsein durch Religion wird nicht alt.*“

„Die Religion selbst ist aber alt geworden“, sagte Reimarus, ob nur mit Bedauern oder auch mit Häme – Claudius vermochte das nicht zu beurteilen.

In diesem Salon war viel und eifrig für die neue Zeit gesprochen worden, deren Herold die Französische Revolution war. Ein aufgeklärter Geist, so hatte man ihn hier belehren wollen, brauchte den Glauben nicht, und dass eben kein Unterschied sei zwischen Glaube und Aberglaube. Er aber hatte geglaubt, das Ende der Gottesfurcht sei der Beginn der Maßlosigkeit. Jetzt, nach zwanzig Jahren Krieg, war es ihm keine Genugtuung, wenn man ihm Weitsicht bescheinigte.

„Der Kaiser war unzufrieden mit meinem Schwiegersohn", sagte Reimarus nun, und das Wort „unzufrieden" hob er hervor. „Deshalb ging Reinhard nach Kassel. Er hat in Talleyrand noch einen Freund, aber der Himmel oder die Hölle wissen, was das zu bedeuten hat. Er ist weder in der Lage noch wird er es als tunlich erachten, sich in die Erlasse des Kaisers einzumischen."

„Erlasse?", fragte Claudius sogleich nach. Reimarus neigte leicht den Kopf, als müsse er auf eine innere Stimme hören, die ihm riet, wie viel er von seinem Wissen preisgeben durfte.

„Der Kaiser hat bereits verfügt, dass Hamburg weder unter dem Schutz der französischen Verfassung steht noch unter dem des Code Civil. Er hat das Gebiet zu einer Militärdivision erklärt, in der alleine der Militärgouverneur verfügt: Marschall Davout."

„Willkür", sagte Claudius.

Reimarus trank. „Nein, strengstes militärisches Kalkül. Davout war schon als Statthalter streng. Sie werden selbst Ihren Eindruck von ihm gewonnen haben, Vetter Asmus, da er 1811 einige Monate in Wandsbek zubrachte."

Claudius erinnerte sich an die Brille. Man stand in Wandsbek am Gartenzaun und erzählte sich, dass Marschall Davout, Herzog von Auerstedt, Prinz von Eggmühl, Statthalter von Hamburg, seine Sommerresidenz im leer stehenden Schloss der Familie von Schimmelmann nehmen würde. Es kam ein untersetzter Mann mit Halbglatze und einer Brille. Der Marschall hatte ein Gesicht, das man sich eher unter einer Nachtmütze und am Kaminfeuer vorstellen konnte, als zu Pferde an einem Ort größten menschlichen Leids. Diese Brille mit den runden Gläsern und den schmächtigen Metallbügeln war das Gegenteil von allem, was Claudius unter militärischem Schneid verstand. Er kannte die heroischen Darstellungen von

Marschällen zu Pferde, von blinkenden Tressen, schimmernden Schärpen, entschlossen erhobenen Säbeln und verwegenen Blicken – mit solch einer Brille würde eine Karikatur daraus. Dass der Marschall auf die Brille angewiesen war, war augenfällig. Und dennoch belustigte Claudius die Vorstellung, dass er diese Brille auf der Nase gehabt hatte, als er die Siege von Auerstedt und Eggmühl errang.

Was Davout in Wandsbek tat, passte besser zu der Brille. Er war ein Bürokrat von großem Arbeitseifer. Schon vor Sonnenaufgang hörte man die Boten kommen und gehen, nach Sonnenaufgang kamen die Bittsteller und nach Sonnenuntergang blieb das Schloss lange erleuchtet, aber nicht um Belustigungen und Zerstreuungen zu erhellen.

Claudius, der in die Nacht hineinspazierte und seinen Mond suchte, hatte sich bei diesem Anblick oft gefragt, was einen Menschen wie Davout antreiben mochte. In Wandsbek erzählte man sich, dass er der treuste Diener seines Kaisers Napoleon war, dass seine Soldaten sich vor ihm fürchteten, dass er unbestechlich und ohne Mitleid war. Es hieß, er habe auf den Adelstitel seiner Familie verzichtet, um der Revolutionsarmee angehören zu können, und in dieser Armee würde man ihn spöttisch als den Preußen unter den Marschällen bezeichnen.

Man erzählte sich alle diese Dinge in Wandsbek, wo jeder alles über jeden wusste, um eine Ahnung davon zu bekommen, wer da nun das große Weltgeschehen in ihren beschaulichen Ort gebracht hatte. Damals hatte Claudius nicht ahnen können, dass von seiner Einsicht in die Beweggründe dieses Marschalls einmal das Leben seines Schwiegersohnes und das Wohl seiner Tochter abhängen würden.

Für ihn selbst gab es zwei Dinge, die ihm als Richtlinien für das Handeln galten: die Demut vor Gott und die Liebe zu den Nächsten. So leicht man sich selbst auch darauf verpflichtete, so schwer war es, sich danach zu richten. Er hatte drei seiner Kinder sterben sehen und drei seiner Geschwister. Gottergebenheit in den Momenten ihres Todes hätte für ihn bedeutet, von seiner Liebe zu ihnen lassen zu müssen. Und wie schnell kam die Liebe zu den Nächsten an ihre Grenzen, wenn man sich übler Nachrede ausgesetzt sah. So innig diese Vorsätze also sein mochten, so sehr forderten sie ihn jeden Tag aufs Neue: Kleine Eitelkeiten, große Schicksalsschläge, Bequemlichkeiten, Gleichgültigkeit, Halbherzigkeit – sie alle wimmelten wie Schädlinge über die guten Vorsätze hinweg. Dagegen galt es anzukämpfen. Und wenn man in sich selbst dagegen ankämpfte, so kämpfte man auch in der Welt dagegen an.

Man konnte die Welt nicht bessern, wenn man sich selbst nicht täglich prüfte. Sein Thema war daher nie der Weltenlauf und die große Politik gewesen. Er schrieb über Bauern, über Mütter, über Untertanen, über Invalide, während die lesende Welt sich an den *Prometheus* verlor und an die Götter Griechenlands. Aber Hektor und Achill waren nie bis Wandsbek gekommen, Perthes redete nicht in Hexametern und Achill hatte keine Brille getragen.

Die *Frohe Botschaft* war bis Wandsbek gekommen. Also war er zum Boten geworden, und als solcher stellte er sich jetzt nur eine Frage: Welche Botschaft konnte er Marschall Davout zukommen lassen, damit die Familie seiner Tochter gerettet war? Er musste einen Brief aufsetzen, ein Bittgesuch, einen Appell. Es galt, die richtigen Worte zu finden. Für ihn waren das stets die einfachen Worte gewesen. Diesmal aber ging es nicht um ein gelungenes Gedicht, diesmal ging es um ein Leben.

„Ich weiß nicht, wie man einen Mann wie Davout zur Milde bewegt", sagte Claudius, „aber sein Kaiser verfiel bisweilen auf die Geste der Begnadigung."

„Wenn ich an Ihre kleine Schrift *Audienz beim Kaiser von Japan* denke, dann weiß zumindest Vetter Asmus, wie man die Aufmerksamkeit der Herrschenden gewinnt."

„Nun, in diesem Fall wird es wohl eher ein Schreiben werden, wie es der parforcegejagte Hirsch an den Fürsten richtet, denn gejagt wie die Tiere werden wir nun alle vom Krieg." Claudius nahm seinen Spazierstock auf. „Ich werde Caroline heute noch in Dänemark in Sicherheit bringen und hoffe, dass ihr Mann folgen wird, bevor Hamburg an die Franzosen fällt."

„Dänemark ist alles andere als sicher! Seit die Engländer Kopenhagen beschossen und in Brand gesetzt haben, ist der König von Dänemark dem Kaiser der Franzosen sehr gewogen."

„Es bleibt uns nichts anderes übrig, als auf das Wort des dänischen Königs zu vertrauen."

„Guter Vetter Asmus: Herrscher geben nie ein Wort, sie geben nur Absichten kund."

Claudius sah ein, dass sie nur eins in den nächsten Tagen erreichen konnten: Kraft trotz der Ohnmacht finden. Sie schwiegen eine Weile. Jeder scheute davor zurück, jenes Wissen auszusprechen, das sie teilten: dass dies ihre letzte Begegnung sein würde. Das „Lebe wohl", mit dem sie sich verabschiedeten, hatte darum keinen beiläufigen Klang.

5 Ins Ungewissse

Wo wir hin aufs Ungewisse wandeln
und in Nacht und Nebel gehn,
nur nach Wahn und Schein und Täuschung handeln
und das Licht nicht sehn;

wo im Dunkeln wir uns freun und weinen
und rund um uns, rundumher
alles, alles, mag es noch so scheinen,
eitel ist und leer.

O du Land des Wesens und der Wahrheit,
unvergänglich für und für!
Mich verlangt nach dir und deiner Klarheit;
mich verlangt nach dir.

(Aus: Als der Sohn unsres Kronprinzen, gleich nach der Geburt, gestorben war, in: Asmus omnia sua secum portans, VI. Teil)

Mai 1813

Caroline sah ihrem Vater an, dass der Besuch bei Reimarus nichts gebracht hatte, was ihre Lage gebessert hätte. Auch wusste sie, dass es keinen Sinn hatte, ihren Vater darüber zu befragen. Solange die Dinge im Ungewissen waren, würde er verschlossen und in sich gekehrt sein und sich allem verweigern, was ihn an seine eigene Ohnmacht erinnerte. Je größer die Bedrängnis wurde, desto unbeirrbarer verschrieb sich Claudius den Gewohnheiten. Wie oft hatte sich der Krieg in den vergangenen Jahren schon ihrer Heimat genähert, und wie beharrlich hatte sich ihr Vater dem Gespräch darüber verweigert! In seinen Briefen konnte er über drei Seiten ein Geburtstagsfest beschreiben, kein Wort aber über die vielen Hunderttausend Menschen, die im vergangenen Winter in Russland umgekommen waren.

Sie tauschten einen Blick aus, mit dem man sich über den hoffnungslosen Zustand eines Kranken verständigt hätte, doch dann entspannte sich das Gesicht des Vaters mit einem Lächeln, als er sich von seinen Enkeln umlagert sah.

„Hat die Großmutter denn Stuten gebacken?", wollte Clemens wissen.

„Eure Großmutter war krank."

„Nein, das nicht, wir können nur mitnehmen, was wir tragen können!", sagte Caroline zu Mine, die einen Kasten mit Silberware abstellte.

„Man wird Ihnen alles stehlen!", gab Mine zu bedenken.

„Also gut, das Besteck! Es wird uns noch nützlich sein, wenn wir Geld brauchen."

„Mein Stuhl!", rief Clemens aus.

„In Wandsbek gibt es Stühle genug." Caroline sah sich um. Die Sonne, die durch die offene Tür fiel, schien auf Taschen und Körbe. „Das Besteck in die Kiepe dort, Matthias kann sie tragen."

„Min Stühle, Mama ..." Doch der Rest ging schon in Tränen unter.

„Clemens, so hör doch ..."

„Ich werde sein Stühlchen tragen." Claudius nahm das kleine Möbel, an dem Clemens besonders hing. Der Junge stimmte aus Freude ein Liedchen an. Caroline beneidete ihren Sohn fast um seine kindlichen Sorgen, die so leicht zu lösen waren, während sie sich seit Stunden mit der Frage quälte, was sie aus diesem Haus mitnehmen würde, das sie womöglich nie wieder betreten konnte.

Dinge, die seit Jahren fast unbeachtet auf einer Anrichte standen und in Truhen lagen, brachten sich ins Gedächtnis: Sie erinnerten an ein Ereignis, an eine Person, die einmal im Haus verkehrt hatte, an ein Gefühl, an einen Gedanken. Bei der Entscheidung, sie zurückzulassen, kam sie sich vor wie eine Verräterin an dem Leben, das in diesem Haus stattgefunden hatte. Nein, zum Leben brauchte sie diese Dinge nicht, aber es waren die Haltetaue, die sie mit den Jahren in diesem Haus verbanden. Sie schämte sich vor den Dingen, die sie zurücklassen musste. Die Franzosen würden bald herausfinden, wer in diesem Haus gewohnt hatte, und sie würden ihre Wut über den Aufstand an dem Besitz des Anführers auslassen.

„Fru Perthes – seid Ihr immer noch da?" Eine Nachbarin sah zur Tür herein. „Die Franzosen haben schon den Grasbrook besetzt, hört ich!"

„Haben sie Gefangene gemacht?", fragten Caroline und ihre Tochter Agnes im selben Moment.

„Dat weiß ich nicht, aber ihre Reiter hat man schon am Stadttor gesehen!"

Caroline wandte sich an die Dienstboten, die sich im Flur versammelt hatten. Bei der einen flossen Tränen, der andere murmelte: „Wenn dat man got geht!"

„Seht zu, was ihr noch verstecken könnt."

„Wir geben acht auf Euer Haus!", sagte Frau Lamprecht.

„Ihr bringt euch in Sicherheit! Man könnte es euch übel anrechnen, dass ihr im Haus Perthes angestellt seid." Es gab einiges Gerede.

„Wir müssen aufbrechen!", drängte Claudius. „Hier gibt es für uns nichts mehr zu tun." Seine Worte waren wie ein Urteil. Es drängte ihn, der Ungewissheit den Rücken zuzudrehen, denn in Wandsbek erwarteten ihn seine Frau, die lange krank daniedergelegen hatte, seine Enkel, die nach der Mutter weinten, die Nachbarn, die seinen Rat suchten. Hier konnte er für seine Tochter doch nichts tun, dort war alles für sie und ihre Kinder gefügt.

„Friedrichs Briefe!", rief Caroline aus. Sie eilte ins Arbeitszimmer hinüber, öffnete wahllos Schubladen und Fächer, suchte Briefe und Dokumente heraus. Es durfte nichts Belastendes zurückbleiben. Sie fand eine leere Mappe, warf alles dort hinein, sah dabei ein Wort, einen Halbsatz aufblitzen. Im Salon traf sie auf ihre Tochter Agnes.

„Wollen wir nicht warten, bis Wilhelm uns sagen kann …“

„Keine Minute mehr!“, widersprach Caroline, auch wenn sie die Not ihrer Tochter spürte, die nicht nur um den Vater bangte, sondern auch um den Vetter. Caroline war nicht entgangen, dass die Bedrängnis der vergangenen Monate die Gefühle von Agnes und Wilhelm füreinander vertieft hatte. Sie legte Agnes den Arm um die Schulter, denn es wollte ihr kein Wort zum Trost einfallen, zumindest keins, von dem sie nicht jetzt schon wusste, dass es mehr einer Lüge glich.

„Das Wolltuch“, sagte Agnes plötzlich, denn ihr Blick war auf die Decke gefallen, die über das Klavier gelegt war. „Wir könnten es brauchen, um Kleider zu schneidern.“

Dass eine lange Zeit der Bedürftigkeit vor ihnen liegen würde, daran gab es keinen Zweifel. Es erfüllte Caroline mit einem gewissen Stolz, dass ihre Tochter darauf mit einem praktischen Sinn antwortete. Sie half ihr, die Klavierdecke zusammenzulegen, und wickelte die Briefe hinein.

Als sie wieder in den Flur traten, blickte Caroline sorgenvoll über die kleine Reisegesellschaft, auf die es die Gepäckstücke zu verteilen galt. Ihr Vater hatte sich zwei Riemen bringen lassen, mit denen er das kleine Stühlchen auf dem Rücken trug. Er nahm Clemens bei der Hand und sagte mit unternehmungslustiger Stimme, die diesem Aufbruch etwas Unbeschwertes geben sollte: „Komm, Clemens, wir wollen vorausgehen, dann sind wir als Erste in Wandsbek. Und wenn die Stine gebacken hat, bekommen wir als Erste davon!“

Diese Ankündigung würde den Dreijährigen ein gutes Wegstück munter sein lassen. Aber irgendwann würden sie ihn tragen müssen, das wusste Caroline. Ihrem betagten Vater konnte sie das nicht zumuten – und sie selbst war schwanger. Matthias, ihr ältester Sohn, schulterte nun die Kiepe, in der das schwere Silberzeug lag. Also würden Anna, die Kinderfrau, und Agnes sich abwechseln müssen, wenn die Beine des Kleinen müde wurden.

Caroline warf noch einen Blick in den Korb, der auf dem kleinen Rundtisch im Flur stand. Sie hatte ein wenig Wegzehrung hineingepackt, für den Fall, dass sie aus widrigen Gründen Wandsbek heute nicht erreichen konnten. Ein halbes Brot lag darin, ein Stück geräucherter Speck, dessen schwarze Seite ihr wie Kohlebruch entgegenschimmerte, außerdem eine verkorkte Flasche mit kaltem Tee und ein Kranz mit getrockneten Früchten aus dem Vorjahr. Äpfel vor allem, die beharrlich ihren Duft verströmten, als sie nun das Tuch darüber deckte.

Dieser Geruch ließ in ihr ein Bild aufsteigen: ein Weihnachtsabend vor siebzehn Jahren ... Am Baum hingen Lebkuchen mit Mandeln darin, Figuren aus Lübecker Marzipan und eben Äpfel. Ihrer Mutter Rebekka war es gelungen, die Familie in einen anderen Raum zu locken, und Caroline war mit Friedrich alleine – zum ersten Mal in ihrem Leben. Ihr Herz pochte. Sie wollte gern etwas sagen, damit er um ihre Gefühle wusste, doch sie wagte es nicht, denn alles Gesagte konnte man missverstehen, genau wie das Nichtgesagte. Bevor sie sich in etwas Belangloses flüchten konnte, war er aufgestanden, hatte einen der Äpfel vom Baum genommen und ihr diesen gereicht. Kein weiteres Wort war zwischen ihnen nötig gewesen.

Sie verabschiedete sich vom Personal. Es wurde über Belange des Haushalts gesprochen, Beiläufiges über quietschende Türscharniere und das Lüften von Wäschetruhen. Das hatte etwas Beruhigendes, als würde es mit diesem Haushalt weitergehen.

Caroline trat als Letzte vor die Tür, ihr Vater war mit Clemens schon ein ganzes Stück vorausgegangen. Der ewige salzige Wind begrüßte sie und zerrte an ihrer Kleidung wie ein ungeduldiges Kind, dem ein übermütiges Spiel in Aussicht gestellt wurde. Er wollte Segel blähen und Menschen in die Weite führen. Das Land war an den Wind, der vom Meer kam, gewöhnt, er drängte nicht einmal mehr die Wolken zur Eile. Nur der

Sturm konnte das. Heute zogen die Wolken unaufgeregt über den Himmel, ihnen folgten tastende Schatten.

Caroline hatte es immer gefallen, dass ihre Fenster in diesem Haus am Jungfernstieg nicht einfach nur auf eine Straße blickten, sondern auf die Alster – also aufs Meer und damit in die Welt. Oft hatte sie sich durch diesen Gedanken von der Handarbeit oder den Haushaltsbüchern ablenken lassen: dass das Meer sie mit den Menschen an fernen Gefilden verband, über deren Lebensweise sie nur wenig wusste, deren Länder sie nie betreten würde und die doch mit ähnlichen Gedanken auf das Meer hinaus blickten.

Das Meer war für sie gleichbedeutend mit der Freiheit der Gedanken. Aber mit den Jahren war das Meer englisch geworden, und der Kaiser der Franzosen verhängte die Kontinentalsperre. Im Hamburger Hafen wurde es still, in den Salons wurde es laut: Die einen unterstützten die Maßnahme, weil es an der Zeit war, sich gegen die britische Vorherrschaft auf den Weltmeeren zu wehren. Die anderen sagten, dass solche Maßnahmen mehr schadeten als jede britische Vorherrschaft. Beide Seiten waren sich einig darin, dass es nicht den hanseatischen Gepflogenheiten entsprach, dem Handel Beschränkungen aufzuerlegen. Die Annäherung an England brachte kurzfristig Freiheit und langfristig vielleicht Sklaverei, die Annäherung an Frankreich brachte kurzfristig Sklaverei und langfristig vielleicht Freiheit.

Mit Friedrich hatte sie die Diskussionen geheiratet, Diskussionen, die sie aus dem Hause ihres Vaters nicht kannte. Für ihren Vater war die Politik etwas Launisches und Vergängliches, und den Fürsten alleine war es gegeben, darin auch das Seelenheil ihrer Untertanen zu befördern. Sie war es nicht gewohnt, sich in solchen Gesprächen zu Wort zu melden. Sie besaß nicht den Eifer, den Männer darin bisweilen an den Tag legen, aber sie begriff mit der Zeit, dass auch sie die Folgen zu tragen hatte. Jetzt horchte sie, ob irgendwo aus der Stadt schon Befehlsrufe auf Französisch zu hören waren oder ob irgendein siegessicherer Marschgesang von den Stadttoren herüberklang. Aber sie hörte nur das suchende Kreischen der Möwen und das Geräusch eines Kehrbesens. Viele Haustüren standen offen – noch. Man wollte hören, was auf der Straße vor sich ging.

„Gott zum Gruße, Gevatter Claudius, Frau Perthes!", rief es aus einem Eingang. In einem geöffneten Fenster lehnte eine Frau, die mit einem Mann in Holzpantinen sprach, der bei ihr stehen geblieben war. „Der Perthes hat uns das eingebrockt! Jetzt geht seine Sippe nach dem Dänischen und wir arme Lütt bekommen die Franzosen!"

Es gab in Hamburg eine Heerschar von Tagelöhnern und Zugereisten. Erst das französische Recht hatte ihnen ermöglicht, als Bürger zu Besitz zu kommen, doch die französische Politik hatte Hamburg mit solchen Belastungen versehen, dass die Armen ärmer wurden und die Spekulanten reicher.

Über Geld war im Haus ihres Vaters oft gesprochen worden: über Geld, das nicht da war. Caroline erinnerte sich daran, dass sie als Kind im Spiel innegehalten hatte, wenn ihr Vater und ihre Mutter über den Haushaltsbüchern saßen und überlegten, wo sich der ein oder andere Taler einsparen ließ. Dann schrieb ihr Vater Briefe: an Bode, ob der nicht neue Subskribenten für seine Schriften hätte; an Herder, ob der nicht von einer einträglichen Stelle gehört hätte; an Gerstenberg, ob der nicht einen Übersetzungsauftrag zu vergeben hätte …

Ihr Vater nahm schließlich die Kinder anderer Leute zur Erziehung ins Haus. Den Anfang machten die beiden Söhne des Literaten Friedrich Heinrich Jacobi. Caroline beneidete weder die beiden Knaben noch ihre Brüder um die Lektionen in Latein und Algebra, denn ihr Vater konnte vor allem in Sachen Folgsamkeit ein strenger Lehrmeister sein. Sie verbrachte ihre Zeit lieber mit ihrer Mutter, lernte, saubere Nähte zu machen, und lauschte ihren Geschichten und den Liedern. Oft fragte sie sich, ob denn die Logis-Knaben ihre Eltern nicht vermissten, denn für sie war es der schlimmste Gedanke, von ihren Eltern getrennt sein zu müssen. Und überhaupt: Wie konnten Eltern ihre Kindern fortgeben? Manchmal überkam sie die Angst, dass auch ihre Eltern sie einmal fortgeben könnten, weil kein Geld da war, um alle Kinder zu ernähren. In Hamburg gab es eine Armenanstalt, wo solche Kinder hinkamen, und sie hatte sich immer gefürchtet, wenn sie auf ihren Besuchen in Hamburg diesem Hause zu nahe kamen. Dann hatte sie sich an die Hand ihrer Mutter geklammert. Das Herz wurde ihr erst leichter, wenn sie endlich wieder die Steinstraße hinuntergingen, so wie sie es jetzt taten, und das Tor in Sicht kam, das über den Damm auf die Straße nach Wandsbek führte.

Nun begann Carolines Herz heftiger zu schlagen und sie verspürte eine leichte Übelkeit. Sie fürchtete im selben Moment, dass man sie nicht ins Dänische hineinlassen würde, nachdem sie Hamburg nun verlassen mussten. Am Straßenrand saß so manche Frau auf Körben und Hausrat, ohne dass zu erkennen war, worauf sie wartete. Dort stand ein beladener Karren ohne Pferd, da zwei Dienstmägde mit rot verweinten Augen. Zwei Halbwüchsige in abgerissener Kleidung saßen auf der Mauer und stimmten aus Übermut oder zum Spott immer wieder die *Marseillaise* an.

Das Stadttor war nur mit wenigen Soldaten besetzt. Es waren Jünglinge, denen man alte Büchsen in die Hand gedrückt hatte, kaum älter als Matthias. Sie hatten rote Wangen und leuchtende Augen, da sie wohl glauben mochten, in der Rettung Hamburgs die wichtigste Rolle zu spielen. Sie machten keine Anstalten, jemanden aufzuhalten oder Papiere zu kontrollieren, und so schritt Carolines Familie unbehelligt durch das Tor. Dahinter öffnete sich der Blick auf die fast schnurgerade nach Wandsbek verlaufende Straße, und den Kirchturm konnte sie nun wieder in aller Deutlichkeit sehen. Aber sie sah auch die dänischen Soldaten, die an der Straße lagerten. Ihre Pferde hatten sie in einem Birkenhain angebunden, wo sie Gras vom Boden rupften und die Schweife warfen. Nur wenige Soldaten standen auf ihre Musketen gestützt, die meisten lagen ausgestreckt, die Kopfbedeckungen neben sich, schlafend oder plaudernd. Was auf der Straße vor sich ging, schien sie wenig zu kümmern.

Das ist das Sonderbarste am Krieg, dachte Caroline, dass er meistens nicht so grausam aussieht, wie wir ihn empfinden.

„Wie soll denn das Häuflein Soldaten die dänischen Grenzen gegen die Franzosen verteidigen?“, fragte Matthias nun. Sie alle wussten, dass sie nur sicher waren, wenn Dänemarks Grenzen sicher waren.

„In Wandsbek sind mehr von ihnen“, sagte Claudius.

Caroline fiel auf, dass dies die ersten Worte waren, die ihr Vater seit dem Aufbruch sprach. Sie schloss zu ihm auf.

„Die erste Zeit, als ich in Hamburg lebte, hatte ich solches Heimweh nach Wandsbek. Oft dachte ich, du hättest gut daran getan, mich nicht gehen zu lassen“, sagte sie. „Erst als die Kinder geboren waren, wurde es anders.“

„Unsere Kinder sind wohl unsere Heimat“, erwiderte Claudius, „und zwei davon erwarten dich in Wandsbek.“

„Ja, dann habe ich alle Kinder wieder zusammen.“ Und dann tat Caroline doch, was sie hatte vermeiden wollen: Sie sah über die Schulter zurück auf die Stadt, und dabei traf der Gedanke sie wie ein Pfeil: Ob sie ihren Mann je wiedersehen würde?

Claudius schien ihre Verstörtheit zu spüren, denn er legte ihr die Hand an die Schulter und meinte leise: „Wandsbek wäre nicht meine Heimat geworden und also auch nicht deine, hätte ich deine Mutter nicht dort kennengelernt.“

Er richtete den Blick voraus auf den Kirchturm, aber sein innerer Blick ging zurück.

6 Coax, der Frosch

Hier wachsen Büsch und Bäume
und Blumen überall;
hier träumt man goldne Träume
zum Lied der Nachtigall.

Auch liegt zu unserm Vergnügen
die große Stadt uns vorm Gesicht.
Wir sehn sie an und lassen sie liegen,
und neiden sie nicht.

(Aus: Das Wandsbecker Liedchen, in: Der Wandsbecker Bothe)

September 1770

Er sah sich selbst an einem kalten und klaren Herbsttag des Jahres 1770 auf der Landstraße nach Wandsbek gehen. Kaum zwei Jahre hatte er bei den *Adreß-Comptoir-Nachrichten* gearbeitet, wo ihm wenig Spielraum gelassen worden war. Und weil er sich darüber beklagt hatte, hatte man ihn abgemahnt – und er hatte gekündigt.

Nun also hatte ihm der Verleger Johann Joachim Bode dieses neue Angebot gemacht: Das dänische Dörfchen Wandsbek gehörte dem Herrn von Schimmelmann, der dort eine Kattunfabrik betrieb. Sein Unternehmergeist hatte dafür gesorgt, dass Schimmelmann im Dienste des dänischen Königshauses zu Amt und Würden gekommen war. Von seinem kaufmännischen Geschick hatte auch das Königshaus profitiert und zum Dank hatte man ihm Wandsbek übereignet. Die Zeitung, die bisher in dem Ort erschienen war, enthielt für seinen Geschmack zu viel Vulgäres und Belangloses. Er wollte eine Zeitung für seine Arbeiter, die der sittlichen Erziehung diente.

Von Schimmelmann war den Ideen der neuen Philosophie zugeneigt, die in jedem Menschen das Edle und Schöne schlummern sah, das nur auf die richtige Weise angesprochen werden musste, um sich zu entfalten. Johann Bode also sollte eine Zeitung im Geiste dieser Ideen verlegen und hatte Claudius angeboten, als Herausgeber den praktischen Teil zu tun: Artikel auszuwählen und zusammenzustellen und auch Beiträge selbst zu verfassen.

Es wäre für diese Tätigkeit nicht nötig gewesen, Hamburg zu verlassen. Aber Claudius war in einem Dorf aufgewachsen, in dem es ein Schloss gab, eine Kirche und einen kleinen See, und er hatte gehört, dass es in Wandsbek ganz ähnlich aussah. Allerdings hatte Wandsbek – zumindest in Hamburg – einen schlechten Ruf, denn alles, was gegen die Gesetze oder die Gewohnheiten der Hansestadt verstieß, ging ins Dänische hinüber, und also nannte man das Dörfchen bisweilen ein Piratennest im Holsteinischen: Zwielichtige Händel, ruchbare Weiberwirtschaft und ein Klatschblatt hatten den Hamburger Magistrat schon öfter aufgebracht. Auch dies war ein Grund, warum von Schimmelmann eine neue Zeitung einrichten wollte. Und der Herausgeber sollte auch an dem Ort leben, wo die Zeitung gelesen wurde.

Und so hatte Claudius sich an diesem Tag einen Rucksack geschnürt und war zum Steintor hinausmarschiert. Es gefiel ihm, dass man Wandsbeks Kirchturm gleich im Blick hatte: Ihm war er wie ein Leuchtturm erschienen, der ihn in einen einladenden Hafen führen wollte, denn die Hafenstadt Hamburg hatte ihm einfach nicht Heimat werden wollen.

Die Straße lief gerade durch die Salzwiesen, auf denen die Störche einherschritten, die nach Nahrung suchten, um sich für den bevorstehenden Weg in den Süden zu kräftigen. Grauschwarze Kühe grasten und käuten auf Weiden, die keine Zäune hatten, sondern von kleinen Kanälen begrenzt wurden. Der feuchte Seewind brach sich in Birkenhainen oder an den Pappeln, deren Blätter grün und silbern schillerten. Ihr Rauschen wurde untermalt von dem Quaken der Frösche, die in den Gräben links und rechts der Straße lebten. Sie verstummten kurz, wenn der Schatten des Reisenden von der Dammstraße zu ihnen in den Graben kroch, um dann wieder zu ihrem Geplauder anzuheben, als gäbe es noch so vieles zu sagen, bevor der Winter kam.

Zum Winter wollte er eine Wohnung in Wandsbek mieten. Der Maurermeister Schwarzlose hatte ihm ein Häuschen mit Garten in Aussicht gestellt, das er heute ansehen wollte. Und schon jetzt gefiel ihm der Gedanke, dass er es im Winter nicht weit hatte, wenn er auf Schlittschuhen über die Kanäle wollte. Das musste er Klopstock schreiben, vielleicht konnte man ihn herlocken.

Er würde noch viele Briefe schreiben müssen. Wie sollte er es anstellen, dass die Zeitung genug Geld einbrachte, damit er sich ein Haus zur Miete halten konnte und sich nicht in allem einschränken musste? Wie sollte er es überhaupt anstellen mit dieser Zeitung? Als Mitarbeiter des Herrn Dumpf in Hamburg hatte er sich oft darüber beklagt, dass er nichts weiter zu tun hatte, als Kurzweil in freie Spalten zu setzen. Nun hatte er nur noch freie Spalten – was sollte er hineinsetzen? Alltagsnachrichten über Diebereien und Hagelschäden durften es nicht zu viele sein, denn das hatte Herrn von Schimmelmann offenbar an der alten Wandsbeker Zeitung gestört. Kurze Verse und Epigramme wurden immer gern gelesen. Er konnte Lessing um Beiträge bitten, der nun als Hofbibliothekar in Wolfenbüttel lebte, nachdem sein Unterfangen, in Hamburg ein *Deutsches Nationaltheater* zu unterhalten, gescheitert war.

Rezensionen mussten natürlich in die Zeitung. Dazu konnte er selbst einiges schreiben. Allerdings musste sich alles in dieser Art an Friedrich Nicolai und seiner *Bibliothek der schönen Wissenschaften und der freyen Künste* messen lassen. Diese Ausgaben durften in keinem gelehrten Haus fehlen, aber solche Beiträge waren für eine Dorfzeitung eben zu gelehrt. Was Claudius besser gefiel, waren die *Briefe, die neuste Literatur betreffend*, die Nicolai ehedem herausgegeben hatte. Es war ein erfundener Briefwechsel zwischen einem verwundeten Offizier und seinem Anverwandten, der dem Rekonvaleszenten von literarischen Neuerscheinungen berichtete.

Ja, die Idee eines erfundenen Briefwechsels gefiel ihm, denn der Brief war doch etwas, das jedem, der schreiben und lesen konnte, nahe war. Der Brief, auch wenn er gelehrt oder gar belehrend wirkte, war dies doch in Freundschaft. Und dem Brief war ein scherzender Ton erlaubt, der im Essay nicht geduldet wurde. Und wer sollte diese Briefe an wen schreiben? Worüber?

Die Gedanken, die Ideen und die Fragen ergaben in ihm einen vielstimmigen Chor, so wie es das Quaken der Frösche um ihn herum tat. Schon zu Neujahr sollte die erste Ausgabe der neuen Zeitung erscheinen, und er hatte noch nicht einmal einen Namen für das Blatt. *Wandsbeckischer Mercurius* war der Name des alten Blattes, der musste ersetzt werden. *Wandsbecker Post* – das würde gut zu den Briefen passen, hatte aber etwas Unverbindliches und Unpersönliches. *Wandsbecker Nachrichten*? Das erweckte den Eindruck, als ginge es nur um Dörfliches. Nachrichten wurden von einem Boten gebracht, wenn sie persönlich waren. *Wandsbecker Bothe* also, ja, in der Rolle des Boten sah er sich mehr als in der des Gelehrten.

Er musste zu all diesen Fragen Rat einholen. Und die Vorsehung hatte einen Mann zu ihm gebracht, der ihm mit Ratschlägen und Beiträgen zur Seite stehen konnte. Er war wie Jona nach der Reise in dem Wal in Hamburg „angespült“ worden, denn sein Schiff war in der Nordsee in schwere Seenot geraten. Noch ganz unter dem Eindruck dieses Erlebnisses war er in Hamburg eingetroffen, wo er Lessing aufsuchte, der wie er einer Freimaurerloge angehörte. Bode hatte einige seiner Schriften verlegt – und so kam es, dass man Claudius mit Johann Gottfried Herder bekannt machte.

Der sechsundzwanzigjährige Herder schien wie durch eine lange innere Reise gereift, mehr als es seine Lebensjahre erwarten ließen: In Königsberg hatte er bei Kant studiert, dann hatte er fünf Jahre in Riga zugebracht, hatte sich als Absolvent der Theologie mit dem Wesen der Predigt auseinandergesetzt, kam schnell in den Ruf, ein Freigeist zu sein, weil ihm die Freiheit des Wortes wichtiger war als das Dogma. Wie in einer Fluchtbewegung hatte er Riga verlassen, immer auf der Suche nach einer Anstellung, mit der er sein Leben bestreiten konnte – wie gut kannte Claudius diesen Druck, der als Schatten an jedem Gedanken hing! Eben war Herder aus Frankreich zurückgekehrt, um einen Aufsatz zu einer Preisfrage der Berliner Akademie einzureichen. Es ging um den Ursprung der Sprache, aber Herder ging es ebenso um das Preisgeld, denn er musste eine Augenoperation bezahlen.

Schon bei ihrer ersten Begegnung vertieften sich Claudius und Herder so ins Gespräch, dass sie die Stunden vergaßen. Es ging um das Geld und die Sprache. In seinem Aufsatz wollte Herder argumentieren, dass die Sprache nicht als vollendetes Werkzeug durch Gott in den Menschen gelegt wurde. Auch verwarf er den Ansatz der Naturwissenschaftler, der die Sprache einfach als Folge der organischen Befähigung des Menschen sah, denn das beantwortete nicht die Frage, warum es derart viele Sprachen auf der Welt gab, und täglich wurden neue entdeckt. Für Herder war die Sprache ein Ergebnis der gemeinschaftlichen Lebensumstände, der Kultur. Jede Kultur prägte daher eine Sprache, die für ihre Vermittlung am besten geeignet war. Es gebe daher auch keine „minderwertigen“ Sprachen, schlussfolgerte er, genauso wenig wie es überlegene Sprachen gebe. Er war in Paris gewesen und hatte begriffen, wie sehr die französische Sprache eine Folge der französischen Kultur war. Doch habe es keinen Sinn, sie in anderen Ländern der eigenen Sprache vorzuziehen.

Claudius begriff die Brisanz, die in diesen Worten lag, war Friedrich II. doch dafür bekannt, dass er das Französische dem Deutschen vorzog und die deutsche Dichtung für minderwertig hielt. Einen Aufsatz mit solchen Thesen in Berlin einzureichen, war eine Provokation. Und nun wusste er auch, warum Herder der Ruf vorauseilte, gefährliche Gedanken zu verbreiten.

Wenn man sich mit der Sprache eines anderen Volkes beschäftige, so erschließe man sich auch dessen Kultur, fuhr Herder fort und bedeckte sein entzündetes Auge mit der Hand. Aber es habe eben keinen Sinn, einem Volk eine fremde Sprache überzustülpen, denn dadurch schneide man seine kulturellen Wurzeln ab. Es sei nicht von ungefähr die Art der Eroberer, die einheimische Sprache zu verbieten.

„Es ist also mit der Sprache wie mit einem Schuh: Sie passt nur auf den Fuß, für den sie gemacht wurde, und nur der Fuß läuft gut drin“, warf Claudius ein. Für einen Moment hatte er die Befürchtung, er habe Herder in seinen versierten Ausführungen durch den launigen Vergleich beleidigt. Herder blickte mit seinem einen Auge kurz streng, doch dann lachte er: Ja, eben so sei es.

Dann wäre ja aber die Sprachverwirrung am Turm von Babel gar kein Unglück gewesen, sinnierte Claudius weiter, denn auch wenn man die gemeinsame Sprache verloren hätte, so wäre erst dadurch die Vielfalt der Kulturen möglich geworden. Herder ergänzte sogleich, dass der babylonischen Sprachverwirrung eine andere Stelle der Bibel gegenüberstehe: das Pfingstwunder. Gott hatte dem Menschen die Sprache des Herzens gegeben, die Sprache der Verkündigung und der Liebe. So sei es eben möglich, in Russland oder Frankreich mit jedem Manne Freundschaft zu schließen, selbst wenn man kein Wort der Sprache beherrsche …

Claudius spürte, dass ihre Begegnung bei einem heiligen Moment angelangt war, dass die Vorsehung sie zu Freunden bestimmt hatte. Denn durch Herders Worte hatte er eines begriffen: Nicht nur die Beziehung der Völker zu ihrer Sprache war einzigartig, ein jeder musste zu seiner eigenen Sprache finden. Er hatte in seinen *Tändeleyen* den Fehler begangen, einen anderen nachzuahmen. Das war nicht die Sprache des Herzens, das war die Sprache, die nach rascher Anerkennung suchte. Sie war ihm zu Recht verwehrt worden.

„Ich habe noch keinen gefunden, der meine Gedanken so gut versteht wie Sie!“, rief Herder bei ihrem Abschied aus. „Sie sind mir das größte Genie, das ich hier gefunden habe!“

Und in einem Brief an einen Freund nannte Herder Claudius nach dieser ersten Begegnung einen *Knaben der Unschuld voll Mondlicht und Lilienduft der Unsterblichkeit der Seele.*

Claudius hoffte auf ein baldiges Wiedersehen, denn die Briefe konnten die Gespräche nicht ersetzen, nicht das Gefühl der Zusammengehörigkeit erwecken, das nun unter der Entfernung zu leiden hatte. Auch fürchtete Claudius um Herders Leben, denn der war nach Straßburg weitergereist, um sich dort einer Augenoperation zu unterziehen, die jedoch große Gefahren barg, wie alles, was mit offenen Wunden zu tun hatte.

Er hoffte, Herder dauerhaft für die Mitarbeit an der neuen Zeitung gewinnen zu können. So trug er nun einen Brief an den Freund bei sich, den er in Hamburg begonnen hatte:

Bode legt zu Neujahr 1771 eine Zeitung in Wandsbeck an, und ich werde sie schreiben helfen. Sie soll wie die meisten Zeitungen einen politischen und einen gelehrten Artikel haben, aber es will mir nicht einleuchten, wie man eigentlich das Ding angreifen soll – ein naiver launiger Ton in den Rezensionen wäre freilich ganz gut. Kurz, es schwebt mir manchmal so etwas vor Augen, aber ich kann es nicht recht gewahr werden. – Helfen Sie mir, den Wechselbalg zur Welt zu bringen, oder schwängern Sie mich, wenn alles bei mir vielleicht nur Geschwulst und aufgedunsenes Wesen sein sollte. Ich habe schon diesen und jenen um Rat gefragt und ich bitte Sie recht sehr um Ihre Projekte.

Wenn er selbst erst einmal in Wandsbek Fuß gefasst hatte, würde sich vielleicht auch für Herder dort ein Ort zum Leben und zum Arbeiten finden, denn auch das hatten sie gemeinsam: Das

Leben in den Städten und an den Residenzen war ihnen lästig. Herder fühlte sich gekränkt durch die Herablassung, die er in der ständischen Gesellschaft hatte erleben müssen, zuletzt durch einen adligen Zögling, den er auf Reisen hatte begleiten sollen. Er hatte in den Gasthöfen um jedes bisschen auf dem Tisch bitten müssen, es war ihm unerträglich geworden, er hatte die Reise abgebrochen. Claudius kannte diese Art von Aristokraten nicht; ihn stieß das Ränkespiel der Besitzenden ab, in dem Leben auf dem Lande sah er eine Ehrlichkeit, die in einer Stadt wie Hamburg oder Kopenhagen nicht möglich war.

Vielleicht würde ihnen beiden in Wandsbek gelingen, was andernorts bisher nicht möglich gewesen war: ihr Auskommen dauerhaft an einem Ort zu finden, an dem der Mensch und der Dichter nicht zwei verschiedene Wege gehen mussten.

Vor ihm lag *ein* Weg, der mit gerader Strecke auf das Gotteshaus zuführte. Mit den Beiträgen für die geplante Zeitung hatte es nicht mehr viel Zeit, dringlicher aber noch war der Entwurf für die Vignette und den Titel, denn diese Dinge mussten in Kupfer gestochen werden. Bode hatte von einer Eule als Emblem gesprochen, weil diese für Weisheit stand. Claudius aber schien, dass die schulmeisterhafte Eule eine fröhliche Gesellschaft brauchte.

Vor ihm sprang ein Frosch in die Fahrrinne der Straße und bewegte sich auf seinen krummen Beinen dem Grün der Böschung entgegen. Er tat dies ohne Eile, als wäre er sich der Gefahren, die über ihm aus der Luft kommen mochten, nicht bewusst. Obwohl Beute für Störche, für Greifvögel, Marder, Füchse und Katzen, war er kein Fluchttier. Anders als der Hase, den die Angst um sein Leben zur Rastlosigkeit verdammte, schien der Frosch sich in seinen Vorhaben nicht beirren zu lassen.

Claudius war stehen geblieben und beobachtete, wie er sich mit sich krümmendem Leib der Wiese näherte. Schließlich bückte er sich nach dem Tier, nahm es behutsam in die Hand und drehte es so, dass er dem Frosch in die Augen schauen konnte. Die Augenlider waren halb geschlossen und drückten unerschütterliche Gelassenheit aus, der Kehlsack, der über der Kante des Zeigefingers lag, hob und senkte sich ohne Hast. Die kleinen Froscharme und -beine hingen müßig herab, er strampelte nicht, sondern schien darauf zu vertrauen, dass man ihn wieder freigeben würde. So schwach und wehrlos wie er war, blieb ihm nichts anderes übrig, als zu vertrauen. Claudius hob den Frosch an, sodass seine lustige Silhouette sich vor der Herbstsonne abhob.

„Coax", machte Claudius zu ihm hinauf. Die breiten Lippen des Froschmauls öffneten sich zu einem stummen Kommentar.

„Coax", wiederholte Claudius, doch diesmal blieb der Frosch ungerührt.

„Du hast recht, Freund Coax: Manchmal ist es klüger, sich seinen Teil zu denken, als alles auszusprechen", meinte Claudius heiter und setzte den Frosch in das satte Gras am Wegrand. Eine dunkle Zunge nässte das Froschmaul, und dann verschwand das Tier mit einem großem Sprung im Schatten des Bachgrabens.

Dich werde ich in die Vignette setzen, dachte Claudius bei sich. Eine kleine Gruppe von Fröschen! Es sollen genauso viele Frösche sein, wie die Zeitung Seiten haben wird.

Aus dem Konzert der Frösche glaubte er *einen* Frosch deutlich herauszuhören. Sicher war es das Tier, das ihn auf diesen Einfall gebracht hatte und ihm so sein Einverständnis geben wollte.

7 Das Bauernmädchen

Ich bin ein Bote und nichts mehr,
was man mir gibt, das bring ich her,
gelehrte und polit'sche Mär;
(…)
Die nackte Wahrheit lieb ich sehr,
doch gibt man mir noch etwas mehr,
wenn's nur noch eine Sage wär,
und wenn's ein Spott zur Bessrung wär,
(…)
Je nun – da bring ich's auch mit her,
dafür bezahlet mich mein Herr.

(Aus: Ankündigung des Wandsbecker Bothen)

September 1770

„Moin, Moin!“ Claudius war vor der Schwelle stehen geblieben und klopfte an den Türrahmen. Die Tür zum Gasthaus „Hinter dem Stern“ stand offen. Hier, beim Zimmermeister Behn, sollte er den Schlüssel zu dem Häuschen abholen, das er in Wandsbek anmieten konnte, aber die Gaststube schien leer.

„Gott zum Gruße!“, rief Claudius lauter. Seine Augen hatten sich an das Dunkel im Gastraum gewöhnt. Er sah mehrere große Tische, gegen die Stühle gelehnt waren, es roch nach Lauge und kaltem Rauch. Der hintere Bereich war durch einige grobe Stützbalken abgetrennt, Krüge und Kessel hingen daran, getrocknetes Kraut und Küchengerät.

„Werter Herr Behn?“ Claudius trat über die Schwelle, sah hierhin und dorthin. Er hatte den Durchgang zu den hinteren Räumen erreicht, als eine jugendliche Frauenstimme hinter ihm sagte: „Sind Sie der Herr Studiosus aus Hamburg?“

Claudius wandte sich um. Auf der Türschwelle stand ein Mädchen. Es stand auf Zehenspitzen und war barfuß. Das Licht in ihrem Rücken umflorte sie, sodass er ihr Gesicht nicht sehen konnte. Dennoch war ihm augenblicklich, als würde er sie bereits kennen. Es war ein Eindruck, so tief, dass er fast schon vergessen hatte, was er gefragt worden war. Dann aber besann er sich.

„Ich komme heute aus Hamburg“, sagte er, „und studiert habe ich auch einmal. – Und Sie sind dann das Fräulein aus Wandsbek?“

Sie antwortete nicht sogleich, und der Schatten auf ihrem Gesicht verriet ihm nichts über den Grund für ihr Schweigen.

„Ich bin die Rebekka, Rebekka Behn, mein Herr“, sagte sie schließlich und wippte auf ihren Zehenspitzen. „Ein Fräulein hätte doch wohl Schuhe an!“

„Und ein Herr wäre zu Pferde gekommen.“

Sie sprang von der Türschwelle herab. Claudius dachte an sein Herzensunglück in Hamburg: Ein beinahe mittelloser Zeitungsschreiber ohne großen Familiennamen, der durfte nur aus der Ferne schwärmen. Aber er hatte Hamburg verlassen. Und so fand er in sich den Wunsch nach einer Gefährtin wieder.

Erst als sie sprach, wurde ihm bewusst, dass er schweigend dagestanden hatte:

„Sie wollen den Schlüssel zum Haus am Lübecker Steindamm haben, nicht wahr? Mein Vater ist heute noch einmal beim Heu helfen, aber er hat gesagt, ich soll Ihnen alles zeigen.“

Leichtfüßig kam sie näher und stellte einen Korb mit Fallobst ab. Unter einem blauen Kopftuch sahen muntere blonde Haare hervor, und wohl weil er sie unverwandt ansah, meinte sie: „Herrje, hab ich noch Stroh in den Haaren?“ Sie zog das Kopftuch herunter. „Ich kann nicht zu den Kühen gehen, ohne dass ich hinterher Stroh in den Haaren habe!“

„Nein, Stroh ist da keins.“ Claudius war dieser Moment, als würde er einen Schmetterling halten. Er wagte kaum zu atmen, weil er befürchtete, mit einem Ungeschick alles zu verderben.

Verdorben hätte er es, wenn dies nur eine flüchtige Begegnung blieb; er beruhigte sich gleich darüber, dass er ja eine Wohnung in Wandsbek mieten wollte und sie also wiedersehen würde; verdorben hätte er es aber auch, wenn er ihr Grund gab, ihm aus dem Weg zu gehen. Und einen Grund hätte er ihr ja allein schon dadurch geben können, *dass* er sie wiedersehen wollte ... nein, nicht wiedersehen: *wiederspüren*, denn ihm war plötzlich zumute, als habe er in sich selbst etwas wiedergefunden.

„Also der Schlüssel ist da in dem Kasten, und der Schlüssel zu dem Kasten, der ist hier!" Statt um den Schrägbalken herumzugehen, schwang sie sich darüber.

„Ich weiß nicht, warum Vater den Schlüssel einschließt, wenn doch jeder weiß, wo der Schlüssel zum Schlüssel ist." Sie nahm ein Bändchen von einem Nagel und schob den Schlüssel in das Kästchen. Sie drehte ihn und drehte ihn wieder zurück, zog an der kleinen Holztür, nahm den Schlüssel wieder hervor und versuchte es erneut.

„Wie ein so kleines Kästchen so widerspenstig sein kann!"

Sie maß das Kästchen mit einem grimmigen Blick, als wäre es durch seinen Trotz zum Leben erwacht.

Als er Rebekka dabei beobachtete, wie sie es erneut versuchte, begriff er, dass ihm eine Gelegenheit gegeben worden war: Er würde etwas mit ihr gemeinsam tun können. Er sah sich um und entdeckte einen Holzkasten, in dem allerlei Besteck aus Zinn lag.

„Wir wollen es damit versuchen", sagte er, indem er eine Gabel herausnahm. Bei dem „wir" schlug ihm das Herz heftiger. Rebekka nickte, und als er die Forke in den kleinen Spalt zwischen Schloss und Kasten setzte, legte sie ihre Hand auf die seine.

„Wir lassen uns doch von dem ollen Kram nich tom Narren halten!" Da war es wieder, dieses „wir"! Claudius sah in dem Kästchen längst einen Verbündeten.

„Vielleicht sollten wir es mit einem Gebet versuchen", meinte er, als das Holz zwar knackte, aber nicht nachgab.

„Ich glaube nicht, dass der Herrgott Zeit hat für so eine Kleinigkeit."

„Es ist ja vielleicht gar keine Kleinigkeit", sagte er, und so wie sie standen, war es dicht bei ihrem Ohr. Er spürte ihr Aufmerken, und bevor er erfuhr, welcher Art es war, fügte er rasch hinzu: „Ein Gebet als solches ist doch nie unwichtig, es zeugt doch von unserem Glauben an Gott, und der kann nie unwichtig sein."

Sie hatte ihre Hand von der seinen zurückgezogen, blieb aber stehen, wo sie war, so dicht bei ihm, dass die Wärme ihres frei liegenden Nackens an seinen Lippen vorüberstrich.

Er sprach weiter – zu ihr, zu sich, zu der Vorsehung: *„Das Beten ist ja doch das Einzige, wo das Wünschen, das Glauben und das Werden in Eintracht sind. Wobei das Wünschen des Herzens wohl die Hauptsache ist,* und darum kann ich nicht begreifen, was die Leute meinen, die nichts vom Beten wissen wollen. Ist es nicht ebenso, als wenn sie sagten, man solle sich nichts wünschen oder man solle keinen Bart und keine Ohren haben?"

Er sah das Lächeln, das von ihren Lippen in die Augen sprang.

„Sind Sie denn auch Pfarrer?"

„Ich habe als Kind meinen Geschwistern gepredigt. Da – von so einem Balken herab. Da konnte ich als Erwachsener nicht mehr Ernst mit der Sache machen."

„Das stumme Gebet hat geholfen", sagte sie nun. „Jetzt hab ich nämlich einen besseren Einfall!"

Sie verschwand in einem der hinteren Räume, und er kam sich dumm vor. Er glaubte, selbst die Möbel wegen seines inneren Überschwangs kichern zu hören.

Als Rebekka wieder erschien, hielt sie eine Axt. Es war keine, mit der man Bäume umhaute, sondern eine, die für feinere Arbeiten am Holz gedacht war. Sie hielt die Axt so, als wolle sie dem Kästchen drohen, doch das dumme Schränkchen mit seiner Schublade wollte nicht nachgeben.

„Geben Sie acht!“ Rebekka holte aus und gleich der erste Schlag brachte die Tür zum Bersten. Gleich fasste sie mit der schlanken Hand hinein und zeigte den Schlüssel her.

„So ist das gordische Kästchen von Wandsbek geschafft“, schmunzelte Claudius. Sie sah ihn mit gehobener Augenbraue an: „Das *gordische Kästchen ...?*“

„Ja, kennen Sie nicht die Geschichte ...“ Sie ging ihm voraus auf die Straße und er folgte ohne Aufforderung. „Der Gordische Knoten war ein dichtes Gewirr, das an einem Streitwagen der alten Völker hing. Es hieß, wer diesen Knoten löst, wird Herrscher von Asien. Alexander der Große sah sich die Sache an und dachte sich wohl, da lass ich mich auf keine Fingerübung ein. Also nahm er sein Schwert und schlug den Knoten entzwei.“

Rebekka lachte hell. „Bin ich jetzt Herrscherin über Wandsbek?“

Herrscherin über mein Herz gewiss, erwiderte er in Gedanken.

In ihm drängten sich die Fragen: Woran haben Sie heute früh zuerst gedacht? Wie viele Geschwister haben Sie? Wie alt sind Sie? Was bringt Sie in Wut? Sind Sie verliebt? Sind Sie jemandem versprochen? Du – Rebekka. Ich kann all das nicht sagen: Lies es mir von den Augen ab! Wenn Gott mir auf dieser Welt siebzig Lebensjahre schenkt, dann habe ich einunddreißig bereits ohne dich verbracht, und das ist zu lange!

„Was haben Sie da in Ihrem Rucksack?“, fragte sie. „Bücher?“

„Nein – Brot, Schinken, Apfelmost, ein Empfehlungsschreiben, einen begonnenen Brief, einige leere Blätter – ich will das Haus gleich skizzieren, damit ich es einigen Freunden schicken kann.“

„Darf ich Ihnen dabei zusehen?“

„Dafür braucht es keine Erlaubnis!“

„Da vorne ist das Haus schon!“

Claudius nahm es dem Haus übel, dass es nicht eine Wegstunde entfernt war und ihm mehr Zeit gab, nicht nur zu erzählen, was sich in seinem Rucksack befand, sondern in seinem Herzen.

„Sie wollen also hier in Wandsbek eine Zeitung machen?", fragte Rebekka. „Und wie stellt man so etwas an: eine Zeitung machen?"

„Ja, wenn ich ehrlich bin, dann weiß ich es nicht so recht. Auf dem Weg hierher habe ich an nichts anderes gedacht." Aber auf dem Weg zurück werde ich daran denken, dass du mich in diesem Moment angeschaut hast, als würden wir uns nach langer Zeit wiedersehen, als hätten wir uns so vieles zu erzählen. Oder wünsche ich mir nur, dass das in deinen Augen steht?

„Kennen Sie denn meinen Namen?", fragte er, denn ihm fiel ein, dass er sich nicht vorgestellt hatte.

Rebekka hatte die kleine Pforte geöffnet, hinter der ein Pfad zum Eingang des Hauses führte. Ihre Wangen flammten rot auf, als sie sagte: „Sie sind der Herr Claudius, hat der Vater gesagt."

„Matthias Claudius."

„Ich habe aber noch nie etwas von Ihnen gelesen. Ich bin nämlich nicht sehr gut im Lesen und im Schreiben."

„Aber im Herzen – und das ist das Wichtigste. Man kann wohl leben ohne das Lesen und Schreiben, aber nicht ohne das Gute im Herzen."

„Da Sie doch nun Dichter sind: Müssten Sie da nicht sagen, dass das Lesen und das Schreiben ein Weg zu dem Guten im Herzen sind?"

„Verehrte Rebekka: Es mag sein, dass Sie nicht viel lesen, aber eben diese Frage treibt den Herrn Lessing um, Herrn Klopstock und in einem bescheidenen Maß eben auch mich."

„Mögen Sie mir ein Gedicht von sich hersagen?" Sie ging ihm voraus zur Eingangstür.

„Wie könnte ich das jetzt noch wagen, wo wir solch einen Anspruch an die Dichtkunst aufgestellt haben? Außerdem –

um die Wahrheit zu sagen – es ist eine Weile her, dass ich ein Gedicht geschrieben habe, und ich erinnere mich nicht an den Wortlaut."

Sie sperrte die Tür auf. Die abgestandene Luft des Sommers erwartete sie in dem dunklen Flur. Rebekka ging mit einer Selbstverständlichkeit in die Stube, öffnete die Fenster und die Fensterläden, als würde sie hier wohnen und wäre nach einer Reise zurückgekehrt.

„Mein Vater hat mir gesagt, was es zur Miete kostet, aber ich habe es vergessen!"

„Er schrieb es mir – es geht in Ordnung." Wie viel Geld er zur Verfügung haben würde, hing davon ab, wie viele Subskribenten er für die Zeitung gewinnen konnte. Die Anzeige war noch nicht einmal erschienen, aber er konnte sich darauf verlassen, dass die Freunde dafür werben würden.

Und dennoch war es nicht das in Aussicht stehende Geld, das ihm die Gewissheit gab, in diesem Haus leben zu können. Es war die Art, wie Rebekka ihn herumführte. Sie sprach davon, wo man welche Möbel hinstellen konnte, wie man diese oder jede Kammer nutzen konnte, wo der Ausblick am schönsten war. Sie würde mit ihm hier leben.

„Dann sollen Sie den Schlüssel haben!"

Sie stand in diesem Moment in einem leuchtenden Quadrat, das die Sonne auf die Holzdielen malte. Der feine Staub schmiegte sich an und wich in Kapriolen zurück, als sie die Hand mit dem Schlüssel ausstreckte. Er wusste: Wenn er ihn jetzt nahm, würde sie gehen. Also nahm er ihn nicht.

Könnte er doch so leichthin und unbeschwert fragen, wie sie es tat – aber welche Frage würde man einem jungen Mädchen auch schon verübeln? Alles, was sie wissen wollte, schmeichelte. Er aber befürchtete, dass sie seine Fragen zudringlich fand, wenn sie auch noch so belanglos waren. Doch wie immer, wenn er zweifelte, gab es eine Gewissheit: Die Liebe war Gottes Atem. Ohne sie würde der Mensch zugrunde gehen; und mit ihr konnte er nicht fehlen.

„Sie leben noch im Hause Ihres Vaters?“, fragte er. „Oder ist die Brauttruhe schon gepackt?“

Rebekka drehte die Hand ein und legte den Schlüssel an die Schulter. „Eine fürsorgliche Mutter packt die Brauttruhe schon am Tag der Geburt ihrer Tochter.“

„Aber es hat sich noch keiner gefunden, der die Truhe für Sie trägt?“

„Oh, jeden Sonntag nach dem Kirchgang geht schon wer vor unserem Haus auf und ab – aber er wagt es nicht, an der Tür zu klopfen und zu fragen, ob er willkommen ist.“

„Vielleicht hat der arme Kerl Angst davor, abgewiesen zu werden.“

„Aber wenn er nie fragt, bleibt es doch auch so, als wäre er fortgeschickt worden.“

„Nein, liebe Rebekka: Es bleibt ihm der Traum davon, dass ihm eines Tages die Tür geöffnet wird und man ihn willkommen heißt.“

Sie lächelte und reichte ihm den Schlüssel. Diesmal nahm er ihn.

„An jeden Raum schreibe ich nun einen Buchstaben dran und am Rand schreibe ich neben jeden Buchstaben, was das für ein Raum sein wird.“ Claudius hatte die Skizze vor sich auf den Knien liegen, als Unterlage diente ihm ein abgebrochenes Brett. Rebekka hockte neben ihm auf dem breiten Rand eines hölzernen Viehtrogs und las laut mit: „A – B – C – D – E.“

„B wie Behn und C wie Claudius. Dass das eine auf das andere folgt – ob uns das wohl etwas bedeuten muss?“

Sie zeigte ihre ebenmäßigen Zähne und stupste ihn mit dem Ellenbogen an. „Wer hat denn bestimmt, dass die Buchstaben in dieser Reihenfolge sein müssen?“

„Ich denke, das waren die alten Griechen. Alpha und Beta sind die ersten Buchstaben des griechischen Alphabets.“

„Nein, die alten Griechen haben gewiss noch nicht an uns gedacht.“

„Noch ein Grund, warum sie uns nicht wichtig sein müssen.“

„Sie müssen sich selbst noch da hineinmalen.“

Er zeichnete ein Strichmännchen mit einem erhobenen Arm.

„Ich winke Freund Herder, damit er recht bald herkommt, denn hier ist er bestimmt glücklicher als in Straßburg.“

„Ich möchte auch an keinem anderen Ort leben als in Wandsbek!“

„Dann male ich das Bauernmädchen noch dazu, das mir mein neues Haus gezeigt hat.“

Doch nun sprang Rebekka auf. „Nein, das dürfen Sie nicht!“, rief sie lachend. „Nicht bevor ich Schuhe angezogen habe!“

Sie lief davon – mit flatternder Schürze – und er wusste, dass sie nicht zurückkommen würde. Er aber würde dort sitzen bleiben und auf den Zimmermeister Behn warten, um mit ihm zu sprechen. Er würde ihm sagen, dass er genug Geld hatte, um das Haus zu mieten und davon zu leben. Und alles andere lag in Gottes Hand.

8 Mir glühen oft die Fußsohlen …

Was mich in dieser Vermutung bestärkt, ist das Sonderbare und Unbegreifliche bei der Liebe. Da steht man und zittert und verstummt und das Herz fängt einem an zu schlagen und die Wange zu glühen, und man weiß nicht wie und warum. Und grade da wo die Philosophie scheitert und die Vernunft sich hinter den Ohren kratzen muss, wo man ein Sausen hört, aber nicht weiß, woher es kommt und wohin es fähret, grade da vermute ich Gottes Finger.

(Aus: Gelehrte Sache, in: Der Wandsbecker Bothe)

1772

Wie sehr ihn das Schicksal mit Herder verband, erkannte Claudius daran, dass auch Herder zu dieser Zeit vor Liebe aufglühte. Auf seiner Reise nach Süden hatte er in Darmstadt Station gemacht und sich in die dort ansässige Caroline Flachsland verliebt. Da er aber weder Anstellung noch Einkommen hatte, kam eine baldige Verbindung nicht infrage. Und auch diesen Verdruss teilte er mit Claudius, der ihm antwortete:

Sie fallen ja wohl oft für Liebe auf die Erde und springen ja wohl oft für Liebe an die Decke und schreien wohl oft aus lautem Halse und verstummen wohl oft. Ihr Mädchen ist, hab ich gehört, aus Veilchenduft und Mondschein zusammengewebt; o du lieber Jüngling, wie gönne ich sie dir so herzlich und dich dem Mädchen! Meins ist ein ungekünsteltes, rohes Bauernmädchen im wörtlichen Verstande, aber lieb hab ich sie darum nicht weniger, mir glühen oft die Fußsohlen für Liebe.

Herder konnte aber nicht in der Nähe seiner Caroline bleiben, er musste nach Straßburg weiter. Dort versank er, zumindest für Claudius, in Schweigen, denn es trafen keine Briefe mehr ein.

Durch gemeinsame Freunde erfuhr er, dass die Operation an Herders entzündetem Auge üble Auswirkungen hatte. Ihm war durch das Nasenbein ein neuer Tränenkanal gebohrt worden, der sich jedoch ständig zusetzte. Mit einem Rosshaar musste er die Wunde offen halten, eine schmerzhafte Prozedur! Daher konnte Claudius dem Freund nachsehen, was man ihm außerdem zutrug: dass Herder sich nämlich abfällig über ihn geäußert hatte, ihn närrisch nannte und sich über seine schwärmerischen Briefe lustig machte. Caroline Flachsland ermahnte Herder in ihren Briefen, gegenüber dem Freund nicht ungerecht zu sein.

Claudius entschuldigte seinen Freund mit dem Liebeskummer und dem Wundschmerz, doch blieb ihm die Befürchtung, dass dies auch ein Zug in Herders Wesen sein könnte: aus einer misslichen Lage heraus ungerecht gegen alles und jeden zu sein. Wenn er also um die Genesung des Freundes betete, so meinte er damit nicht nur die Folgen der Operation.

Diesen Gedanken hing Claudius nach, als er dabei war, die Dielen seines neues Heimes in Wandsbek zu fegen. Eines beschäftigte ihn immerzu: Man sah in Rebekka und ihm schon ein Paar, da man sie alle Tage zusammen im Dorf traf und sie sich eben wie ein Paar verhielten. Allein es fehlte der Segen zu ihrem Glück.

Als er nun Vater Behn seinen Namen rufen hörte, sagte er sich einmal mehr, dass es für alles eine lenkende Hand gab, die ihn nun aufforderte, sich zu erklären.

Behn war in Hamburg gewesen und brachte einen Brief von Herder mit. Claudius war ungeduldig ihn zu lesen, aber er wollte seinen Gast und den Vater seiner Angebeteten nicht unbewirtet lassen. Sie saßen bei einem Wacholderbrand, als Claudius den Brief öffnete. Er las, dass sich für Herder alles zum Guten gewendet hatte: Freunde hatten ihm eine Anstellung als

Prediger in den Diensten des Grafen von Schaumburg-Lippe in Bückeburg vermittelt. Nun hatte er ein festes Einkommen und schmiedete Pläne, Caroline als seine Frau bald nachzuholen. Als Claudius dies las, dachte er: Ob wir nicht der Liebe unwürdig sind, wenn wir zaudern und zweifeln? Denn die Liebe kommt von Gott und so zweifeln wir dann auch an ihm … Er fasste sich ein Herz.

„Lieber Vater Behn: Ich möchte Rebekka heiraten."

„Ja, das weiß ich wohl, und alle in Wandsbek auch …"

„Ich meine nicht irgendwann, sondern so bald wie möglich."

Behn stellte das Glas ab. „Ihr seid ein grundguter Mensch und die Rebekka geb ich Euch gern. Aber Ihr habt ja nicht einmal das Geld, um ein Aufgebot zu stellen."

„Ich werde den Herrn von Schimmelmann bitten, dass er mir die herrschaftliche Erlaubnis besorgt, ohne Aufgebot zu heiraten."

Behn sah ihn offen und mit gehobenen Augenbrauen an, aber er hatte den gelassenen Sinn, der für diesen Landstrich so bezeichnend war. Also zuckte er mit den Schultern und sagte: „Ja, dann man tun."

Im März des Jahres 1772 wurden sie Mann und Frau. Ihre Freunde taten ihre Überraschung kund, dass es so schnell gegangen wäre, doch Claudius war jeder Tag ohne seine Betty, seine Bebelmus, seine Bekka endlos erschienen. In seinem Inneren war sie immer bei ihm: Er berichtete ihr, er fragte sie um Rat, er spaßte mit ihr. Seit er ihr begegnet war, hatte er die Antwort auf die Frage, welche Aufgabe ihm Gott auf dieser Welt zugedacht hatte. Und also würde Gott auch dafür Sorge tragen, dass sie ihr Auskommen fanden.

Ein Gedicht wollte sie von ihm hören an dem Abend, da sie zu Mann und Frau erklärt wurden. Er sei es ihr noch schuldig seit dem Tag, da sie einander begegnet waren. Er sagte ihr, dass alle seine Gedichte ihr gegolten hätten und noch gelten würden.

„Etwas Feierliches hätt ich gern", beharrte sie. „Eins mit großen Worten und Namen drin!"

Und weil auch Klopstock und Schönborn und einige Freunde, die sich an diesem Abend versammelt hatten, danach verlangten, erhob er sich.

„Es ist an der Zeit, dass die alten Griechen meine junge Betty kennenlernen", sagte er mit gespieltem Ernst. „Ihr Hochzeitslied an Hymenaios werd ich uns singen:

Und nun ist Betty mein,
o Hymen, Hymenäe, fein!
Und alles Wasser ist mir Wein,
und bei dem allen denk ich Dein,
o Hymen, Hymenäe!

Über den doppelten Sinn machten sie bald Scherze.

„Ach, Matze du: Schämen solltest du dich!", rief sie lachend. „Dass du mir das ja nie in deiner Zeitung druckst, hörst du?"

„Sag es mir noch einmal her!", verlangte sie, als sie in der Kammer alleine waren.

„Und nun ist Betty mein …", doch weiter kam er nicht, denn sie drückte einen Kuss auf seine Lippen und schlang die Arme um ihn. So einfach war das Glück zu haben, so einfach waren Körper, Geist und Seele auszusöhnen: Wenn man zu zweit war, lachte man über den Hader, den man mit sich selbst hatte, wie über ein Missgeschick aus Kindertagen.

„Horch!", forderte sie ihn einige Monate später auf. Ihr gewölbter Bauch verriet es dem Auge; an sein Ohr drang nun das schnelle, ungeduldige Pochen des kleinen Herzens. Wie ein Mühlrad, wie ein kleines Stanzwerk – aber nichts kam diesem Geräusch gleich, das ein neues Leben ankündigte.

Aber dieses Herz wollte nicht lange schlagen. Der Knabe wurde zu früh geboren. Sie ließen ihn auf den Namen Matthias taufen. Er war blau und schmächtig und alles Massieren half nichts: Bruder Hain beugte sich über die Wiege und nahm das Kind fort.

„*Er lebte nur einige Stunden und ging, nachdem er sich hier sattgeweint hatte, wieder heim. Gott gebe ihm Freude in der andern Welt*“, schrieb Claudius in die Familienbibel.

Und noch andere Sorgen drückten ihn: Der *Wandsbecker Bothe* hatte ihn ernähren können, doch für eine Familie ließ sich damit nicht sorgen … Und Rebekka war bald wieder schwanger.

Hier in Wandsbek, wo ihre Familie lebte, würden sie niemals Not leiden, und so verspürten sie keine Neigung, den Ort zu verlassen, der sie zusammengeführt hatte. Sie teilten das Empfinden, dass die Welt *dort draußen* größere Prüfungen für sie bereithalten würde als einfache Mahlzeiten und durchgelaufene Schuhe. Aber bei ihren Spaziergängen im Mondschein, die sie aus dem Garten heraus auf die Landstraße führten, sprachen sie oft davon: Für den Unterhalt einer Familie bedurfte es einer Anstellung, die in Wandsbek nicht zu finden war. Hand in Hand betrachteten sie den Mond und kehrten schweigend zurück.

9 Der Zeitgeist und das Gespenst der Armut

Hinz und Kunz
H: Bist auch für die Philosophei?
K: Was ist sie denn? So sag's dabei.
H: Sie ist die Lehr, dass Hinz nicht Kunz und Kunz nicht Hinze sei.
K: Bin nicht für die Philosophei.

(In: Asmus omnia sua secum portans, I. und II. Teil)

1773

„*Claudius! Claudius! Er ist noch immer unversorgt; zwei Pläne, einer ihm, einer mir, sind abermals misslungen. Ich klopfe für ihn an bei Ihnen! Mich dünkt, Sie hatten etwas für ihn. Helfen Sie ihm! Eine staatenlose Sekretär- bis zur unschuldigen Rechnungsführerstelle, und was zwischen liegt, ist für ihn. Nur nicht Gelehrsamkeit, Prachtbetrug und Plätze der Staatslüge.*"

Herder schrieb diesen Brief an Johann Wilhelm Gleim. Der war wie ein Schreibtisch mit hundert Fächern, darin lagen Kontakte zu hohen Beamten, die Erstlinge junger Literaten, die er zur Rezension empfahl, eigene Gedichte auch, und eben eine Vielzahl von Posten, die in den fürstlichen Verwaltungen zu besetzen waren.

Gleim selbst war auf Lebenszeit versorgt, denn er hatte eine einträgliche Stelle als Sekretär des Halberstädter Domkapitels. Er versprach, sich für Claudius umzuhören und bis dahin half er der kargen Tafel im Hause Claudius auf andere Weise aus: Er schickte einen Rehrücken aus den Jagdgründen seines Dienstherrn nach Wandsbek.

Herder schrieb noch manchen Brief um Claudius' willen, doch konnte er auf wenig Empfehlungen und Errungenschaften seines Freundes in Wandsbek verweisen, außer auf dessen reines und ehrliches Wesen. Dies war Herder einmal mehr wieder nahe gerückt, da er sich in Bückeburg von Falschheit und höfischer Kabale umgeben fühlte. Das Verhältnis zum Grafen war nicht das beste, doch musste er an seiner Anstellung festhalten, denn sie erlaubte ihm endlich, Caroline Flachsland zu heiraten.

Er hielt Claudius gegenüber Wort und schickte Beiträge für den *Wandsbecker Bothen*. Claudius wiederum rezensierte seinen Aufsatz über den Ursprung der Sprache, der tatsächlich den Preis der Berliner Akademie gewonnen hatte. Auch regte Herder andere an, etwas an den *Wandsbecker Bothen* zu senden – Claudius trug längst den Namen seiner Zeitung.

Herder hatte in Straßburg einen jungen Studenten kennengelernt, er war ihm auf der Stiege in seinem Gasthaus begegnet, man war sogleich ins Gespräch gekommen und der angehende Jurist hatte Herder häufig an seinem Krankenbett besucht. In den Gesprächen hatte sich herausgestellt, dass diesen Herrn Johann Wolfgang Goethe die Juristerei weniger interessierte als das Sinnieren über die Kunst und die Literatur. Herder hatte ihm Shakespeare und Ossian ans Herz gelegt.

Einige Jahre später nun machte der junge Mann mit einem Theaterstück von sich reden: *Götz von Berlichingen mit der eisernen Hand*. Dieses Stück erregte Aufmerksamkeit wegen des Ungestüms in der Form und der Aussage. Claudius lobte in seiner Zeitung diesen Geist der Neuerung. Er wies einen Gelehrten zurecht, der dem *Götz* allerlei historische Ungenauigkeiten nachwies, denn es ging dieser Art von Literatur eben nicht darum, die Nachwelt darüber zu belehren, ob nun der linke oder der rechte Arm ausgestreckt worden sei, sondern darum, die Sensation dieses Augenblicks wieder erlebbar zu machen. Claudius sah darin eine Parallele zu der missverstandenen Aufgabe der Theologie, die mit dem wortgetreuen Nacherzählen der geistlichen Schriften gar nichts zur Bereicherung des Menschen schaffte. Eben da, wo von der vorgefundenen Form abgewichen wurde, hörte die Seele ihren Weckruf.

Darin war er sich mit Herder einig, der mit seiner Schrift *An Prediger* die Dogmatiker gegen sich aufgebracht hatte. Und auch hierin verteidigte Claudius seinen Freund durch eine Betrachtung im *Wandsbecker Bothen.* Herder jedoch störte sich bald an dem naiv launigen Ton, den Claudius sich im *Bothen* gab, weil er dadurch manch ernsten Streit ins Lächerliche ziehe. Eine neue Stunde der Philosophie habe geschlagen, und wie antwortete Claudius darauf in Gestalt des Boten „Asmus"?

Ich bin vom Dorfe und kenne die Welt nicht, Mode mag das sein, das will ich gar nicht streiten, ich will sogar glauben, dass aus einem Schwärmer ein Mandelknacker werden kann; aber käme so ein Mandelknacker in unser Dorf, wahrhaftig, die Mädchen spien ihn an und würfen ihn mit Steinen.

So etwas schrieb er in einem Aufsatz über das „Genie" – das Wort der Stunde, das Herder geprägt hatte als Beschreibung für einen Geist, der sich aus den Fesseln seiner Zeit befreite und seiner Generation voranging. Er selbst wollte nicht nur die Dogmatiker abschütteln, sondern auch die Vorgaben seines Lehrers Kant.

Claudius hatte keine Neigung zu spekulativen Gedanken. Es war, als würde man ein wildes, kaum gebändigtes Pferd wählen, um seine Reise anzutreten. Und er konnte sich des Eindrucks nicht erwehren, dass die, die das wilde Ross bestiegen, es nur taten, um sich damit zu brüsten und über jene die Nase zu rümpfen, die sich von jenem erfahrenen Pferd tragen ließen, das seine Sache seit vielen Jahren gut machte.

Für Claudius gab es nur *eine Wahrheit* über die Welt und den Menschen, und die war durch Jesus Christus offenbart worden. Zwar war es an der Zeit, neue Formen der Verkündigung zu finden, aber eine neue Wahrheit würde man dadurch nicht finden. Vor allem würde man die Wahrheit der Offenbarung nicht der Lüge überführen:

Die Religion aus der Vernunft verbessern, kommt mir freilich ebenso vor, als wenn ich die Sonne nach meiner alten hölzernen Haustür stellen wollte.

Das war sein Fazit über die neue Philosophie, die mit der Dreifaltigkeit der Vernunft, des Genies und der Aufklärung daherkam. Wenn man die Lehren Christi beherzigte – davon war er überzeugt –, so brauchte es die neuen Gedanken nicht:

Wenn ich bei der Quelle stehe, warum soll ich nicht aus der Quelle trinken; so bin ich doch sicher vor dem Unrat am Eimer.

Nun machte Johann Goethe erneut Furore, da er einen Briefroman geschrieben hatte – das hatte er sich von den Engländern und Franzosen abgeschaut –, der den Zeitgeist seiner Generation traf: Über einen, der von seiner unglücklichen Liebe nicht lassen wollte, der nicht bereit war, sich der *raison* zu fügen, sondern eher in den Freitod ging. *Die Leiden des jungen Werthers* fanden ihre zahlreichen Leser aber auch, weil Goethe darin von seiner eigenen unglücklichen Liebe erzählte, so wie man es eben sonst nur in einem Tagebuch tat oder dem besten Brieffreunde gegenüber. An Lottes, Alberts und Werthers Liebesirrungen konnte aber nun jeder teilhaben, wie bei einem Guckloch in der Wand eines zweifelhaften Hauses.

Es wurde nun Mode, sich zumindest die Pose des Freitods zu geben und zu glauben, dass sich die ganze Welt um das eigene Herzeleid drehen müsse und ein ungerechter Ort war, wenn die Sonne sich nicht verdunkelte, sondern auch auf gebrochene Herzen schien. Und auch dazu ließ Claudius seinen Asmus sprechen:

Der arme Werther! Er hat sonst so feine Einfälle und Gedanken. Wenn er doch eine Reise nach Paris oder Peking getan hätte!

Und dem setzte er ein Gedicht nach:

Fritze
Nun mag ich auch nicht länger leben,
verhasst ist mir des Tages Licht;
denn sie hat Franze Kuchen gegeben,
mir aber nicht.

Claudius schrieb außerdem eine Rezension der *Freuden des jungen Werthers*, die Nicolai in Berlin als spitzfedrige Antwort verfasst hatte. Auf diese Rezension erschien eine bitterböse Erwiderung. Claudius vermutete, dass Goethe selbst sie verfasst hatte, denn man hatte ihm gesagt, dass Goethe ihm den kleinen „Fritze"-Spott sehr übel genommen hatte. Beiträge für den *Wandsbecker Bothen* schickte er fortan keine mehr. Die Freunde bemühten sich um Schadensbegrenzung: Goethe und Claudius hätten beide verdient, Freunde zu bleiben, und sollten über so etwas nicht zerfallen, sagte man und wollte vermitteln. Claudius hatte auch nichts, worüber man ihn versöhnen musste, Goethe aber erwies sich als kühl.

Für solchen Zank war Claudius bald nicht mehr zu haben. Die Freuden und das Leiden begegneten ihm im wirklichen Leben, nicht als literarisches Gespinst. Rebekka gebar ein gesundes Mädchen und wurde selber krank darüber. Claudius saß viele Stunden, viele Tage und Nächte zwischen dem Bett, in dem die Fieberkranke lag, und der Wiege, in der das Neugeborene seine Stimme erprobte. Er legte Rebekka kühle Tücher auf, kochte ihr Warmbier und wickelte das Kind in warme Tücher, denn der Oktober hatte begonnen. Er sprach der Kranken Mut zu und beruhigte das weinende Mädchen. Er legte das Kind in die Arme der Mutter, die lächelte und weinte, weil sie nicht wusste, wie oft sie ihr Kind noch würde ansehen können.

Wenn beide schliefen, wandte Claudius den Blick kaum von der Kerze, denn der Geselle mit dem breiten Hut und den verschränkten Armen war in diesem Raum. Er lehnte an der Wand, und Claudius wusste nicht, für wen er gekommen war: für die Mutter oder das Kind.

Seine Gedanken waren dürftig, seine Gebete noch dürftiger. Bisweilen fiel der Schatten von Bruder Hain auf ihn und die Kranke. Doch dann ging er fort – allein. Rebekka kam wieder zu Kräften. Das Mädchen bekam den Namen Caroline, denn Caroline Herder hatte die Patenschaft übernommen. Und auch sie schrieb Briefe, um Claudius ein besseres Auskommen zu verschaffen.

Er selbst vermisste nichts: Es gab eine Ziege, einen Hahn, drei Hunde und oft Haferbrei. Aber um seiner Kinder willen musste er strebsam sein.

Claudius nahm Caroline auf den Arm und sagte: „Ich habe dich sehr lieb!"

10 Feuernacht

Ich habe noch eins auf dem Herzen, Sire. Wir haben in Nagasaki so viele Soldaten und Kanonen gesehn: Wenn du irgend umhinkannst, lieber guter Fürst, so führe nicht Krieg. Menschenblut schreiet zu Gott und ein Eroberer hat keine Ruhe.

(Aus: Nachricht von meiner Audienz beim Kaiser von Japan, in: Asmus omnia sua secum portans, III. Teil)

Mai 1813

Caroline beugte sich zu ihrem Sohn hinunter: „Siehst du, da vorne ist die Großmutter!"

Clemens war auf dem letzten Wegstück von Hamburg her weinerlich geworden und war seiner älteren Schwester eine ziemliche Last gewesen. Nun strampelte er und wollte der Großmutter entgegenlaufen. Phylax, der Hund ihres Vaters, bellte gutmütig zur Begrüßung.

Rebekka stand auf der Schwelle des Hauses an der Lübschen Chaussee, denn ihr Eintreffen hatte vom Wandsbeker Ortsrand her schon die Runde gemacht. Auch waren sie nicht die einzigen Flüchtlinge, die in diesen Tagen den Ort erreichten, der immer schon Sonntagsfrische für die Hamburger gewesen war. Manche Familie hatte hier ihr Sommerhaus in Sichtweite des Wandsbeker Schlosses und seines Parks, den die Familie von Schimmelmann, die schon lange nicht mehr hier residierte, den gesitteten Bürgern zum Lustwandeln geöffnet hatte.

Caroline erinnerte sich daran, dass das Eintreffen der großen Kutschen am Sonnabend oder am Sonntag nach der Kirche für sie und ihre Geschwister immer ein großes Ereignis gewesen war. Wie hatte sie die elegante Kleidung der Damen bestaunt, ja und sie wohl auch darum beneidet! Sie erinnerte sich aber auch an manch missbilligenden Blick, wenn ihr Vater eines der Kinder auf den Schultern durch das Dorf getragen oder mit ihnen am Boden gesessen und Bilder in den Staub gemalt hatte. Er war nicht das, was die vornehmen Hamburger Bürger sich unter einem *homme de lettres* vorstellten, der mit Herder, Klopstock, Goethe und Lessing verkehrte.

In diesen Tagen kam man aber nicht der Sommerfrische wegen aus Hamburg, sondern um sich selbst und seinen wichtigsten Besitz in Sicherheit zu bringen. Am Rande von Wandsbek, an der Straße nach Hamburg, gab es ein großes Lager dänischer Truppen. Ihre weißen Zelte reihten sich ordentlich, für die Pferde waren Weiden mit Stricken abgezäunt, zahlreiche kleine Lagerfeuer brannten.

Der Anblick beruhigte Caroline. Es war, als hätte man einen großen Bruder an seiner Seite, der die lärmenden Gassenbengels in Schach hielt. Ihr Blick fiel auch auf das dänische Hoheitszeichen, das neben den Türbalken ihres Elternhauses gemalt war.

Wie das Lammblut, das die Israeliten vor dem Engel des Herrn schützen soll, der die Erstgeborenen der Ägypter töten wird, dachte Caroline. Aber dann wären die Franzosen ja der Engel des Herrn …

Hinter Rebekkas Rock drängte sich ein Gesichtchen hervor. Es war Leonore, die nun laut „Mama!“ rief. Stine trat hinzu, den kleinen Bernhard auf dem Arm. Obwohl sie nie Anlass gehabt hatte, sich um ihre beiden Kleinsten zu sorgen, fühlte sie sich bei ihrem Anblick erleichtert. Leonore lief auf ihren kurzen Beinchen auf sie zu, Clemens dagegen stürmte in die Arme seiner Großmutter, es gab Umarmungen und Küsse. Leonore versuchte, schneller als es die Sprache einer Dreijährigen erlaubte, von den Erlebnissen der vergangenen Tage zu berichten, während Clemens drängte, aus Gründen, die nur er kannte, dass er die Hühner sehen wollte. Einige Nachbarn waren hinzugekommen – und in all dem Aufheben sah Caroline ihre

Eltern beieinanderstehen. Sie hielten sich bei den Händen, zwischen ihnen brauchte es keine Worte. Die-ser Anblick erfüllte Caroline mit Dankbarkeit: Von ihnen hatte sie gelernt, der Liebe zwischen Mann und Frau zu vertrauen.

„Ihr müsst müde sein und hungrig!“ Rebekka sah suchend die Straße hinunter. „Warum ist Friedrich nicht mitgekommen?“

„Wo ist Papa?“, echote Leonore.

Sie gingen ins Haus. Das gab Caroline einen Aufschub für Erklärungen, die sie ihren Kindern doch nicht bieten konnte. Allerlei fremder Hausrat stand im Flur wie Strandgut des großen Sturms, der Caroline von ihrem Mann getrennt hatte.

„Friedrich kommt in den nächsten Tagen nach“, sagte sie, aber ihrer Stimme konnten doch zumindest die Erwachsenen anhören, dass sie es selbst nicht glaubte. Die Last, die das Wiedersehen für einen Moment von ihren Schultern genommen hatte, wog nun umso schwerer.

„Perthes war der Ansicht, dass es in Hamburg einen Helden braucht, statt einen Vater in Wandsbek“, hörte Caroline ihren Vater sagen, als die Kinder ganz von dem Stuten vereinnahmt waren, den Stine auftischte.

„Da sind ja eine Menge dänische Soldaten!“, sagte Matthias, als er für seinen jüngsten Bruder eine Scheibe in Fetzen riss.

„Ja, es heißt, sie warten auf die schwedischen Truppen“, antwortete Rebekka. „Sie sollen nicht mehr weit entfernt sein.“

„Die werden den Franzosen Beine machen!“, rief Matthias aus. „Hast du gehört, Mama? Wenn wir noch ein oder zwei Tage aushalten, ist Hamburg gerettet!“ Seiner Stimme war die Begeisterung der jungen Männer für das Kräftemessen anzuhören. Doch niemand stimmte darin ein, denn dahinter stand die Gefahr, dass auch Wandsbek zum Schlachtfeld werden würde – und wohin sollten sie dann gehen?

Als Caroline die Kinder in ihre Kammer brachte und Matthias sich auf den Weg ins Lager der Dänen machte, blieben Rebekka und Claudius alleine am Küchentisch zurück. Er fragte sie, ob ihr das alles nicht zu viel wäre, nachdem sie einige Tage krank zu Bett gelegen hatte; sie wollte wissen, ob der Weg nach Hamburg ihn nicht erschöpft habe; sie erkundigte sich nach den Bekannten und fragte schließlich, wie es denn nun wirklich um Perthes bestellt sei.

„Sein Name steht auf der Liste derer, die für den Aufruhr verantwortlich gemacht werden. So sagte es mir Reimarus."

„Ach", seufzte Rebekka. Sie hatte die Hände ihres Mannes ergriffen oder er die ihren. Ihr Blick war darauf gerichtet: auf die Altersflecken, die Falten. „Und was wird mit denen auf dieser Liste geschehen?", fragte sie weiter.

„Gewiss ist darüber schon entschieden. Es heißt, Marschall Davout hätte entsprechende Anordnungen. An ihn müsste man sich wenden."

„Und wie macht man das?" Rebekka hatte immer schon jene schlichte Art zu sprechen und zu fragen an sich gehabt. Und eben das ging an den Kern der Dinge, den man nur allzu gerne mit Worten ummantelte.

„Ich weiß es nicht", antwortete Claudius ebenso schlicht.

„Wird Davout denn wieder hierher nach Wandsbek kommen und im Schloss wohnen?"

„Das glaube ich nicht. Wir sind ja im Dänischen, und der dänische König hat kein Bündnis mit Frankreich. Man müsste dem Marschall ein Bittgesuch schicken."

„Ob er von uns weiß, dass wir hier am Schloss leben?"

„Das glaube ich nicht." Nun ließ Claudius ihre Hände los. „Niemand bei den Franzosen weiß, dass wir etwas mit Perthes zu tun haben. Aber wenn ich um seinetwillen um Nachsicht ersuche, werden sie es wissen."

„Du meinst, dann wäre Caroline auch hier nicht mehr sicher?"

„Wir wären alle nicht mehr sicher – oder nur so lange, wie die dänischen Truppen hier sind."

„Du denkst also, dass ein Bittgesuch nur dazu führen könnte, die Franzosen herzulocken?"

„Ich weiß nicht, was ich denken soll!" Claudius erhob sich. Er ließ seinen Blick über die vertraute Einrichtung der Küche gleiten: die große Feuerstelle, das Regal mit dem Steingutgeschirr darin, die Tonkrüge mit dem Eingemachten, die Bänke und Stühle, die bemalte Truhe mit dem Leinzeug darin für die Sonntage, das Gemälde hinter dem Tisch, das den Knaben Jesus zeigte, wie er seiner Mutter half, Wäsche aufzuhängen.

Dieses Haus war für ihn immer ein Ort der Geborgenheit gewesen. Die Nöte der Vergangenheit, der Tod ihres ersten Kindes, die Geldsorgen, der Spott und die Anfeindungen, die seine Schriften ihm eingebracht hatten: Hier schmolzen sie alle dahin in der Wärme des Miteinanders. Immer war der Geist dieses Hauses, die Kraft ihrer Familie stärker gewesen.

„Ich weiß nicht, wie diese Leute denken, die Kriege machen und Todesurteile verhängen", sagte er. „Ich weiß nicht, ob es klüger ist, ruhig zu warten, bis alles vorüber ist, und zu schweigen, oder ob ich zu ihnen gehen soll, um mit ihnen zu sprechen." Und nach einem kurzen Moment fügte er hinzu: „Ich weiß nicht, welche Aufgabe mir Gott in diesen Tagen zugedacht hat." Und das war es, was ihn am meisten bedrückte.

„Ich glaube, Gott wird es uns sagen oder zeigen, wenn wir ihn darum bitten und innehalten, um auf ihn zu hören", sagte Rebekka.

Wenn Claudius über das Wort „Gottvertrauen" nachsann, so dachte er daran, dass Rebekka in sein Leben getreten war, und er dachte daran, dass er den Zweiflern, die auf die Schrecknisse in der Welt zeigten, um zu beweisen, dass es keinen gütigen Gott gab – dass er diesen Zweiflern, wenn auch oft nur stumm und in seinem Inneren, entgegengehalten hatte, dass es etwas anderes in der Welt gab, das Zeugnis für Gott ablegte: Und das war die Liebe.

Das Abendessen nahmen sie schweigend ein, wie es in diesem Hause selten geschah. Alle am Tisch wussten, dass sie mit ihren Gedanken und Sorgen nicht alleine waren, aber es hatte keinen

Sinn, sich darüber auszutauschen, denn ihnen war es nicht gegeben, darüber zu entscheiden, was in den nächsten Tagen geschehen würde.

Die Kinder lagen bereits in ihren Betten, Caroline half ihrer Mutter dabei, Wolle aufzuwickeln, Claudius besserte eine von Leonores Puppen aus, die beim wilden Spiel Schaden genommen hatten, als plötzlich ein heller Schein in die Küche fiel und die Schatten der Möbel wandern ließ. Ein dumpfes Donnern hob an.

„Min Herr Jesus Christus!“, seufzte die Magd.

„Sie schießen wieder auf Hamburg“, sagte Agnes müde.

Man hörte, wie Türen geöffnet wurden, man hörte Schritte und Stimmen. Auch Claudius verließ mit Rebekka und Caroline das Haus. Zahlreiche Einwohner Wandsbeks hatten sich auf einer Wiese am Ortsrand versammelt und beobachteten das schaurig-schöne Schauspiel: die Blitze, die aus den Mündungen der Kanonen in die Nacht zuckten, den ein oder anderen Feuerschweif, den das entzündete Pulver um die Kugeln bildete, das rötliche Schimmern von Feuer.

Claudius dachte an das Feuerwerk, das man in Wandsbek vor vielen Jahren zur Begrüßung des dänischen Kronprinzen abgebrannt hatte, und er dachte an das Gedicht, das er zu diesem Anlass geschrieben hatte und aus dem ihm nun einige Zeilen in den Sinn kamen:

Ach, die Welt hat viel Gefahr;
du lieber Königssohn!
Nicht alles drin ist gut und wahr
und fliegt wie Rauch davon.

Nicht was der Mensch meint oder tut
hat Sicherheit und Lohn.
Und Gott allein macht groß und gut;
du lieber Königssohn!

War das wirklich alles in seinem Leben geschehen?

„Ach, die armen Leut in Hamburg“, sagte eine der alten Wandsbekerinnen.

„Mein armer Friedrich!“, rief Caroline, und nun entfuhr es Claudius:

„Wäre Perthes doch nur schon tot!“

„Vater – wie kannst du so etwas sagen?“ An ihrer Stimme war zu hören, dass sie mit den Tränen kämpfte, dann verschwand Caroline in die Dunkelheit.

„Matze, was ist denn in dich gefahren?“ Rebekka legte ihre Hand auf seinen Arm.

„Ich mag mich nicht länger grämen um die, die uns das eingebrockt haben!“, verteidigte er sich. „Habe ich nicht alles getan, um Schaden und Sorgen von meinen Kindern fernzuhalten? Was musste Caroline auch einen heiraten, dem alles andere wichtiger ist!“

„Glaubst du denn, dass es für sie in diesen Stunden leichter wird, wenn du ihr vorwirfst, dass sie den falschen Mann liebt? – Komm, Matze, ich will das nicht mehr sehen.“ Rebekka hakte sich bei ihm unter, und er spürte, dass sie die Stütze brauchte. Er bereute seine harten Worte bereits.

„Ich denke nur bisweilen in diesen Tagen, dass ich lieber wie Freund Herder, wie Klopstock oder Hamann schon von dieser Welt gegangen wäre. Als sie vor Jahren starben, schien es mir zu früh. Jetzt scheint es mir, als wäre ich zu spät dran.“

„So soll man nicht sprechen.“

„Aber soll man es denn erleben, dass die Kinder und Enkel sich derart ängstigen müssen? Dass alles, was man ihnen hat geben können, vergebens war? Das Alter ist eine Mühsal, aber viel größer ist die Last, in einer Welt leben zu müssen, die von Menschen beherrscht wird, deren Beweggründe man nicht versteht.“

„Es hat doch früher auch Kriege gegeben.“

„Aber diese Kriege waren anders. Oder wir waren anders. Einen jungen Zweig kann man biegen, ein alter zerbricht dabei." Er half ihr, die Wolldecke enger um die Schultern zu ziehen. „Das Schicksal von unserem guten Lavater ist mir heute oft durch den Sinn gegangen. Da trifft ihn, als um Zürich gekämpft wird, eine verirrte Kugel, und er stirbt schließlich daran. Ich denke: Da wir Menschen nun einmal sterben müssen, sollte es *unser* eigener Tod sein, den wir sterben, und nicht das Versehen im Streite anderer." Er sah zum Mond auf, der mit dünnen Wolken umhaucht war. „Vor meinem Tod habe ich keine Angst. Wenn man Bruder Hain nur lange genug ansieht, so schaut er schließlich recht freundlich zurück. Vor *deinem* Tod habe ich mich stets mehr gefürchtet, Betty. Doch am meisten fürchte ich, dass man uns zerbricht."

11 Ein Haus, in sich geteilt …

„Mir träumt's, ich war dir ein Soldat,
und keiner von den schlechten;
ein Held, der Wunderdinge tat
in Schlachten und Gefechten.

Ich saß dir stolz auf einem Ross,
das sprang wie eine Ziege,
den Lorbeer um das Haupt, und groß
hieß jeder meiner Siege."

(Aus: Die Träume, eine Idylle, in: Der Wandsbecker Bothe)

Juni 1813

Der folgende Morgen, es war der erste Tag im Juni, streckte sich recht lange, bis er entschied, ein Tag zu werden. Ein grauer unbewegter Himmel ruhte über dem Land, das Meer lag da wie ausgegossenes Blei, die Wellen waren klein und zaghaft. Die Möwen saßen auf Deichen und Dachfirsten, das Gefieder aufgeplustert, denn es gab keine Böen, die sie hätten tragen können. Die Störche standen auf einem Bein in den Salzwiesen, unbehelligt von den Kühen, die im Gras lagen und wiederkäuten.

In Hamburg gingen die Frauen einen weiteren Tag in Folge mit Körben auf den Grasbrook hinaus, um den Männern etwas zu essen zu bringen. Auf der anderen Seite der Linien wurden die Rationen ausgegeben. Die Soldaten wussten nicht, wie dieser Landfleck hieß, es kümmerte sie auch nicht. Sie hatten in den vergangenen Jahren an Orten gehungert und gehustet, die polnische Namen trugen und russische, spanische, deutsche und italienische.

In Wandsbek öffnete man vorsichtig die Fensterläden, damit

sie nicht klapperten. Alle spürten es, dass dieser Tag Unheil bringen würde. Die Mägden sangen nicht, sie gingen stumm zum Wasserholen. Man hielt die Kinder im Haus, damit es keinen Lärm auf der Straße gab, und die Leute murmelten in gesenktem Ton, dass man noch nicht einmal die Hähne hatte krähen hören.

„Da kommt Ihr Wilhelm!", sagte Stine, die gemeinsam mit Clemens die Eier aus dem Hühnerstall abgelesen hatte. Sie sagte es in einem drängenden Tonfall, damit man ihn rasch ins Haus holte und es keinen Auflauf auf der Straße gäbe, denn Wilhelm kam aus Hamburg. Er würde erzählen können, was sich dort ereignet hatte. Doch die ersten Minuten gehörten nur Agnes. Carolines älteste Tochter machte keinen Hehl mehr aus ihrer Zuneigung zu ihrem Vetter, noch nahm jemand Anstoß an ihren Umarmungen und den Wangenküssen.

Als man ihn am Küchentisch mit Milch und Brot bewirtete, beruhigte er seine Tante. Perthes sei am Leben, sagte er, und führe den Widerstand der Hanseaten an; es komme nun darauf an, durchzuhalten, bis die Schweden einträfen. Und obwohl sie nur wenige seien, würden ihnen die offenen Felder und Wiesen dabei helfen, den Franzosen das Vordringen schwer zu machen. Aber die Munition würde knapp.

„Habt ihr denn auch Pferde?", wollte Clemens staunend wissen.

„Nur sehr wenige – sonst würden wir im fliegenden Galopp die Redouten der Franzosen stürmen!"

„Was sind Redouten?"

Claudius, der bisher schweigend dabeigesessen hatte, stand ruckartig auf. „Wenn du nichts anderes zu erzählen hast, Wilhelm, dann bist du an diesem Tisch nicht willkommen!"

Wilhelm zeigte sich über diese Zurechtweisung bestürzt. Sein Blick verlor sich für einen Moment, als müsse er sich selbst aus einem Traum zurückholen. „Verzeiht", sagte er.

„Aber, Großvater …"

„Ich habe es nicht einmal meinem eigenen Sohn erlaubt, sich

an diesen Tisch zu setzen, als er damals meinte, sich auf einen studentischen Händel einlassen zu müssen! Wer glaubt, sich damit brüsten zu müssen, anderen Leid zugefügt zu haben, ist hier nicht willkommen!"

Eine befangene Stille folgte. Jeder schien sich bewusst zu werden, wie leichtfertig man sich auf die kriegerische Sprache dieser Tage eingelassen hatte.

„Ich habe hier noch einen Brief." Wilhelm zog ein gefaltetes Papier aus der Innentasche seines Rocks. „Ihr Mann gab ihn mir mit, Frau Tante", sagte er zu Caroline, Schuldbewusstsein in der Stimme, weil er sich erst jetzt an das Schreiben erinnerte. Er reichte es ihr mit beiden Händen. Caroline entfaltete das Papier, ihr Blick hastete darüber und schließlich las sie einige Zeilen halblaut:

Noch immer keine sichere Nachricht. Noch schlägt man sich. Glaub doch, glaub, dass ich Gott im Herzen und vor Augen habe. Wie könnte ich in meiner Lage anders handeln, wie sollte ich vor Dir bestehen? Dass ich mein Herz möglichst den Ausbrüchen des Schmerzes, des Gefühls verschließe, ist um Deinetwillen; denn meinen Körper kostet eine Stunde des Gefühls mehr als zehn durchwachte Nächte, und ich will mich Dir erhalten und den Kindern.

Caroline sah zu ihrem Vater auf, der Perthes' Entscheidung so brüsk verurteilt hatte. Sie wollte hören, dass er Verständnis hatte. Aber es war eines der Rätsel um ihren Vater, dass dieser Mann, der so gütig und so sanftmütig sein konnte, in manchen Dingen unerbittlich blieb. Nun nickte er in ihren Blick hinein, aber sein Gesicht blieb unbewegt.

„Hast du nicht *noch etwas* vergessen?", fragte Rebekka Wilhelm und sah bedeutungsvoll zu Agnes hin, die errötete.

„Oh, du hattest gestern Geburtstag", sagte Wilhelm hastig und stand unbeholfen auf.

Agnes lächelte. „Mein schönstes Geschenk habe ich schon!"

Und so gingen sie kurz darauf Hand in Hand zum Lager der Dänen hinüber, um zu hören, ob man dort etwas über die herannahenden Schweden wusste.

Im Haus versuchte man dem Tag die Gewohnheiten aufzuzwingen: Stine sang, als sie die Erbsen verlas, Claudius stopfte sich eine Pfeife, während Matthias aus der Fibel las. Rebekka saß über ihrem Vorratsbuch und dachte bisweilen laut darüber nach, wie nun am besten in dem vergrößerten Haushalt zu wirtschaften sei. Aber die Gewohnheiten wollten diesen Tag nicht kleiden, sie blieben ein schlecht sitzendes Gewand. Stine verstreute immer wieder Erbsen auf dem Boden, Claudius ließ den Tabak in der Pfeife kalt und Matthias überschlug eine Seite, fand keinen Sinn in den folgenden Sätzen, blätterte zurück und verstummte augenblicklich, als Trommelschlag zu ihnen herüberklang. Befehlsrufe wurden hörbar.

„Da geht etwas vor sich bei den Dänen“, sagte Matthias. Stine hatte in der Bewegung innegehalten, Claudius und Rebekka sahen einander an.

„Ob sie abmarschieren?“, meinte Matthias. „Vielleicht haben sie endlich einen Marschbefehl bekommen, um Hamburg gegen die Franzosen zu unterstützen!“ Er schien sich mit dieser Mutmaßung selbst die Erlaubnis erteilt zu haben, den Tisch zu verlassen. Stine folgte ihm, sagte fahrig: „Ich mot noch wet holen ...“

Eine Weile blieben Rebekka und Claudius noch am Tisch sitzen, dann meinte Rebekka: „Ach Matze, wir können uns doch nicht verstecken!“

Claudius dachte in diesem Moment daran, was er einmal Herder geschrieben hatte, als er um dessen Vermittlung für eine Anstellung bat:

Aber nach meiner Neigung möchte ich lieber eine weniger glänzende und mehr ruhige Stelle haben und etwa Vorsteher eines im Walde gelegenen Hospitals oder anderen milden Stiftung, Verwalter eines Jagdschlosses, Garteninspektor, Vogt eines

Dorfes pp. werden, dabei ich Zeit hätte, meinen Grillen nachzuhängen.

Abseits der Ereignisse leben, war das der Versuch, sich zu verstecken? Wo gab es nach zwanzig Jahren Krieg das Dorf, das Hospital, das Jagdschloss, das unberührt geblieben war? Wo es ruhig genug war, um Gottes Antwort auf die vielen Fragen zu hören, die man stellte angesichts der gestürzten Könige, der neuen Reiche, der neuen Gesetze und der alten Feindschaften? Es würde nie wieder so still sein wie vor dem Jahr 1789, denn die, die sich das wünschten, wurden alt und starben.

Die Welt war auch ihm zu laut geworden, selbst das geschriebene Wort musste schreien. Man suchte die Zerstreuung und nicht die Sammlung, man befasste sich mit den vielen Göttern Griechenlands statt mit dem einen Gott. *Ein Haus, in sich geteilt, kann nicht bestehen*. Ein Mensch, in sich zerrissen, ging zugrunde. Er wollte sich nicht verstecken: Er wollte sich und die Seinen retten vor dem Lärm. Sie sollten das Hören nicht verlernen und keine Angst haben vor der Stille: Sie war das ungeteilte Haus der Seele.

Er stand vor dem Haus, seine Frau neben sich, seine Tochter Caroline, seine Enkelkinder Bernhard, Matthias, Clemens, Leonore und die Magd Stine. Phylax, der Hund, setzte sich zwischen ihre Beine.

Der Trommelschlag und die Befehle riefen die dänischen Soldaten zur Aufstellung in Reih und Glied. Es war ein befremdliches Ritual für alle, die keine Uniform trugen, denn diese Aufstellung zeugte von einem Einverständnis, das wenige Worte brauchte und vieles unerklärt ließ: Warum standen die einen augenblicklich beinahe reglos an einem Fleck, während andere umhergingen, als würde sie das alles nicht betreffen? Warum stand dieser dort mit verschränkten Armen und strengem Blick, ohne etwas zu sagen? Warum löste sich die eine Reihe auf, während man eine andere umso schärfer anwies, die Stiefelspitzen auf eine Höhe zu stellen? Und worüber sprachen diese beiden dort so angeregt, dass sie dem Schauspiel ihrer Soldaten keinen Blick gönnten?

Während das dänische Lager in Bewegung geriet, tat es auch der Himmel: Ein kühler, weit gereister Wind kam vom Meer her und zerriss das träge Grau zu einzelnen Wolken. Das Sonnenlicht, das dazwischen hervorschoss, blendete, sodass die Zuschauer ihre Augen schirmten.

Aus der bewegten Menge lösten sich Wilhelm und Agnes und kamen zu dem Haus an der Chaussee herüber.

„So wie es aussieht, bekommen die Dänen Verstärkung", sagte Wilhelm. „Ihre Offiziere sprachen von Reiterei." Seine Stimme klang frohgemut, denn Reiterei war das, was den Hanseaten fehlte.

Kurz darauf hörte man das scharfe Tirilieren einer Militärflöte aus der Ferne. Alle Blicke wandten sich nach Osten, von wo der Laut gekommen war. Die Landstraße verlief sehr gerade, doch stieg sie zum Ortseingang leicht an und konnte erst wieder nach einer weiten Wegstrecke eingesehen werden. Wilhelm war bis zu den Bäumen vorgegangen und reckte sich mit suchendem Blick.

„Ich sehe sie!", rief er dann aus. „Ja, es sind Reiter … Aber ihre Uniformen sind dunkel oder …" Er wartete eine vorüberziehende Wolke ab. „Ja, dunkle Uniformen. Das müssen Schweden sein!"

„Schweden!", wiederholte Caroline erfreut und drückte ihr Jüngstes an sich, das sie auf dem Arm hielt. „Hast du gehört? Schweden! Das bedeutet, dass wir morgen vielleicht wieder bei Papa sind!"

„Man hat gar keinen Boten gesehen", meinte Rebekka verwundert. „Woher wussten denn die Dänen, dass Verstärkung eintrifft?"

„Bebelmus: Ich glaube, mit dem Militär ist es wie mit den Katzen", meinte Claudius heiter. „Man kann ihnen über Stunden zusehen und begreift doch nicht, was zwischen ihnen vorgeht!"

Wilhelm ging sichtlich beschwingten Schrittes wieder zum dänischen Lager zurück. Zwei berittene Offiziere kamen daraus hervor, ihre Pferde schlurften am langen Zügel voran und brachten einige Hunde zu pflichtschuldigem Gebell. Am Ortsrand trabten die beiden Reiter an und waren den Blicken entzogen.

Die Soldaten bildeten derweil ein Spalier zu beiden Seiten ihres Lagers. Endlich hatte jeder seinen Platz eingenommen, als die beiden Offiziere zurückkehrten, wiederum verbellt wurden, kehrtmachten und nebeneinander auf der Straße Aufstellung nahmen.

Inzwischen schien jeder in Wandsbek vor die Tür von Haus und Stall und Schuppen getreten. Man reckte die Hälse, schirmte die Augen, rief sich Fragen und Bemerkungen zu. Das scharfe Pfeifen kam nun gleich vom Ortseingang, und alle Aufmerksamkeit wandte sich dorthin. Die Dänen erhielten den Befehl, Haltung anzunehmen.

Der erste Neuankömmling zeigte sich auf dem erhöhten Teil der Straße. Sein Pferd ging mit aufgestellten Ohren misstrauisch in den Zügeln. Er spähte, für einen Moment in den Steigbügeln aufgerichtet, dann gab er mit einem Wink den Befehl, den Weg fortzusetzen.

Caroline spürte den Wunsch, ihnen etwas entgegenzurufen, ein Willkommen, einen Dank, irgendetwas, mit dem sie ihre Erleichterung ausdrücken konnte. Aber sie beherrschte kein Schwedisch, also sagte sie nur immer wieder zu ihrem Kleinen: „Siehst du, Bernhard? Siehst du?“, und küsste ihn ins Haar.

Sie wollte sich an dem Anblick begeistern, auch wenn sie feststellte, dass diese Truppe ein wenig abgerissen und müde aussah – nicht eben so, wie man sich Retter vorstellte. Waren das wirklich schwedische Uniformen? Ihr Blick heftete sich an die Fahne. Eine Böe entfaltete den Stoff: in der Mitte ein weißes Quadrat, rote und blaue Dreiecke über den Längsseiten, in Gold gestickt darin der Lorbeer und in der Mitte eine Schrift: *L’Empéreur des Français* … Alles Übrige verbarg sich in den bewegten Falten.

L'Empéreur des Français? Warum marschierten sie unter der Fahne des Kaisers von Frankreich? Die Einsicht packte Caroline wie ein Griff an die Kehle: Das waren keine Schweden, das waren Franzosen!

„Allez, allez!", sagte der Anführer in diesem Moment zu Pferd und Soldaten, als wollte er ihren Gedanken bestätigen.

„Das sind ja Franzosen!", entfuhr es nun auch Agnes, und Rebekka packte den Ärmel ihres Mannes, als wollte sie sich an einer letzten Gewissheit festhalten.

„Franzosen!", stieß Stine hervor, und man hörte es ungezählte Male mit Entsetzen und Verwunderung von den Stufen, den Gattern und Hauseingängen: „Franzosen!"

„Wo kommen die denn her?"

„Die haben sich ergeben, nicht wahr?", fragte Agnes hastig und mit ungeduldiger Hoffnung in der Stimme. „Ja, seht sie euch doch an: Die haben sich ergeben!" – Richtig, die Pferde gingen mit hängenden Köpfen, manches lahmte oder zeigte Wunden, in denen dichte Fliegenschwärme wimmelten, die Zügel waren vielfach von Seilen ersetzt. Die Reiter hatten hängende Schultern und geflicktes Zeug, Stiefel, die von Stricken gehalten wurden, ausgebesserte Hosen und Uniformröcke, offen stehende, knopflose Westen, schlammverkrustete Lederteile, die unterschiedlichsten Kopfbedeckungen, ausgefetzte Hutkrempen – so kam der gefürchtete Feind Wandsbeks Chaussee herunter.

An die dänischen Soldaten wurde der Befehl gegeben, die Musketen zu präsentieren. In den Reihen der Franzosen blieb es still, nicht einmal die Pferde merkten auf, als die Hunde ihnen entgegenbellten.

„Was wollen die hier?", fragte Caroline und konnte in diesem Moment nur eines denken: Jetzt, da die Franzosen hier waren, würde sie Friedrich nicht wiedersehen. Nicht als freien Mann, nicht lebend.

„Haben die sich ergeben?", fragte Rebekka flüsternd, denn der Zug der struppigen und ungeputzten Pferde und ihrer schmutzigen und erschöpften Reiter hatte nun ihr Haus erreicht.

Claudius spürte, dass man von ihm eine Antwort erwartete, vielleicht weil er der Älteste war, vielleicht weil er ein Mann war, dem man trotz allem anderslautenden Bekenntnis zutraute, dass er über die Gepflogenheiten des Kampfes Bescheid wusste. Und tatsächlich wusste er: Wollte man einen geschlagenen Feind ehren, so erlaubte man ihm, unter Waffen und unter der eigenen Fahne einherzuziehen.

Die beiden dänischen Offiziere salutierten nun und schlossen links und rechts zu dem französischen Offizier auf. Nein, es war auch für die Unkundigen erkennbar: Zwischen diesen Leuten herrschte Einvernehmen. Es waren nicht Sieger, die Besiegte in Empfang nahmen, sondern es war ein Treffen zwischen Verbündeten. Hatte ihm Reimarus in Hamburg nicht diese Möglichkeit angedeutet? Dass der dänische König sich zu einem Bündnis mit dem Kaiser von Frankreich entschließen könnte?

Und wie um seine Gedanken zu bestätigen, riefen die dänischen Soldaten nun: „Vive la France! Vengeance pour Kopenhagen!" – Ja, die Hauptstadt Dänemarks war vor einigen Jahren von den Engländern mit Brandbomben beschossen worden, und das Feuer hatte viele Einwohner das Leben gekostet.

Nun fiel der erschöpfte Gleichmut von den Franzosen ab. „Vive l'Empéreur!", riefen sie, nicht aus einer Kehle, aber aus Begeisterung.

Mit diesen beiden Parolen war alles darüber gesagt, was zu dem Bündnis zwischen Dänemark und Frankreich geführt hatte: Sie hatten in England einen gemeinsamen Feind und in Hamburg ein gemeinsames Interesse – und gemeinsam würden sie den Aufstand niederschlagen. Der dänische Herrscher hatte Claudius zum Feind seiner eigenen Tochter erklärt. Er begriff, dass er nicht beides sein konnte: Untertan des dänischen Königs und Hanseat, deutscher Dichter im Herrschaftsbereich Napoleons, Staatsdiener des dänischen Königshauses und

Schwiegervater des Aufständischen Friedrich Perthes. Man versuchte ihn zu zerreißen, er spürte es wie körperliche Gewalt, als einen Schmerz in der Brust, als Atemnot.

„Vater, was ist mit dir?“, rief Caroline aus, die bemerkt hatte, dass er schwankte.

„Matze, um Himmels willen! Stine, Matthias, helft!“ Man fasste ihn unter den Armen.

Ich sollte *sie* doch stützen, dachte er.

„Verzeih, Betty“, brachte er noch hervor, dann verlor er das Bewusstsein.

12 Nennt mich Asmus

Freimäuerer? Logen? Meister vom Stuhl? – Nein, klug werd ich daraus nicht, und möchte doch so gerne klug daraus werden. Denn aus dem, was diese Leute von sich sagen, und besser noch, aus dem, was sie hier tun, müssen es gute Leute sein.

(Aus: Subskription der Freimäurer für die Armut, in: Der Wandsbecker Bothe)

1774

„Die Umbenennung der Zeitung in *Der Deutsche, sonst Wandsbecker Bothe* hat uns auch nicht mehr Abonnenten gebracht", sagte Johann Bode und zeigte auf die Zeitung, die er verlegte. Die beiden Ausgaben der vergangenen Woche mit den Datumsangaben aus dem Jahr 1774 lagen vor Claudius auf dem Tisch. Er hatte seine Tochter Caroline auf dem Schoß sitzen, die mit lautem „wähwähwäh" auf das Druckbild trommelte. Dann entdeckte sie die Tierbilder darauf.

Claudius führte ihr kleines Händchen: „Das ist eine Eule. Und das sind eins-zwei-drei-vier Frösche."

Mit großen Augen beugte sich Caroline ganz nah an das Blatt, aber ihre Hände konnten noch nicht gezielt nach dem greifen, was sie sah. „Ah! Ah!"

„Frösche – coax!" Claudius ahmte ihr einen Frosch nach. „Coax!" Er blies die Wangen dabei auf. Caroline lachte aus einem zahnlosen Mund.

„Werter Bode, ich habe Ihnen gesagt, dass die Zeitung nicht viel hat, was dem Prädikat *deutsch* entspricht. Sie erscheint in deutscher Sprache, aber Wandsbek ist ein dänisches Dorf, so wie ich ein dänischer Bürger bin. Ein kritischer Leser nannte mich neulich gar einen Franken, weil ich die Manier der Franzosen hätte, alles in einem Plauderton darzubringen. Den Deutschen dagegen kennzeichnete doch großer Ernst mit seiner Sprache."

„Jaja." Bode, der eine beträchtliche Leibesfülle vor sich hertrug, tupfte sich mit einem Schnupftuch die Stirn. Der Sommer hatte im Kalender noch nicht begonnen, legte aber alle seine Kraft in diesen einen Tag. Die Hitze schwebte auf vielstimmigem Grillengesang, der durch die offenen Fenster hereindrang.

„Es verkauft sich aber zurzeit eben alles recht gut, was den Beititel *deutsch* trägt. Die *Deutsche Chronik*, Wielands *Deutscher Merkur* – der hat eine Auflage von 2500 Stück! Und wir bekommen unsere 400 kaum los."

„Ja, aber es ist doch oft sonderbar, was manche unter *deutsch* verstehen: es meint also *nicht französisch*. Ich hab ja meinen Boten schon in der ersten Ausgabe etwas sagen lassen zu der Wochenschrift *Der Deutsche*. Wir Deutschen hätten also edle Einfalt, Mäßigkeit, Keuschheit, Tugend getauscht *gegen die eitlen Künste, gegen die Weichlichkeit, die Wollust, die Laster und Torheiten unserer Nachbarn*. Und also ist der Franzose oft *so unverschämt, uns geradezu ins Angesicht hohnzusprechen* – so war es in der Wochenschrift zu lesen. Ja, der Franzose ist so unverschämt und nennt seine Kirchen *Notre Dame* statt Unserer Lieben Frau, er nennt seine Könige *Louis* statt Ludwig und der Strolch betet auch nicht zu Gott sondern zu *mon dieu*. Und das alles nur aus einem Grund: um uns Deutsche zu ärgern! Es ist also höchste Zeit, dass wir uns mit Shakespeare und den alten Griechen wehren in Zeitschriften, die wir *deutsch* nennen."

Bode hüstelte ein Lachen, schien sich dann aber seiner ernsten Pflichten als Verleger zu erinnern.

„Man darf bei solchen Diskussionen aber nicht abseits stehen. Vielleicht ist eine Seite für den gelehrten Teil im *Wandsbecker Bothen* zu wenig und die Nachrichten aus aller Welt sind zu viel. Jedenfalls ist die Zahl der Abonnenten zu gering. Mein lieber Claudius: Wenn fürs neue Jahr nicht sehr viel mehr Bestellungen kommen, muss ich die Zeitung einstellen."

Claudius gab einen nachdenklichen Laut von sich. Damit wäre für ihn die einzige Einnahmequelle versiegt. Er spürte wohl, dass die Sorgen wie ein Mückenschwarm herangeflogen kamen, aber dann fanden sie in ihm nichts, worauf sie sich setzen konnten, und auch die letzte verschwand, als Rebekka in die Küche trat.

„Werter Herr Bode, warum setzen Sie sich nicht?", fragte sie, denn Bode stand hinter dem Stuhl. Rebekka trug einen Korb mit Rhabarberstangen darin. Sie wollte einkochen, Kompott, Pasteten und Kuchen daraus machen. „Ist in Hamburg alles wohl? Wie geht es im Hause Reimarus? Wann waren Sie zuletzt bei uns, Matze?"

„Alle sind gesund", sagte Bode mit leichter Verneigung.

„Jetzt, da Lessing in Wolfenbüttel ist und wohl da bleibt, fehlt nicht nur der Familie Reimarus ein lieber Gast", sagte Rebekka mit vielen emsigen Handgriffen. „Und Klopstock muss doch zum Winter wieder zurückkehren aus Karlsruhe! Denn dort unten kann man auf keinen Kanälen Schlittschuh laufen, nicht wahr? Er schrieb uns neulich von einem netten jungen Dichter aus Göttingen ... Wie war noch sein Name, Matze? Fuß?"

„Voß, Johann Heinrich Voß."

„Ach ja, er hat diesen Dichterbund, den *Göttinger Hain,* begründet", sagte Bode, der sich immer noch nicht gesetzt hatte, als fürchte er, seine Korpulenz nicht mehr hochwuchten zu können. „Er soll auch die Redaktion des *Musen-Almanachs* übernehmen, habe ich gehört. Hat auch eine höhere Auflage als der *Wandsbecker Bothe.*" Wieder tupfte er.

„Klopstock hat ihn uns empfohlen, der junge Mann soll demnächst auf Reisen durch Hamburg kommen. Man liest in der Göttinger Dichtergruppe oft Matzes Gedichte", sagte Rebekka und tauchte die Rhabarberstangen in einen Bottich mit

Wasser. „Wir haben vor unserer kargen Tafel gewarnt; Vater Gleim könnte wieder einmal einen Rehrücken schicken. – Trinken Sie Ihre Limonade, Herr Bode!“ Mit diesen Worten entschwand sie aus der Küche.

„Hab nachgedacht“, sagte Claudius nun, dem Caroline schlaftrunken an die Brust gesunken war. „Könnte man nicht einen Sammelband der Schriften von *Asmus* herausgeben? Ich würde natürlich auch neue Beiträge schreiben.“

Bode leerte hastig das Limonadenglas. „Das könnte man vorher zur Subskription ausschreiben …“

„Herder, Klopstock und Lessing könnten da, wo sie sind, Abnehmer finden.“

Man sah Bode an, dass er im Kopf rechnete. „Ja, ja, das wäre eine Sache. Ich werde mir das überlegen.“

„Überlegt nicht zu lange, mein Herr! Ich erhielt einen bösen Brief von Herder …“

„Der ist launischer als eine gichtknochige Schwiegermutter!“

„Herder hatte mir das Manuskript von Herrn Johann Hamann anvertraut, den wir beide sehr schätzen. Ich habe Ihnen das Manuskript zum Druck gegeben. Nun beschwerte sich Hamann bei Herder, dass er nichts von Ihnen gehört hat und sein Manuskript fort ist. Und Herder denkt, ich hätte es versäumt, und nennt mich einen *hinkenden Boten*.“ – Er hatte Bode einen säumigen *Dickbauch* geschimpft, denn auch Herder hatte schon Ärger mit Bodes Zögerlichkeiten gehabt.

„Jaja, es gibt im Moment so viel anderes … Ich werde es mir gleich in Hamburg heraussuchen …“ Er schien nach dem Ansatz zu einem neuen Thema zu suchen und nahm sich jetzt doch den Stuhl. „Lieber Claudius …“

„Nun macht Ihr mir Angst!“

„Vetter Asmus, wenn’s Ihnen lieber ist, was immer es nun heißen soll: Erasmus, wie manch großer Gelehrter, oder vom Griechischen …“

„Herder meinte, es könnte auch aus dem Lateinischen

kommen, wo *asinus* Esel heißt oder Dummkopf, kann aber auch ein vorlauter Mensch sein", sagte Claudius mit einem Lächeln.

„Ja – Herder mag sich selbst nicht mehr leiden, seit er in Bückeburg ist. Aber Sie wissen doch, dass er bei den Freimaurern ist? Und Lessing ist es auch. Ich bin schon vor vielen Jahren in Hamburg der Absalom-Loge beigetreten. Die ist aber nicht mehr aktiv. Nun haben wir die Rosenloge, und der Doktor Mumssen ist unser Logenmeister. Wir fragen uns nun schon eine Weile, ob denn Vetter Asmus nicht zu uns kommen will, denn auch seinem Geist ist Beschränktheit zuwider, und wer von uns hätte sich mehr der Suche nach dem Göttlichen gewidmet?"

„Lieber Bode, Ihr seid auch nicht der Erste, der mich darauf anspricht. Aber was die Suche nach dem Göttlichen betrifft, so ist meine Kirche der Ort der Verkündigung und nicht die Loge."

„Die Loge ist der Ort der Begegnung jenseits des Bekenntnisses oder des Standes, ein Ort für die Suchenden. Was soll ich Euch das erklären oder darlegen? Lessing hat ein Papier zur Hand, das er *Freimaurergespräche* nennt oder *Ernst und Falk*. Es soll auch einmal gedruckt werden. Wenn Ihr mögt, werde ich Euch ein Exemplar zukommen lassen."

„Von Lessing les ich immer gern!"

„Ihr könnt es Euch dann überlegen. Und ich überlege mir die Sache mit der Asmus-Sammlung."

„Hängt das eine von dem anderen ab?"

Bode lächelte über die Direktheit, die manche an Claudius wenig schätzten. „Nein. Man war im Herzen immer ein Freimaurer oder wird es nie."

„Gut, dann weiß ich, was wir jetzt tun!" Behutsam legte Claudius seine Tochter in die Wiege, die neben dem Tisch stand. „Wir gehen kegeln!"

„Ich muss ja eigentlich nach Hamburg zurück ..."

„In der Mittagshitze? Nein, wir kegeln im Schatten der Kastanien.“ Er steckte den Kopf zum Küchenfenster heraus. „Bebelmus, wir gehen kegeln. Kommst du mit?“

„Dann müssen wir das Linchen mitnehmen“, kam es irgendwo aus dem Garten zurück.

„Die schläft, und deine Schwester kann nach ihr sehen.“

„Und der Rhabarber, du Klönkopp?“

„Na, der wird nicht weinen!“

Claudius und Rebekka kamen in der Abenddämmerung zurück und sahen schon von Weitem die Schwester mit Caroline auf den Knien. Claudius war vom Wein und von der Liebe leicht ums Herz und ihm stand nicht der Sinn danach, Rebekka vom angekündigten Ende der Zeitung zu berichten. Während er sich im Kopf noch die Worte zurechtlegte, kam sie ihm mit einer Neuigkeit zuvor: „Ich denke, das Linchen wird bald ein Geschwisterchen haben.“

Er küsste sie auf die Wange. „Dann hoffe ich, dass es ein Bäckersmann wird, der auch sein eigenes Brot gleich mitbringt.“

„Ei, warum denn, Matze?“

„Weil wir uns nächstes Jahr etwas Neues suchen müssen.“

„Na, wenn wir’s nicht suchen, dann findet es uns vielleicht doch einfach mit Gottes Hilfe.“

Und dafür küsste er sie nochmals.

13 Leibeigenschaften

Lass Feuersnot und Wasserflut
und Pest und böse Fürsten
nach aller Menschen Hab und Gut
und Ehr und Leben dürsten:
Das geht und ficht uns gar nicht an
und quält uns nicht im Träumen;
wir haben alles angetan
und können nichts versäumen.

(Aus: Freimaurerlied)

1774

Einige Wochen später traf Johann Heinrich Voß in Wandsbek ein. Er kam mit der Bewunderung im Herzen, die man im *Göttinger Hain* für Klopstock und Claudius hegte, und hatte im Auftreten etwas wie eine misstrauische Zurückhaltung. Schon nach wenigen Tagen am Tisch der kleinen Familie Claudius, nach den gemeinsamen Spaziergängen und Lektüren, nach dem Musizieren – Rebekka hatte begonnen, Violoncello zu lernen – und den vielfältigen Arbeiten, die ein Garten im Sommer bereithielt, offenbarte er seine Geschichte, die er als Bürde mit sich durchs Leben trug: Er war von unehelicher Geburt, sein Großvater war noch Leibeigener gewesen. So erkundigte er sich oft, wie der Graf von Schimmelmann, der Herr von Wandsbek, es mit seinem Verfügungsrecht über seine Leibeigenen hielt. Noch häufiger fragte er nach dem Sklavenhandel, der Schimmelmann reich gemacht hatte. Es hieß, er sei einer der bedeutendsten Sklavenhalter in der Neuen Welt.

Voß hörte mit Staunen, dass Schimmelmann immer wieder Mohren mit nach Kopenhagen brachte, um sie dort beispielsweise in Medizin ausbilden zu lassen – und er zog einen bitteren Vergleich: Nicht anders war ihm ein Studium in Göttingen möglich geworden, zuvor hatte er sich als Hauslehrer auf viele Arten gängeln lassen müssen. In dem Herausgeber des *Musen-Almanachs*, Heinrich Christian Boie, hatte er einen Unterstützer gefunden. Doch nun drückte ihn eine andere Sorge: Voß hatte sich in Boies Tochter Ernestine verliebt und sie liebte ihn wieder, doch alles mussten sie heimlich halten, denn Voß befürchtete, Boie könnte ihm dies als Vertrauensbruch auslegen. Wer wollte schon einen Unehelichen als Bräutigam für seine Tochter?

So saßen sie oft im kleinen Garten hinter dem Haus zusammen, vor allem an den Tagen, da Claudius sich Kaffee leisten konnte. Voß wiegte die kleine Caroline in den Armen und erzählte von seiner Reise. Oder sie spazierten des Nachts durch das nahe Gehölz, Claudius voran, denn diesen Weg fand er auch in mondlosen Nächten. Auf einem Stück Wiese, das frei unter dem Himmel lag, machten sie Rast, streckten sich ins Gras und warteten darauf, dass die Nachtigall mit ihrem Gesang begann – dieser eigentümliche Vogel, der die Dunkelheit suchte und in der tiefsten Stille seine Stimme erhob ... So stand sein Lied immer für alles, was Schönheit ausmachte.

Sie sagten sich Verse her, sprachen über die Besucher des Tages. Heute hatte sich Jacob Mumssen in Wandsbek eingefunden, nicht in seiner Eigenschaft als Arzt, sondern als Meister vom Stuhl in der Freimaurerloge *Zu den drei Rosen.*

„Ich bin recht überrascht, dass du keiner Loge angehörst", sagte Voß. Er selbst war kurz nach seiner Ankunft in Hamburg der Rosenloge beigetreten. „Es sind doch so viele aus deinem Freundeskreis bei den Freimaurern: Herder, Lessing, Bode und Mumssen eben ..."

„Wenn du mir damit sagen willst, ich soll der Loge beitreten, weil alle anderen es auch getan haben, dann kann ich dir nur antworten: Etwas zu tun, weil alle es tun, ist ein schlechter Grund."

Voß, den Claudius' Worte wie so oft auf etwas gestoßen hatten, dessen er sich selbst nicht bewusst war, ließ sich lachend ins Gras zurückfallen. Die letzten Julitage waren angebrochen und die Sonne hatte den Boden, die Gräser und Hölzer so aufgeheizt, dass auch zu später Stunde noch Wärme von ihnen ausging.

„Das wäre ein schlechter Grund! Und der schlechteste überhaupt, um ein Freimaurer zu werden." Voß zupfte sich einen Halm und strich sich damit nachdenklich über das Kinn. „Du bist aber einigen in den Logen schon wie ein Bruder."

Das Wort *Bruder* rührte Claudius an. Er ließ es nachklingen, bevor er sich wieder den eigenen Gedanken zuwandte. „Mit der Taufe hat Christus der Herr mich eingeladen, mit ihm an einem Tisch zu sitzen und auch andere hinzuzubitten. Soll ich diesen Tisch nun verlassen, um einer Mode wie der Freimaurerei nachzulaufen? Imitiert man in ihren Tempeln nicht nur, was in unseren Kirchen ‚Geheimnis des Glaubens' heißt? Oder anders gesagt: Was einer in der Kirche nicht findet, wird er auch im Tempel nicht finden, denn den Tempel tragen wir schließlich in uns selbst."

„Aber das ist ja eben der Grundgedanke des Freimaurertums!" Voß wurde eifrig: „Was ich in der Loge finde, ist die Begegnung unter Gleichen. Mein Vater war ein Diener, mein Großvater begann sein Leben als Leibeigener, ich selbst bin von unehelicher Geburt. Lange Zeit habe ich in meinem Leben nichts anderes erfahren als Erniedrigung. Ich musste mich stets unwissender geben, als ich bin, um die hohen Herrschaften nicht zu beleidigen. In den Logen spielt der Stand keine Rolle."

„Am Tisch des Herrn Jesus Christus auch nicht."

„Und doch sind die Kirchen zu Dienern der Macht geworden. Sie sprechen zu den Herrschenden nicht vom Wort Gottes, sondern von Pfründen."

Voß hatte ein aufbegehrendes Naturell, und Claudius hatte daher Anlass, um seinen jüngeren Freund zu fürchten, denn der fuhr fort: „Was haben wir für eine Heimat? Deutschland, das ist das Land, wo hinter jeder Schreibfeder ein Büttel steht, um seinem Fürsten zu berichten."

„Wie ein Vater in seinem Haus hat jeder Fürst das Recht, auf Ordnung und Gehorsam zu achten ..."

„Indem er die Leute bis zum Tode einkerkert? Hast du nicht selbst einmal geschrieben: *Der König sei der bessre Mann, sonst sei der Bessre König -?*"

„... und der darf es in seiner Strenge nicht an Maß fehlen lassen. Das sollten die Zeilen vom König sagen."

Voß setzte sich ruckartig auf. „Und wer soll sie an dieses Maß gemahnen? Für die Fürsten gilt kein Recht, sie stehen unter keinem und das ist Unrecht! Niemand kann Rechenschaft von ihnen verlangen."

„Vor Gott werden sie Rechenschaft ablegen müssen."

„Dann wird Gott uns vielleicht darüber zur Rechenschaft ziehen, dass wir ein System in dieser Welt dulden, das manche von Geburt an geringschätzt und ihnen ein Leben ohne Würde zumutet. Unserer Generation ist das Talent gegeben, diesen Missstand zu erkennen und zu beheben. Wir dürfen dieses Talent nicht begraben! Darin wollen wir uns durch die Freimaurerei unterstützen!"

„Ich bezweifle, dass den Freimaurern gelingen kann, worin die Vertreter der Kirchen, wie du sagst, gescheitert sind. Aber ich weiß, dass der christliche Sinn auch bei den Freimaurern Gutes bewirken kann. Mumssen erzählte mir von einem Grafen drüben im Preußischen, dem Grafen von Haugwitz. Mein alter Freund Stolberg steht sich sehr gut mit ihm. Der Graf möchte nun einiges aus dem Herrnhutischen für die Freimaurer fruchtbar machen, und Mumssen plant, in diesem Sinne eine neue Loge einzurichten. Ich würde wohl gerne als Gesandter der Hamburger Freimaurer zu dem Grafen reisen – und dazu werde ich dann auch der Loge beitreten." Diesen Beschluss hatte Claudius nun gefasst.

„Dann erlaube mir, dass ich dich zur Aufnahme empfehle! Du weißt, ohne diese Formalität geht es nicht."

„Gerne. Wenn du mir erlaubst, dich zum Bleiben einzuladen! Willst du nicht nach Wandsbek ziehen, sobald dein Studium in Göttingen abgeschlossen ist? Du wärst dann auch näher an deiner Ernestine."

Die Nennung ihres Namens beantwortete Voß mit einem Ausruf des Entzückens, und weil ein Vogel davon aufflatterte, mussten beide lachen.

„Wenn ich mit einem vermittelnden Wort an ihren Vater helfen kann, so schreib ich's noch heute", sagte Claudius. „Doch wüsste ich nicht, was ich Boie über deine Vorzüge mitteilen sollte, wovon er selbst nichts wüsste."

„Es wäre noch zu früh, solch ein Angebot anzunehmen. Aber für Ernestine und mich ist es gut zu wissen, in dem Boten einen Verbündeten zu haben!"

„Mehr noch: einen Bruder!", entgegnete Claudius.

In diesem Moment begann eine Nachtigall zu singen und Claudius verlor die Lust an alldem, was noch zu sagen gewesen wäre. Die ganze Welt schien ins Lauschen und ins Träumen verfallen.

Als der Gesang für einen Moment verstummte, sagte er: „Da bemühen wir uns, Verse zu schmieden, und dieser Vogel hat sein vollkommenes Lied … nicht, weil er über sein unscheinbares Gewand klagt, sondern durch die Stimme, die Gott ihm gab."

Am nächsten Tag schrieb Voß an seine Ernestine:

Wir gingen in dem kleinen Holze spazieren, wo es überaus angenehm ist. Die Nachtigallen sangen wunderschön. Wir lagerten uns im Grase und hörten ihnen eine halbe Stunde zu. Claudius ward von der Nachtigall gerührt und erzählte mir seine Geschichte mit seiner Frau. Er hat ein vortreffliches Herz und verdiente, glücklicher zu sein. Seine Frau ist wirklich sehr artig, und sie lieben sich beide aufs Äußerste. Wechselweise wiegen sie ihre Tochter oder tragen sie auf dem Arm herum. Ich habe mich gewundert, wie schön der Bote Wiegenlieder singen kann.

Voß schlug Claudius also zur Aufnahme in die Loge vor. Man lud ihn für den 12. August in die Schenke, denn ein eigenes Logenhaus gab es noch nicht. Weil Bode und Mumssen durch die Person und das Werk des Freundes von der Reife seines Wesens überzeugt waren, wurde beschlossen, Claudius gleich in den Meistergrad aufzunehmen, und dazu musste er ein Meisterstück vorlegen.

Um dieses abzufassen, ließ man ihn in einer Kammer allein, wo es ein Schreibpult gab, eine Kerze stand darauf und ein Totenschädel lag neben dem Papier. Den Gehrock hatte er bereits abgelegt, auch einen Schuh, so wie es das Zeremoniell verlangte. Den bestrumpften Fuß hatte er hinter einen Stempel des Schemels eingehakt. Obwohl er in diesem Raum fremd war und nicht wusste, was sich im Dunkeln des Raumes verbarg – vielleicht beobachtete man ihn? Ganz sicher horchte jemand auf sein Tun –, hatte er nicht das Bedürfnis, die Kerze zu nehmen und sich umzusehen.

Vor ihm stand eine Sanduhr, in der unteren Hälfte begann eine Landschaft sich zu bilden. Dem Totenschädel fehlte der Unterkiefer, der Knochen hatte das Raue der Oberfläche verloren, vielleicht durch die vielen Hände, die ihn angefasst hatten. Claudius fragte sich, ob der Mensch, zu dem dieser Schädel zu Lebzeiten gehört hatte, sich eine Vorstellung davon gemacht hatte, dass seine Überbleibsel einmal einen Suchenden zu Betrachtungen anleiten sollten; ob dieser Mensch vielleicht seine Einwilligung dazu gegeben hatte, ob es gar sein Wunsch gewesen war.

Er hörte in diesem Moment, wie einer in der Gaststube nach einer neuen Runde Bier rief, und musste lächeln. An den Zusammenkünften im Gasthaus „Stadt Kopenhagen“ hatte er schon oft teilgenommen, und auch jetzt freute er sich an der Aussicht auf ein kühles Bier oder ein Glas Rheinwein, mit dem alles zum Abschluss kommen würde. Wenn er also auf die Fragen blickte, die man ihm vorgelegt hatte – Was erwarten Sie von der Aufnahme für Ihr künftiges Leben? –, so hätte „ein gutes

Glas" zu einer ehrlichen Antwort gehört. Doch man hatte ihm oft schon übel genommen, dass er den gewichtigen Dingen mit allzu leichtem Scherz begegnete. Und der Blick auf den Totenschädel trieb ihm den Gedanken auch wieder aus.

Totenschädel und Sanduhr: Die Sanduhr, der immer wieder ein Anfang gegeben war, der Mensch, der nur einen Anfang und ein Ende kannte. Das war es, woran er glaubte: Geburt, Leben, Tod, Auferstehung.

Man hatte ihm gesagt, dass die Freimaurerei keine Religion war und auch keine ersetzen sollte, nicht die Kirchen und nicht den Katechismus, sondern dass die königliche Kunst die Suchenden an das Wesen der Religion führen sollte: zu dem, was den Menschen fähig machte zur Religion, einer Fähigkeit, die ihn vom Tier unterschied. Man konnte einen Affen im Kuriositätenkabinett lehren, sich eine Pfeife zu stopfen und großväterlich zu schmauchen; man konnte einem Hund das Rechnen beibringen, und er bellte artig zwei und drei zusammen; die Tauben besaßen Sinne, die sie um den ganzen Erdball führten, aber *einen* Sinn besaß nur der Mensch: einen Sinn für das Unsterbliche.

In der neuen Philosophie der Aufklärung mochte man hinter dieser Sehnsucht nach dem Unsterblichen nur die Schwachheit sehen, die sich mit dem Tode nicht abfinden konnte. Man mochte es aus der Natur begründen, wo jedem Winter ein Frühling folgte. Ihm war es ein Gnadengeschenk Gottes: Nur der Mensch konnte über etwas reflektieren, wofür ihm keinerlei Erfahrung beschieden war: das Ewige. Aus sich selbst heraus konnte er es nicht gewinnen, denn der Mensch und alles, was er kannte, war vergänglich und immerzu wandelbar. Die Fähigkeit, über das Ewige nachzudenken, es zu ersehnen, es anzuzweifeln, es konnte nur aus dem kommen, was dem Weltlichen nicht unterworfen war: Wir sind unsterblich, weil wir fähig sind, das Unsterbliche zu denken.

Er hatte zur Feder gegriffen und schrieb:

So weit also der Mensch der Natur angehört, kann er freilich durch die Kräfte der Natur sterben, und sie lässt sich auch ihr Recht nicht nehmen.

Darüber hinaus gab es aber etwas Unsterbliches im Menschen, das ihn mit aller Unsterblichkeit verband. Zugleich wurde er davon getrennt, weil er in den Fesseln des Irdischen lag, unter dem Einfluss einer profanen Kraft, die auf dem Bauch kriechen und Staub fressen musste. Er schrieb:

Wenn wir Menschen ein angeborenes Verlangen nach Unsterblichkeit haben, so ist klar, dass wir, in unsrer itzigen Lage, nicht sind, wo wir sein sollten. Wir zappeln auf dem Trockenen, und es muss irgendwo ein Ozean für uns sein.

In der Freimaurerei hoffte er darauf, dass man sich gegenseitig half, zurück zu diesem Ozean zu finden, statt sich im Streit über Thesen und Moden zu verlieren.

Während er seine Gedanken niederschrieb, wurde ihm leicht und fröhlich zumute: Er war sich sicher, die richtige Entscheidung getroffen zu haben und dass ihn das Freimaurertum mit Menschen zusammenbrachte, die ebenso dachten wie er. Und diesen leichten Sinn hegte er immer noch, als Mumssen, der Meister vom Stuhl, ihn schließlich abholte und in den Raum führte, der zur Bearbeitung der Rituale hergerichtet war.

Ihm war feierlich zumute, als ihm die Augenbinde abgenommen wurde und er das aufgeschlagene Johannesevangelium sah, den Arbeitsteppich, den man davor ausgebreitet hatte, die Gegenstände und Symbole, die an das Bekenntnis eines jeden Freimaurers gemahnten: der Zirkel, der von der weltumfassenden Liebe sprach, der Hammer, mit dem man die Ecken der eigenen Unvollkommenheit bearbeiten sollte, das Senkblei, mit der es den eigenen Geist auszuloten galt, und das Winkelmaß, mit dem man an der guten Ordnung aller Dinge arbeiten sollte. Er erhielt seinen Logennamen und das Losungswort, dann wurde er aufgefordert, in das Licht zu treten und sich seinen Brüdern zu offenbaren.

14 Blau, Rot und Weiß

Lass mich, Tod, lass mich noch leben! –
Sollt ich auch wenig nur nützen,
werd ich doch weniger schaden
als die im Fürstenschoß sitzen
und üble Anschläge geben
und Völkerfluch auf sich laden …

(Aus: An den Tod. An meinem Geburtstage, in: Wandsbecker Bothe)

Juni 1813

Geh in deine Kammer und schließ die Tür zu, und bete zu deinem Vater im Verborgenen.

Es war dunkel in der Kammer, denn Claudius hatte die Vorhänge geschlossen. Er wollte sie nicht sehen, die Soldaten, die Waffen, die Franzosen. Von dem Sofa aus, auf dem er lag, sah er einen Streifen Sonne in einer durchbrochenen Linie auf der Wand liegen. Er sah, wie diese wanderte. Sie wanderte sehr schnell. Wie rasend sich doch die Erde drehte … Wie viele Kräfte uns umgeben, die größer sind als wir: der Lauf des Tages, der Jahre, der Zerfall in unserem Körper.

Wie er dort lag, spürte er ihn, den Zerfall. Hätte das Gebälk eines Hauses ein Gespür: So würde es sich anfühlen, wenn Holzwürmer und Kleinstgetier am Werke waren und schließlich zum Einsturz brachten, was einst Bollwerk war.

Der Herr ist meine Burg, mein Glaube eine Festung.

In seinem Körper spürte er den Tod all derer, die vor ihm gegangen waren: Klopstock, Herder, Lessing. Sein Bruder Josias. Josias' Hände hatten im Todeskampf an ihm gezogen, doch er konnte keinen Halt geben. Das Leben, die Welt, alles darin war ein brüchiger Fels, eine umtoste Klippe, eine umstürmte Steilwand, und der Mensch hatte keine andere Wahl, als sich daran zu klammern, und wusste doch, dass die Kraft ihn eines Tages verlassen würde. Er musste zusehen, wie der Fels zerrieben wurde, musste erleben, wie Hände und Füße an Halt verloren.

An diesem Tag war ihm das Vertrauen in den König von Dänemark weggebrochen. Er hatte sich daran geklammert, hier mit seiner Familie sicher sein zu können vor den Nachstellungen der Franzosen und den Waffengängen. Jetzt konnte er die französischen Befehlsrufe hören.

Wandsbek war zu einem besetzten Ort geworden. Mit beiden Füßen hatte er die meiste Zeit seines Lebens sicher an diesem Ort gestanden. Der Boden war ihm entzogen. Er baumelte über dem Abgrund. Es war die Bestimmung des Menschen, alles zu verlieren, an das er sich in dieser Welt klammerte. Auch er würde eines Tages hinabstürzen. War dort in dem Dunkel, in das er stürzen würde, eine Hand, die ihn auffing? Würde sich das Versprechen einlösen: Du hättest nie Angst zu haben brauchen?

Warum war er noch hier? Warum war er damals als Knabe nicht im Teich ertrunken? Warum war er als Student in Jena nicht den Blattern erlegen? Warum nicht als Beamter in Darmstadt dem Lungenleiden? In ihm war plötzlich die Gewissheit, dass er die Antwort darauf in den nächsten Tagen erhalten würde.

Er setzte sich auf. Der Sonnenstrahl war inzwischen auf die Figur eines kleinen Mädchens gefallen, die auf dem Kaminsims stand. Die Skulptur hatte Agnes immer in den Bann geschlagen, als seine Enkelin selbst noch ein kleines Mädchen gewesen war. Die Schlafkammer, die einst für die Kinder und dann für die Enkel diente, hatte einen Zugang zu seinem Arbeitszimmer, und manches Mal hatte er Agnes hier angetroffen, wenn es Zeit zur Bettruhe war. Sie hatte auf Zehenspitzen an der Kaminöffnung gestanden und die Hände nach der Figur ausgestreckt. Man hatte ihr gesagt, dass dies Porzellanmädchen wertvoll und zerbrechlich sei, darum hatte sie stets nur eine ganz zarte Berührung gewagt. Gelegentlich war er hervorgetreten und hatte sie ermahnt, dass sie um diese Stunde in seinem Arbeitszimmer nichts verloren hätte.

Einmal hatte Agnes mit erwartungsvollem Ernst gefragt: „Wovon träumt denn das Mädchen?“

„Vom Mondschein“, hatte er geantwortet – denn während die Sonne blendete, öffnete der Mondschein den Blick in die Nacht und in die Ewigkeit. Hatte der Mondschein diese Unschuld noch? War es noch der Mondschein, in dem Rebekka und er gewandert waren, so wie es ein Kupferbild in seinen gesammelten Werken zeigte? Oder hatte die Revolution auch den Mondschein besudelt?

Ich kann den Franzosen diese Revolution nicht verzeihen, dachte er, denn damit hatten sie den Moden zum Sieg verholfen. Und warum mussten sie alle Welt damit behelligen? Warum spürten sie ihn noch in Wandsbek auf, als wäre es ihnen zugetragen worden, dass er sich ihren Moden verweigerte? Das nahm er ihnen übel – und auch, dass sie ihn dazu gebracht hatten, ein ganzes Volk für sein Tun zu verabscheuen.

Die Tür wurde langsam, wie fragend, geöffnet. Rebekka sah herein.

„Bebelmus, du kommst gerade recht – wie so oft –, um deinen Mann von hässlichen Gedanken abzuhalten!“

„Was hättest du denn hässliche Gedanken zu denken?“ Sie kam mit einer Steinguttasse in der Hand herein.

„Es ist das Irdische in mir, das mit dem Zorn buhlt und ungerecht sein will und mir Gründe einflüstert zum Hassen. Gott befohlen – das sagt sich so leicht und tut sich so schwer.“

„Und deinem Bauernmädchen fällt nichts anderes ein, als dir eine Fleischbrühe zu bringen“, sagte Rebekka in der unbeschwerten Art, in der sie immer über sich zu scherzen pflegte. „Aber ich kann dir wohl versichern: Ich würde diese Brühe auch einem Franzosen geben, wenn ihm der Hunger und der Kummer aus den Augen schaut.“

Wie gut es tat, dass sie seine Gedanken erahnte! Claudius nahm die Tasse entgegen.

„Wenn sie nur nicht so viel Hunger und Kummer über andere gebracht hätten!" Er nahm einen Schluck. Er hatte dieses papierhafte Gefühl in sich, das ihn daran hinderte, aufzustehen. Eines Tages würde es ihn an eine Liegestatt fesseln, bis Bruder Hain ihn fortholte, das ahnte er. In diesem Moment wagte er nicht, aufzublicken: Er fühlte dessen Gegenwart. Es waren so viele Schatten in diesem Raum.

„Wo ist Caroline?", fragte er. Seine Kinder hatten es immer geschafft, die Schatten zu vertreiben.

„Sie ist in das Lager der Dänen hinübergegangen, um Wilhelm und Agnes zu suchen. Es ist besser, wenn sie im Hause bleiben, solange die französischen Soldaten in Wandsbek sind. Es könnte sonst noch ruchbar werden, dass Wilhelm bei den Hanseaten ist."

„Caroline hätte nicht gehen dürfen. Es ist zu gefährlich."

„Unsere französischen Gäste mögen zwar ungebeten sein, aber bisher betragen sie sich wie Gäste."

„Da sie als Verbündete gekommen sind, macht mir ihr Betragen auch keine Sorgen. Aber es braucht nur ein Nachbar Caroline zu grüßen, ein ‚Moin moin, Frau Perthes' rufen – es soll doch einen Steckbrief gegen Perthes geben. Glaubst du, diese Franzosen wissen davon?" Er sah Rebekka an, dass sie ihm diese Frage nicht beantworten konnte und dass sie diese Gefahr zum ersten Mal durchdachte. „Man trommelt sie doch jeden Morgen zusammen und verliest ihnen solche Dinge", fügte er hinzu.

„Ich werde sofort zu Caroline gehen."

„Du bleibst hier! Du warst in den letzten Tagen krank und solltest dich schonen."

„Und du bist jetzt am Rande deiner Kräfte, Matze. Und am Rande deines guten Willens. Ich weiß sehr gut, wie kauzig du werden kannst, wenn dir Besucher gar nicht nach dem Sinn sind."

Er musste lächeln über diese Ermahnung. In den Zeiten, in denen seine Asmus-Werke erschienen waren, hatten sich immer wieder Kutschen mit Besuchern eingefunden, die den „Einsiedler aus Wandsbek“ sehen wollten. Sie kamen mit einer Neugierde, als würde in einer Monstrositätenschau eine Doppelgeburt vorgeführt. Sie hatten die Kritiken und Anspielungen bei Jacobi, bei Nicolai und Wieland gelesen; sie kamen, angezogen vom Geruch des Streites, der Vorwürfe und Unterstellungen. Er hatte diesen Leuten die Tür nicht geöffnet, Rebekka aber fand für alle ein herzliches Wort.

„Ja, es ist besser, wenn du gehst, Bebelmus, aber gib auf dich acht!“

Einer der Soldaten fütterte einen Hund. Das Tier war nicht sonderlich groß, grau-schwarz mit abstehenden Fellhaaren, ein Terrier vielleicht. Caroline wusste nicht, ob der Hund aus dem Ort stammte oder mit den Franzosen gekommen war. Er fraß freudig etwas, das ihm aus einem Tuch dargeboten wurde, und man musste ihn mehrmals das Tuch durchsuchen lassen, bevor er vom Betteln abließ. Der Hund wurde übermütig, schleppte einen der Äste herbei, die am Boden lagen, forderte zum Spielen auf. Es erschien Caroline seltsam, dass Soldaten Hunde mitbrachten. Ihr Vater hatte immer einen Hund gehabt und mitunter war ihr, als würde dem Hund mehr gestattet als den Kindern.

Sie konnte nicht erkennen, ob die Franzosen sich am Rande des dänischen Lagers einrichten wollten. Sobald sie abgesessen hatten, war ein jeder der Beschäftigung nachgegangen, die ihm am wichtigsten oder dringlichsten schien: Der Durst wurde gestillt, man streckte sich mit wohligen Lauten unter einem Baum aus oder entleerte die Blase. Es gab einige Ermahnungen, dies oder das zu tun, es wurde mehr geredet als gefolgt. Offenbar war es ein gewohntes Ritual, dass es eben eine Zeit des Befehlens und Gehorchens gab und eine Zeit, in der man seinen eigenen Angelegenheiten nachging.

Caroline dachte an die Zeit zurück, in der man sich auch

hierzulande für die Französische Revolution begeistert hatte. Damals erzählte man einander, es gäbe in Frankreich keine Armee mehr, die der König gegen sein Volk schicken konnte: Das Volk selbst hatte eine Armee gebildet. Als sie nach Hamburg kamen, hatte sie zum ersten Mal gesehen, wie bewaffnete Bürger aussahen. Man konnte bei ihnen die Soldaten nicht von den Offizieren unterscheiden und man schien über alles reden zu müssen: wo die Pferde angebunden gehörten, wer Wasser holte. Was Caroline nicht einschätzen konnte, war die Frage, ob das ihre Lage misslicher machte oder besser.

Niemand schenkte ihr Beachtung. Sie ging zwischen einer Baumreihe und einem Gatter entlang, das Bauern Jörgensens Grund abtrennte. Sie warf hastige Blicke in das Biwak der Franzosen, doch kein Blick und kein Wort galten ihr. Fast war sie geneigt, sich davon gekränkt zu fühlen, drehten sich ihre Gedanken doch seit Tagen, seit Wochen nur noch um die Franzosen. Es war der Schatten, der jeden Morgen auf ihren Geist fiel, noch bevor sie das Tageslicht wahrgenommen hatte, es war wie ein Siechtum, an dem alle Pläne für die künftige Zeit scheiterten. Zumindest ihre Träume und Wünsche endeten stets mit einem: Das hast du ohnehin nicht zu entscheiden.

Aus den unruhigen und unfertigen Bewegungen der blauen Uniformen kam sie in die geordnete Welt der roten dänischen Uniformen, die sich zwischen den weißen Zelten bewegten. Und gleich am Rande der kleinen Allee sah sie Wilhelm und Agnes mit ihrem Bruder Matthias.

„Es ist wahr: Die Dänen haben ein Bündnis mit den Franzosen geschlossen – gemeinsam gegen die Engländer. Man mag es den Dänen noch nicht einmal verdenken, aber um die hanseatische Sache ist es geschehen.“ Wilhelm sah sie bei diesen Worten nicht an. Er tat es wohl, damit niemand bemerkte, wie ihnen dabei zumute war, denn sie waren umgeben von Feinden.

„Und die Schweden haben sich zurückgezogen. Ich muss nach Hamburg und die Hanseaten warnen …“

„Du musst ihn davon abhalten, Mama!“, flehte Agnes. „Es

sind gewiss noch weitere französische Truppen in der Gegend … Und wenn sie ihn auf dem Weg nach Hamburg aufgreifen … Er trägt keine Uniform, man wird ihn als Spion behandeln!"

„Ich kenne die Gegend, die Franzosen nicht! Man muss in Hamburg erfahren, was geschehen ist, dass uns alle im Stich gelassen haben: die Russen, die Schweden, die Dänen."

Sein Gesicht glühte bei diesen Worten, und Caroline ahnte, dass es aussichtslos war, ihn zur Vorsicht zu mahnen. Er wollte einen Helden aus sich machen. Und je mehr eine Frau dabei Angst um ihn hatte, desto heldenhafter mochte er sich vorkommen. Plötzlich empfand sie Wut auf Wilhelm. Sie hätte ausrufen mögen: Dann mach doch, dass du fortkommst! Ihr Männer braucht in jeder Generation euren Aderlass, und wir Frauen sind so dumm, um euch zu fürchten. Mit Steinwürfen sollten wir euch davonjagen, damit ihr eure Sache weit fort austragen könnt, damit unsere Häuser, unsere Kinder und Alten nicht darunter leiden müssen …

Sie erinnerte sich, dass ihr Vater am Vorabend ausgerufen hatte: „Wäre Perthes doch nur schon tot!" – Und mit einem elenden Gefühl verstand sie nun, warum ihr Vater das gesagt hatte. Ermattet sagte sie: „Großvater will, dass ihr nach Hause kommt."

„Ich breche gleich auf." Wilhelm rückte irgendetwas an seiner Kleidung zurecht, als würde sein Körper auf diese Weise Anker lichten. „Tante! Ich muss doch Euren Mann warnen, damit er nicht herkommt!"

Dass Friedrich auf dem Weg nach Wandsbek sein könnte – am Vortage hatte sie sich das gewünscht. Jetzt wäre es ihrer aller Unglück, denn hier würde er den Franzosen in die Hände fallen. Sie sah einen der Franzosen mit einem dänischen Offizier zusammenstehen, sie tauschten Papiere aus, machten ernste Gesichter, der Däne deutete bald hierhin, bald dorthin. Caroline kam der Gedanke, dass die Entscheidungen, die sie zu treffen hatten, den ihren sehr ähnlich sein mussten.

Wollte sie es zulassen, dass Wilhelm sein Leben riskierte, um das ihres Mannes zu retten? Wie konnte sie es verantworten, dass Friedrich ohne Warnung blieb? Oder würde er aus Angst um sie hierherzukommen versuchen? War es nicht besser, wenn er nichts vom Einmarsch der Franzosen erfuhr? Carolines Gedanken stockten, sie wurden störrisch wie ein Pferd, das seiner Last überdrüssig geworden war. Sie wollte diese Gedanken nicht mehr denken.

„Du musst es ihm verbieten, Mama!", sagte Agnes noch einmal.

„Wilhelm muss wissen, was er tut", sagte Caroline nur und wollte ihre Tochter beim Arm nehmen, doch die riss sich los und schlang ihre Arme um Wilhelm.

„Du kommst auf dem schnellsten Weg zurück, ja?"

„Agnes ..." Er zierte sich vor der Umarmung, wie er sich nie davor geziert hätte, eine Waffe in die Hand zu nehmen.

„Du kommst auf dem schnellsten Weg zurück?"

„Wenn du in Hamburg angekommen bist, wirst du tun, was mein Mann dir sagt!"

Ob Wilhelm nun doch das schlechte Gewissen plagte oder ob er es für männlicher hielt, den Befehlen eines Mannes zu gehorchen statt der Angst zweier Frauen: Er nickte sehr beflissen.

„Ja, Frau Perthes, das werde ich tun."

„Sag ihm, dass es uns gut geht. Wir vertrauen auf den guten Lauf der Dinge. Sag ihm, dass ich keinen Brief mitgegeben habe, weil alles in Eile gehen musste." Doch der wahre Grund war: Hätte sie einen Brief aufsetzen wollen, so hätte sich der Abschied in die Länge gezogen – und Agnes war schon in Tränen.

„Ja, das werde ich tun. Ich werde bald wieder hier sein." Er setzte seinen Hut auf, Agnes machte wieder Anstalten, ihn zu umfangen, aber Caroline hielt sie fest und sagte leise: „Wenn du eine solche Szene machst, werden die Franzosen noch aufmerksam!"

Wilhelm ging, ohne sich noch einmal umzuwenden. Agnes musste sich sichtlich Gewalt antun, um still zu bleiben.

„Dort ist Großmutter“, sagte Caroline, um ihre Tochter abzulenken, benutzte dabei ganz selbstverständlich das Wort Großmutter, so wie sie es seit dem Tag der Geburt ihres ersten Kindes immer getan hatte. „Wahrscheinlich ist sie in Sorge und sucht uns. Dabei soll sie sich doch noch schonen!“

Sie gab Matthias einen ungeduldigen Wink, der bei all dem nur Augen für die Geschehnisse im Lager gehabt hatte und nun, vielleicht beeindruckt vom Beispiel seines Vetters, fragte: „Können wir nicht noch bleiben? Ich würde doch zu gerne einmal sehen, wie die Franzosen antreten!“

„Nein, Matthias, und ich will jetzt keine Widerworte mehr hören! Von keinem, verstanden? Unserer Familie droht große Gefahr, und ich erwarte von euch, dass ihr euch folgsam verhaltet, ist das klar?“

Beide nickten: „Ja, Mama.“ Caroline spürte in diesem Moment eine Berührung, einen kleinen Schlag, der von hinten ihren Rock traf. Sie fuhr herum. Hinter ihr stand der Terrier und bellte übermütig. Den Grund sah sie zu ihren Füßen: Ein Stock lag dort. Der Hund legte sich auf seine Vorderpfoten, sprang wieder auf und bellte.

„Lancez!“, rief einer der Franzosen ihr zu, und für den Fall, dass sie nicht verstand, machte er eine ausholende Bewegung mit dem Arm. „Lancez le bâton, s’il vous plaît, Madame!“ Der Hund unterstrich die Aufforderung mit hellem Bellen. Caroline bückte sich gedankenlos nach dem Stock und warf ihn in die Zeltreihen hinein. Wie eine Kugel aus Fell schoss der Hund hinterdrein, und sein Eifer wurde von einigem Gelächter begleitet.

„Kommt jetzt“, sagte sie zu ihren Kindern und dachte sich: Das waren also die ersten Worte, die der gefürchtete Feind in Wandsbek an sie gerichtet hatte.

15 Hausarrest

Wir sind wie des Grases Blume, sind guten und bösen Eindrücken und Einflüssen preisgegeben und tragen den Keim des Todes und unzähliger Not und Gebrechen in und mit uns um, bis sie, früher oder später, ausbrechen und unserer körperlichen Existenz ein Ende machen.

(Aus: Einfältiger Hausvater-Bericht über die christliche Religion, in: Asmus omnia sua secum portans, VII. Teil)

Juni 1813

Als sie in das Haus zurückkehrten, erwartete sie eine gute Neuigkeit: Carolines jüngerer Bruder Fritz hatte eine Nachricht geschickt. Er war in Kiel gewesen, und als er dort von der Wendung der Ereignisse bei Hamburg erfuhr, hatte er sich auf den Weg nach Wandsbek gemacht, wo er am nächsten oder übernächsten Tag einzutreffen hoffte. Er sprach von der Gefahr durch die Russen und zeigte so, dass er sich die Haltung seines dänischen Landesherrn in diesem Konflikt zu eigen gemacht hatte. Auch sein älterer Bruder Johannes hatte 1808 die Waffen für Dänemark ergriffen, nachdem die Engländer auf so grausame Weise mit Kopenhagen verfahren waren.

Dass die bis dahin friedliche Stadt Kopenhagen mit Brandbomben traktiert worden war, hatte Claudius auf besondere Weise zugesetzt. Es war das erste Mal, dass der Krieg ihm nahe rückte, denn er hatte dort viele Freunde und Bekannte aus der Zeit seines eigenen Aufenthaltes. In dem Überfall auf Dänemark, das *treu und offen gegen seine Nachbarn vor sich hingeht und nichts will und begehrt, als in Ruhe gelassen zu werden*, sah er auch ein Menetekel für sich selbst und seine Familie. Im *Schreiben eines Dänen an seinen Freund* mahnte er, auch für

Staaten untereinander habe zu gelten, was von Mensch zu Mensch Gültigkeit hat: *Man sollte denken, was im Kleinen wahr ist, müsse es auch im Großen sein und umso mehr sein.*

So wie ein Mann das Recht habe, sich gegen einen Übergriff zu wehren, so sei es auch unter den Staaten:

Wir haben keine Freude am Blutvergießen, und die Kriegs- und Siegeslorbeeren sind eitel für uns und reizen uns nicht mehr; aber Notwehr und Selbstverteidigung gegen Gewalt und Unrecht, seinen Fürsten und sein Vaterland lieb haben, ist ein ander Ding.

Wie im *Hausvater-Bericht* erinnerte Claudius daran, der eigentliche Krieg werde im Menschen selbst ausgefochten, und dort gelte es auch, die Lust zum Sieg in der Welt zu überwinden, weil über solches Trachten die Seele schaden nehme.

Diesen *Einfältigen Hausvater-Bericht über die christliche Religion*, abgedruckt im siebten Teil der *Asmus*-Sammlung, nahm Claudius zur Hand, als sie alle sich nach dem Essen in der Küche versammelten. Für jedes der Claudius-Kinder war der Tag gekommen, an dem es den Haushalt in Wandsbek verlassen hatte, und diesen Begleiter auf ihren Lebensweg hatte ihr Vater ihnen mitgegeben. Auch sein Vater hatte ihm, als er zum Studium nach Jena ging, ein moralisches Kompendium verfasst, das ihm ein Stück Heimat bieten sollte. Caroline hatte oft zu der Schrift gegriffen und ihren Kindern daraus vorgelesen.

Claudius begann mit ruhiger Stimme zu lesen. Der kleine Bernhard war bald im Arm seiner Mutter eingeschlafen, Rebekka besserte den Rand eines Tafeltuches mit einem Webband aus. Clemens kniete auf der Bank, dicht über ein Papier gebeugt, und übte sich mit einem Grafitstift im Buchstabenmalen.

Claudius war eben bei den Zeilen angekommen: „*Aber Gott ist die Liebe, und die Liebe ruhet nicht; sie kann in ihren Wirkungen und in ihrem Wohltun gestöret und gehindert wer-*

den ..." – als es plötzlich wieder Trommelwirbel gab. Carolines erster Gedanke war, dass man Wilhelm aufgegriffen hatte. Matthias schaute zur Küche herein und erklärte freudig, dass die Franzosen wieder abmarschierten. Doch Stine, die kurz darauf mit ihrem Korb unter dem Arm in die Küche trat – dieser Korb war für sie der Passierschein für alle Wege –, stellte klar, die Franzosen seien nur auf das Gelände des Schimmelmannschen Schlosses hinübergewechselt und würden dort nun ihr Lager aufschlagen.

Ob das bedeutete, dass ihr Marschall wieder Quartier in dem Schloss nahm wie vor einigen Jahren ... jener Marschall, der die Befehle gegen die Hanseaten ausführen sollte? Diese Frage konnten sie sich nicht beantworten.

Schließlich wies Claudius Matthias an, die Vordertür zu schließen. Ein jeder in Wandsbek hatte die Gewohnheit, die Türen offen stehen zu lassen, denn man war in den Häusern der Nachbarn ebenso zu Hause wie im eigenen. In diesen Tagen aber war eben alles anders. Es gab etwas, das ausgeschlossen werden sollte.

Als es nach einer Weile klopfte, wussten alle sogleich, dass „es" näher gekommen war. Stine ging, um zu öffnen, und als sie in die Küche zurückkehrte, zerrte sie an ihrer Schürze, als habe sie eine Missetat zu gestehen.

„Da ist ein Franzose", platzte sie heraus.

„Und was will er?", fragte Claudius ganz wohlgemut.

„Wees ich nit, war alles auf Französisch, was er gesagt hat."

„Wir werden doch nicht wieder Einquartierung bekommen?", seufzte Rebekka, denn die Truppenbewegungen früherer Jahre hatten ihnen Soldaten unterschiedlicher Nationalitäten ins Haus geführt. Wenn ihr Betragen auch stets tadellos gewesen war, so hatte es doch eine erhebliche Belastung für die Haushaltskasse bedeutet.

„Er soll hereinkommen", sagte Claudius zu Stine.

„Hier in die Küche?"

„Die Küche war schon für die Fürstin von Gallitzin gut genug, da wird unser Besucher aus Frankreich wohl keine Einwände haben."

Als er eintrat, wirkte alles an ihm weit gereist. Vielleicht war es nur die blaue Uniform mit den hellen Hosen, die Caroline an die Marineoffiziere denken ließ, die vor der großen Kontinentalsperre die Straßen Hamburgs bevölkert hatten. Wenn sie Deutsch sprachen, hatte sie bisweilen ihre Gespräche belauscht, in der Hoffnung, sie würden von ihren Reisen erzählen.

Was dieser Mann zu sagen hatte – sie wusste nicht, ob sie es hören wollte. Sie spürte Übelkeit in sich aufsteigen und war froh, dass sie auf der Küchenbank saß und ihr Sohn Bernhard warm an ihrer Seite lag.

„Mama?", fragte Clemens leise und angstvoll und suchte ebenfalls den Schutz ihrer Arme.

„Bonjour, Mesdames et Monsieur." Der Offizier nahm den Hut ab, und sein Blick schweifte durch den Raum. Es war ein Blick, der in aller Schnelle aufzeichnete und auswertete: Dort lag der Deckel neben dem Salzfässchen, die Torfschütte neben dem Ofen war bis auf wenige Stücke leer, dort stand das abgewaschene Steingutgeschirr und trocknete, an einem Napf vergnügten sich Fliegen mit dem, was für die Katze vorgesehen war, auf dem Tisch stand ein angeschnittener Stuten. Zu diesem kehrte sein Blick noch einmal zurück, als hätte er dem Brot etwas vorzuwerfen.

Caroline musste dem Franzosen ins Gesicht starren. Sie versuchte, das Schicksal ihrer Familie darin abzulesen. Es war ein jugendliches und glattes Gesicht, mit den Augen eines anderen, älteren Mannes darin; schmale, gerade Lippen; blass, wie nach überstandener Krankheit; eine auffallende Ader an der ihr zugewandten Schläfe; Augenbrauen, die sich zur Nasenwurzel hin senkten; braunes, dichtes, ungeordnetes Haar. Es war nichts zu lesen in diesem Gesicht: weder Feindseligkeit noch Gutmütigkeit, eine gewisse Vorsicht allenthalben.

„Vous êtes Monsieur Claudieu, l'écrivain?", fragte er, an Claudius gewandt. Nur wer ihren Vater kannte, hätte sofort zu sagen gewusst, dass ihm dieser Besuch nicht willkommen war. Claudius hatte seine Haltung nicht verändert, war nicht aufgestanden, saß immer noch vor dem aufgeschlagenen Buch. Sein Gesicht aber verriet nichts; der heitere Ausdruck in seinen Augen, der sich von seinem Wesen in sein Gesicht geprägt hatte oder von dem Gesicht in das Wesen, ließ sogar eine gewisse Freundlichkeit vermuten, als er „Oui“ antwortete.

„Vous connaîssez un Monsieur ...?“ Er griff in die Innentasche seines Uniformrocks und blickte auf ein Papier.

„Monsieur Frédéric Perthes?“

Caroline wandte ihren Blick auf die Locken ihres Sohnes. Woher konnten diese Franzosen, die von irgendwoher gekommen waren, wissen, dass sie in diesem Haus danach fragen mussten? Wer hatte es ihnen verraten? Was wussten sie? Was konnte man ihnen verheimlichen? Caroline spürte, dass auch ihr Vater sich diese Fragen stellte. Er antwortete ohne zu zögern: „Oui, il est mon gendre.“

„Ah! Il est là? Dans cette maison?“

„Non.“

Die knappe Antwort schien dem Franzosen zu missfallen. Und so fragte er sehr betont, da er offenbar keinen Zweifel hatte, dass man ihm dies beantworten konnte: „Et où est Monsieur Perthes?“

„Il est à Hamburg.“

Wie er sich dessen sicher sein konnte, fragte der Franzose.

Weil er ihn dort gesehen habe, antwortete Claudius.

Caroline musste sich zwingen, ruhiger zu atmen, damit das schnelle Heben und Senken des Brustkorbes sie nicht verriet. War ihr Vater nicht unvorsichtig, wenn er zugab, den Anführer des Aufstandes noch am Vortag getroffen zu haben?

Ob es zutreffend sei, dass Perthes den Rang eines Offiziers in der hanseatischen Legion angenommen habe, die auf Befehl des Generals von Tettenborn begründet worden sei?, wollte der Franzose weiter wissen. Und Claudius bestätigte: Ja, soweit er wisse, sei dem so.

„Bon, alors." Der Franzose klemmte seinen Hut unter den Arm und entfaltete das Papier. Mit einem Blick darauf erklärte er, dass Seine Majestät, der Kaiser von Frankreich, als Antwort auf den Aufstand in Hamburg vor zwanzig Tagen in Waldheim folgende Anordnungen erlassen hätte: Alle Aufständischen seien festzunehmen, ihr Vermögen werde eingezogen, sodann seien sie einer Militärkommission vorzuführen. Die Offiziere der sogenannten „hanseatischen Legion" seien hinzurichten, ebenso die fünf Schuldigsten unter den Aufständischen. Alle Übrigen seien nach Ermessen der Kommission zur Festungshaft ins Innere Frankreichs zu überführen oder auf eine Strafgaleere.

Er las es, wie man etwas liest, mit dessen Inhalt man sich zum ersten Mal beschäftigt: um Sorgfalt bemüht, der Brisanz mit der Mimik nacheilend, ohne einstudierte Drohgebärde, ohne Häme. Für einen Moment vergewisserte er sich, dass er auch nichts vergessen hatte, dann blickte er wieder auf: Mit der Ausführung des Befehls sei Marschall Davout beauftragt worden, erklärte er, und seine Offiziere – dabei zeigte er mit der Spitze des Papiers auf sich. Er würde seinen Vorgesetzten einen entsprechenden Bericht erstatten – was immer das bedeutete.

Genau das fragte sich Caroline auch bei den weiteren Dingen, die der Offizier sagte. Lag es vielleicht daran, dass das Französische Worte reihte wie Perlen und sie durch „de" und „en" und „au" und „du" verband, sodass es dem Zuhörer überlassen blieb, den Zusammenhang herzustellen? Die Sprache der Diplomatie! Wurde ihr auf diplomatische Art erklärt, dass diese Soldaten hergekommen waren, um ihrem Mann aufzulauern und ihn vor ein Erschießungskommando zu bringen? Es drängte sie, zu fragen, was damit gemeint war, dass die dänischen Verbündeten „unterrichtet seien"? Machten auch sie Jagd auf Friedrich? Und dass jede Unterstützung des Aufstandes *Maßnahmen* nach sich ziehen würde: Was waren das für Maßnahmen? War ein Brief, der Friedrich warnte, schon eine

Unterstützung? Konnte man sie dafür in ein Militärgefängnis führen?

„Falls Sie etwas über den Aufenthalt des Gesuchten wissen, haben Sie die Pflicht, es mitzuteilen."

Das war deutlich. Es war verboten, ihn zu verstecken, sollte er herfinden. Sie alle konnten dafür belangt werden, sollten sie es dennoch tun.

„Wir wissen nur, dass wir in Sorge sind um ihn", erwiderte ihr Vater. „Grund genug haben Sie uns nun gegeben." Er sprach auf Deutsch und dem Franzosen entging der Affront nicht.

„Vous êtes Madame Claudieu?", wandte er sich an Rebekka, als habe Claudius seinen Leumund als Gesprächspartner verwirkt. Rebekka war unsicher im Französischen und nickte: „Oui."

„Et vous?", wandte er sich an Stine, die erschrocken einen Schritt zurücktrat und, da sie sich nicht anders zu helfen wusste, einen Knicks machte.

Rebekka antwortete an ihrer Stelle: „Notre servante, Stine." Die Magd machte einen weiteren Knicks, als ihr Name fiel.

„Madame, je ne suis pas l'Empéreur russe", sagte er mit einer unwilligen Geste, und Stine machte noch einen Knicks.

Dann fiel sein Blick auf Caroline, und seiner Frage zuvorkommend, sagte sie, zu ihrem Vater nickend: „Je suis sa fille …"

Lärm unterbrach sie und ließ sie zusammenschrecken, als wäre sie dabei ertappt worden, das Entscheidende über ihre Person verheimlichen zu wollen. Das Gackern von Hühnern wurde von einigen Stimmen übertönt.

„Merde!", rief der Offizier aus und stürzte aus der Küche. Niemand dort wagte zu sprechen, um nichts zu versäumen, das die weiteren Geschehnisse ankündigte. Draußen wurde geflucht und geschimpft mit Ausdrücken, die in keinem Wörterbuch standen. Caroline konnte es dennoch verstehen, da lange genug Soldaten und Matrosen in Hamburg den Ton in den Gassen bestimmt hatten: Einer der Soldaten hatte sich wohl ein

Huhn gegriffen. Kurz darauf kehrte der Offizier zurück und seinem Gesicht war die Verärgerung anzusehen.

„Viens içi!“, sagte er barsch zu Stine, die noch einen Schritt zurückwich.

„Er will, dass du herkommst“, erklärte Claudius mit ruhiger Stimme, damit sie sah, dass sie nichts zu befürchten hatte, wessen er sich nicht sicher sein konnte.

„Vite, vite!“, drängte der Offizier, da Stine immer noch zögerte. Er hatte etwas aus seiner Westentasche hervorgeholt, und als Stine nun vor ihm stand, packte er ihr Handgelenk und gab der Erschrockenen etwas hinein.

„Pour la poule!“

Sie sah in die Hand und dann ratlos zu der Familie am Tisch.

„‘s een Stüppen, glov ik“, und wusste nicht, was mit der Münze anzufangen sei.

„Mama, die Schwäne!“, meldete sich Clemens plötzlich zu Wort. Caroline folgte seinem Blick und sah auf der Uniform des Offiziers eine weiße Daune.

„Das ist von den Schwänen!“, erklärte Clemens staunend.

„Nein, Clemens, das ist von den Hühnern“, sagte Caroline leise und erinnerte sich wohl an den Traum, den Clemens in Hamburg gehabt hatte, in dem es um Schwäne, Hühner und das Davonfliegen ging.

„Et quel est votre nom?“, wurde sie nun gefragt.

„Caroline.“

„Et …?“

„Caroline Perthes.“ Und nun, da es gestanden war, verließ sie die Angst – und für den Fall, dass man sie belangen wollte, sagte sie fest und entschlossen: „Je suis Caroline Perthes, l‘épouse de Friederich Perthes.“ Sie setzte Bernhard auf, indem sie ihm unter die Ärmchen fasste. „Et lui, c‘est son fils, Bernhard.“ Sie zeigte auf Clemens und zählte auch alle anderen Kinder auf: Agnes, Matthias, die Kleinen, und sie sagte dem Offizier, wenn er noch ein wenig warten würde, käme noch ein Kind dazu, damit meinte sie das in ihrem Bauch. Sie wollte damit keine Nachsicht erwirken, sondern diesen Mann zu dem innerlichen Geständnis zwingen, dass die getroffene Maßregel barbarisch war. Er sollte sich herzlos fühlen und schämen.

Er legte sich aber den Hut vor die Brust und sagte mit einer kleinen Verbeugung: „Enchanté. Je suis Lieutnant Jean-Pierre Laurissant.“ Er wirkte nicht spöttisch, und es folgte wiederum eine Belehrung, deren Folge Caroline nicht verstand, denn der Mann belehrte sie darüber, dass ihre Eltern Untertanen des Königs von Dänemark seien, sie aber nicht: Sie sei Bürgerin Hamburgs und Hamburg habe sich mit dem Aufstand außerhalb der französischen Verfassung gestellt und die Fürsprache in der Nationalversammlung verwirkt. Der Kaiser habe das Gebiet zur 32. Militärdivision erklärt, deren Angelegenheiten jeweils vom ranghöchsten Militär wahrzunehmen seien, also von Marschall Davout.

Diesmal fragte Caroline nach, was das zu bedeuten habe. Es bedeute, sagte Laurissant, dass sie und ihr Mann sich keinen Anwalt in ihrem Fall nehmen könnten.

Caroline fand diese Antwort merkwürdig. Ob sie wohl verspottet wurde? Was konnte denn ein Advokat gegen das Dekret eines Herrschers bewirken? Der Gedanke, sich an einen Anwalt zu wenden, wäre ihr nie gekommen, und so sagte sie es auch. Daraufhin meinte Laurissant mit schmalem Lächeln, dann sei sie auch nie eine Bürgerin Frankreichs gewesen.

Da ihm also aufgrund der bestehenden Regelungen Befugnis gegeben sei, verfüge er, dass es ihr, Caroline Perthes, und ihren Kindern – ebenfalls Bürger Hamburgs – verboten sei, dieses Haus ohne seine schriftliche Erlaubnis zu verlassen. Des Weiteren sei es nicht erlaubt, von diesem Haus Briefe zu versenden oder dort entgegenzunehmen, wenn er diese nicht freigegeben habe. Ebenso wäre es nicht gestattet, Besuch zu empfangen. Zur Überwachung dieser Maßnahme werde er einen Wachposten vor dem Haus aufstellen. Alle Anliegen könnten sie diesem Soldaten antragen.

„Wir stehen also unter Hausarrest“, fasste Claudius zusammen.

„Arrestation, oui!“ Der Leutnant schien erfreut, dass man ihn verstanden hatte. „Touts les citoyens de Hamburg qui sont dans cette maison“, er machte eine ausholende Bewegung, „assignation à résidence!“ Dann setzte er seinen Hut wieder auf und sagte eine Höflichkeit zum Abschied. Als er sich umwandte, fiel sein Blick auf das Bild an der Wand: das Jesuskind beim Wäscheaufhängen.

„Mon dieu! Jésus-Christ était un sans-culotte!“ – denn das Bild zeigte Jesus in einem antiken Hemdgewand, also *ohne Kniehosen*, wie das revolutionäre Volk von Paris.

Ob es wohl ein Scherz sein sollte, um die Stimmung im Hause aufzuhellen – dazu war es nicht geeignet. Man blieb schweigend zurück, hörte noch den Wortwechsel mit dem Wachsoldaten, der seinen Posten bezog.

„Das ist ja, als hätte man einen Tiger im Haus!“, erklärte Rebekka. Caroline schien der Vergleich sehr passend: ein Tiger, bei dem man nie wusste, wann seine überlegene Kraft in Beutegier umschlug. Ein Tiger, der tödlich zubeißen konnte, und hernach ganz selbstverständlich wieder seiner Wege ging.

„Mein Kind, du siehst ja ganz elend aus!“ Rebekkas Hand berührte die ihre. „Du solltest dich ein wenig hinlegen!“

Caroline bezweifelte zwar, dass sie Ruhe finden würde, aber sie folgte der Aufforderung zu gerne.

„Den Bernhard …“

„… bringe ich zu seinen Geschwistern“, kam Claudius ihr zuvor und hob den Kleinen von der Küchenbank.

„Vater, glaubst du nicht, wir könnten uns an den König von Dänemark wenden? Du stehst in seinen Diensten, du erhältst jedes Jahr 800 Taler von ihm. Wenn er erfährt, dass …“

„Der König von Dänemark hat sich bereits entschieden, dem Ansinnen *anderer* zu folgen“, unterbrach Claudius sie mit finsterer Stimme. „Ich wünsche daher nicht, dass in diesem Hause noch einmal von ihm gesprochen wird!“

16 Die Reisegefährtin

Ich danke dir mein Wohl, mein Glück in diesem Leben.
Ich war wohl klug, dass ich dich fand;
doch ich fand nicht. GOTT hat dich mir gegeben;
so segnet keine andre Hand.

(An Frau Rebekka; bei der silbernen Hochzeit, 15. März 1797,
in: Asmus omnia sua secum portans, VI. Teil)

JUNI 1813

Das muss ich Matze ausreden, dass er dem Königshaus schmollt, dachte Rebekka, als sie in der Küche alleine zurückgeblieben war. Sie legte die Handarbeiten zusammen und räumte dann nachdenklich in den Küchengeräten. Sie war erschöpft. Von der Krankheit der vergangenen Tage, von dem seltsamen Besuch.

Sie hatte sich mit den Jahren an Erschöpfung gewöhnt. Zwölf Kinder hatte sie zur Welt gebracht, und das Geld war immer so knapp gewesen, dass es nur für eine Magd reichte. Aber der Müßiggang war ihre Sache nicht. Es gab immer Dinge, die getan und ergründet werden wollten. An diesem Tag mehr als an so vielen, die sie in diesem Haus erlebt hatte.

Nein, unseren guten Sinn gegenüber dem dänischen König müssen wir uns bewahren, dachte sie, ihm verdanken wir es doch, dass wir unser Auskommen hier in Wandsbek gefunden haben.

Eine großzügige Rente hatte er ausgesetzt und war jedem Anliegen aus dem Hause Claudius gegenüber offen gewesen. Sie hatte mit Matthias einige Male über einem Brief gesessen, Graf Schimmelmann hatte für sie vermittelt. Noch im Schatten der großen Revolution hatte Matthias sein Bekenntnis in einem solchen Brief abgelegt, das ihr im Gedächtnis geblieben war, da er es in ähnlichen Worten oft wiederholt hatte, wenn andere von Umsturz oder zumindest von Reform sprachen:

Ich habe nämlich die Überzeugung, dass zwar nicht alle Könige und Fürsten, aber die Würde, die sie tragen, göttlich sei, und dass man nicht allein gütigen und gelinden, sondern auch den wunderlichen gehorchen müsse, und dass überhaupt Gehorsam und Unterwerfung unter die bestehende Ordnung in der Welt mit allen ihren Mängeln besser als Raisonnement und Trotz sowohl für den Einzelnen als auch für das Allgemeine bei Weitem das geringere Übel sei.

Dahin also hat es uns gebracht, könnte manche böse Zunge sagen: dass ein Herrscher uns etwas zumutet, was unser aller Unglück ist. Das hat der Claudius nun davon, dass er sich seinen Untertanensinn bezahlen ließ oder gar kaufen ließ ... Denn so hatte es ihm mancher zum Vorwurf gemacht. Einige Freunde aus den frühen Tagen in Wandsbek hatten sich mit spitzen Bemerkungen geäußert: Voß, Jacobi, Bode.

Claudius hatte Wiegenlieder für die kleine Kronprinzessin verfasst und ein Willkommensgedicht für den Kronprinzen, der auf seinen Reisen auch nach Wandsbek kam. Das Königshaus hatte diese Loyalität belohnt. Warum sollte man sie also nicht wissen lassen, in welcher Bedrängnis die Familie Claudius nun war? Rebekka zweifelte daran, dass der Kronprinz selbst seine Einwilligung dazu gegeben hatte, dass man den Hanseaten in seinen Ländereien nachstellte. Es waren doch Minister und Geheimräte, die solche Beschlüsse fassten. Dass man einem seiner geschätztesten Untertanen verbot, dem eigenen Schwiegersohn zu Hilfe zu kommen, das konnte er nicht wissen. Sie mussten bei dem Kronprinzen darum ersuchen, dass er Perthes unter seinen königlichen Schutz nahm oder vielleicht selbst in Haft setzte, wenn er ihn nur nicht an die Franzosen auslieferte!

Als sie so dachte, erinnerte sie sich daran, dass sie erst am Vortag mit Matthias darüber gesprochen hatte, ein Bittschreiben aufzusetzen: einen Brief an diesen Marschall Davout. Doch sie hatten gezögert, weil sie damit verraten hätten, dass man in diesem Haus eine Verbindung zu Friedrich Perthes hatte – und das hätte Caroline in Gefahr gebracht. Nun, da dies den Franzosen selbst offenbar geworden war, gab es keinen Grund mehr, sich ruhig zu verhalten. Was hatte dieser Leutnant doch gesagt? Es war ihnen nicht möglich, einen Anwalt zu nehmen. Aber wenn man einen von ihnen dazu bewegen konnte, zum Fürsprecher zu werden? Oder doch zumindest zum Boten! Wie? Womit?

Rebekka bearbeitete mit den Vorderzähnen die Unterlippe. Sie versuchte sich alles ins Gedächtnis zu rufen, was der Franzose gesagt hatte, und konnte sich nicht einmal an seinen Namen erinnern, zu sehr hatte die Aufregung ihr Denken verstört. Larrison oder derart. Sein Auftritt hatte keinen Schluss darüber zugelassen, wie er selbst über diese Angelegenheit dachte. War er gleichgültig? Hatte er Mitleid? Verspürte er Rachsucht?

Wir hätten mit ihm reden sollen. Stattdessen haben wir dagesessen wie die Ölgötzen. Wir hätten ihn fragen sollen: Ob man ihn deswegen hergeschickt hatte, ob es sein Befehl sei, Perthes zu verhaften, ob er es tun würde. Ob er uns sagen könnte, wie man ein Bittgesuch an einen Marschall aufsetzte; ob er es überbringen würde.

Sie war geneigt, ihren Mann stumm zu tadeln, denn er sprach fließend Französisch. Aber sie selbst hatte es versäumt, ohne Worte zu sprechen, durch Gastfreundschaft nämlich. Hatte sie nicht jeden geladenen und auch unerwarteten Gast stets an den Tisch gebeten? War jemand aus diesem Haus fortgegangen, ohne dass man ihm etwas zur Stärkung angeboten hatte? Da stand ein Stuten auf dem Tisch und im Krug war Milch vom Morgen – warum war ihr nicht einmal der Gedanke gekommen, dem Leutnant etwas davon anzubieten?

In der Bibel davon lesen, wie Jesus sich mit den Zöllnern an einen Tisch setzte, und davon angerührt zu sein und sich hochherzig zu fühlen, weil man sich selbst Christin nannte, das war die eine Sache. Es ebenso zu tun, wenn es darauf ankam, das war eine andere Sache … Und darin, Frau Rebekka Claudius-Behn, hast du versagt!, tadelte sie sich selbst und hatte schon den Entschluss gefasst, es wiedergutzumachen. Sie nahm Stines Korb, legte den Stuten hinein, nahm eine Flasche Most aus dem Vorratsschrank, das Stück Speck, das im Rauchfang hing, und die Dose mit dem Zwieback.

Als sie schon ihr Tuch umgelegt hatte, zögerte sie noch einen Moment: Sollte sie Matthias nicht zumindest sagen, dass sie in das Lager der Franzosen hinübergehen wollte? Eine leichte Furcht empfand sie nun doch. Dann aber sagte sie sich, wer mit Gott geht, ist beschützt, und wie zum Scherz dachte sie an Daniel in der Löwengrube.

Ihre Holzschuhe klapperten laut auf den Steinstufen. Einer alten Gewohnheit folgend, zog sie sie aus und ging barfuß den Pfad entlang, der von der Hintertür an den Grund des Schimmelmannschen Schlosses führte. Eine Schmiedepforte, umrankt von Büschen und Hecken, führte von dieser Seite in den Park hinüber. Die Pforte war nicht verschlossen, denn der Graf von Schimmelmann hatte ihnen dereinst erlaubt, sich in dem Park aufzuhalten und gelegentlich einen Karpfen aus dem Teich zu holen. Und auch wenn die Erben das Schloss und den ganzen Ort Wandsbek an die dänische Krone zurückgegeben hatten, war allen Einwohnern und Besuchern doch das Recht erhalten geblieben, den Schlosspark zu nutzen.

Als sie aus den dicht stehenden Obstbäumen und Büschen heraustrat, sodass sie einen freien Blick auf Teich und Schloss hatte, da sah sie, dass der kleine See sich auch an diesem letzten Maitag großer Beliebtheit erfreute. Heute streckten sich keine Angelruten über das Wasser, sondern die Soldaten hatten sich ihrer Kleidung entledigt, planschten und schwammen in dem See, übermütig wie die Knaben. Andere lagen am Ufer und ließen sich von den Sonnenstrahlen trocknen, ganz so, wie der Herr sie erschaffen hatte.

Rebekkas Schritt verlangsamte sich ein wenig, und sie musste über sich lächeln: Was sie gefürchtet hatte, waren Waffen und Uniformen, und nun, da nichts mehr davon zu sehen war, vermochte es sie einmal mehr zu verunsichern. Sie beschloss, dem Laubengang zu folgen, der zur Terrasse des Schlosses führte. So konnte sie einen gewissen Abstand vom See einhalten – auch wenn sie nicht wusste, um wessen Schamgefühl willen sie das tat.

Der Boden war bedeckt von weißen Blütenblättern. Als sie vorüberging, genügte der Hauch ihrer Bewegung, um die letzten der hellen Blättchen von den abgestorbenen Blüten schweben zu lassen, als sollte ihr der Weg gestreut werden. In der warmen Luft lag ein süßer Duft und weckte in ihr die Erinnerung an manchen Abendspaziergang in dieser Anlage.

Als sie und Matthias zum ersten Mal auf dem Schlosse eingeladen waren, hatte sie ein Gefühl der Unruhe und Erwartung in sich gehabt, ähnlich wie jetzt: Von herrschaftlichen Tafeln hatte sie reden hören, hatte aber nie an einer teilgenommen. Dienerschaft, Speisenfolge, Konversation und Etikette: Wie sollte sie sich da zurechtfinden – sie, die Tochter eines Bauern und Zimmermanns, die am liebsten barfuß ging? Aber es wurde herzlich und unbeschwert gesprochen: über Dinge des Haushalts, über Anekdoten aus dem Dorfe; und schließlich wurde musiziert. Ja, das war dann wohl der Unterschied. Bei ihnen zu Hause sagte man stets nur: Wir machen jetzt Musik. Aber auf einem Schloss, da musizierte man.

Damals hatte sie den Wunsch verspürt, es richtig zu lernen, so wie sie begonnen hatte, die alten Sprachen zu lernen. Wenn Matze die Kinder unterrichtete, hatte sie dabeigesessen mit ihrer Fibel für das Lateinische. Das Französische und das Englische hatte sie auch begonnen. Doch die vielen Pflichten des Haushalts, die Sorge um die Kinder und immer wieder Heimsuchungen durch Krankheit ließen ihr keine Zeit für Gelehrsamkeit oder Zerstreuung. In den Briefwechseln mit der Gräfin von Stolberg oder der Fürstin Gallitzin sah sie jedoch bald, dass die Ehefrauen und Mütter, ganz gleich, welchem Stand sie angehörten, dieselben Sorgen und Freuden teilten. Und darauf begründete sich manch innige Freundschaft. Gräfin Katharina von Stolberg hatte ihr bald das „Du“ angeboten. Man ging im Schloss und im Claudius-Haus ganz selbstverständlich ein und aus, so wie später auch die Fürstin Gallitzin.

Rebekka hatte daher nie verstanden, woher die Wut auf den Adel kam. Voß etwa wusste so vieles über die Hoffart und die Ungerechtigkeiten zu berichten, die ihm widerfahren waren, da er einem „niederen“ Stand angehörte. Und dann kam die Revolution in Frankreich und „Aristokrat“ wurde zum Schimpfwort. Sie hatte sich gefragt, ob der Adel in Frankreich wohl von einer anderen Art sei, und hatte dies auch die Gräfin Schimmelmann gefragt. Die konnte ihr darauf keine Antwort geben, denn ihr Mann war ja eigentlich nur ein Kaufmann, der aus Dank vom dänischen König geadelt worden war. Ausbeuter und Blutsauger? Die Familie Schimmelmann hatte einen Teil ihres Vermögens mit Plantagen in Übersee gemacht, wo man Sklaven hielt. Sie erzählte bewegt von den Zuständen dort. Matthias hatte daraufhin ein Gedicht über die Klage eines Sklaven auf einer Zuckerrohrplantage verfasst:

Weit von meinem Vaterlande
muss ich hier verschmachten und vergehn,
ohne Trost, in Müh und Schande;
oh, die weißen Männer! Klug und schön!

Und ich hab den Männern ohn Erbarmen
nichts getan.
Du im Himmel! Hilf mir armen
schwarzen Mann!

Dass die Schwarzen ein Vaterland hatten und ein Ehrgefühl, das sie die Knechtschaft als Schande empfinden ließ, auf den

Gedanken waren viele nicht gekommen. Die Schimmelmanns trennten sich zwar von diesem Teil ihres Vermögens, doch eine Weile noch fragte sich Rebekka, ob die Gulden, mit denen man ihr und Claudius aushalf, mit dem Unglück und der Unfreiheit der verschleppten Afrikaner erwirtschaftet waren. Die französische Republik schaffte die Sklavenhaltung in ihren Kolonien ab. Trotzdem war Matthias überzeugt, dass allein das Mitgefühl die Welt bessern könnte und nicht die Revolution. Auch Rebekka wollte das glauben. Ihr waren in ihrem Leben nur wohlmeinende Menschen begegnet, und nie hatte ihr jemand die Wertschätzung verweigert – auch wenn sie keine Schuhe trug, während sie das Cello spielte …

War es nicht auf einem nächtlichen Heimweg durch diesen Laubengang gewesen, als sie überlegten, welches Instrument sie wohl lernen könnte, während sie scherzten und sich in Küssen verloren. Und es könnte wohl sein, dass eines ihrer Kinder seinen Weg in die Welt unter diesem Laubengang begonnen hatte.

Sie lächelte vor sich hin und spürte in sich das Gefühl, das nicht alterte: ihre Liebe zu Matthias! *Meine Reisegefährtin,* so hatte er sie oft genannt.

Wenn wir einmal streiten, dann ist es doch fast wie ein Spiel, dachte sie, weil Eheleute nun auch einmal streiten müssen, vielleicht, weil über den Zänkereien des Alltags das umso deutlicher hervortritt, was uns zueinandergeführt hat. Und jetzt, im Alter, glauben wir oft, das Ende des Weges zu sehen, und haben Grund, uns bei der Hand zu nehmen. Es ist dann auch schon im Gefühl des Abschieds, denn er geht mir vierzehn Jahre voraus. Ich bin erschöpft in diesen Tagen, aber er ist müde. Und dass er manchmal kauzige und grimmige Dinge sagt, das liegt daran, dass es ihm zu viel wird, mit welchem Geschrei die Welt sich ihm aufdrängt …

Plötzlich holte sie ein zorniger und lauter Wortwechsel auf Französisch aus ihren Gedanken heraus.

17 Ein gefährlicher Bursche

Sie wissen, alle Offiziere haben als Offiziers adliche Vorrechte. Nämlich weil, sonderlich in Kriegszeiten, Menschenleben und Glück und Unglück der armen Einwohner viel von ihnen abhängt, und oft ganz in ihrer Hand ist.

(Aus: Paul Erdmanns Fest, in: Asmus omnia sua secum portans, IV. Teil)

Juni 1813

Auf der Terrasse sah sie drei Männer, es mussten wohl die Offiziere des Trupps sein. Es gab einen heftigen Wortwechsel zwischen zweien von ihnen. Der dritte saß in einem Sessel, der aus einem Ensemble im Haus entführt worden war, und gab einige Bemerkungen zum Besten, die offenbar geeignet waren, den Disput anzufeuern. Einer der Streitenden war der Leutnant, der bei ihnen vorstellig geworden war. Sein Gegenüber zeigte ihm den zerschlissenen Ärmel seiner Uniformjacke und schien damit etwas bekräftigen zu wollen. Doch Larrison zeigte auf seine Stiefel, zupfte sich am Hosenbein und hatte wohl mehr, worüber es sich zu beklagen galt.

Rebekka verstand nicht recht, worum es ging. Es wurde zu schnell gesprochen und sie kannte auch nicht alle Worte. Überhaupt hatte sie es noch nie erlebt – nicht einmal in geselliger oder weinseliger Runde –, dass es derart zwischen Leuten zuging. Ihr fiel kein rechtes Wort dafür ein: Waren die Männer unerzogen? Manierenlos? Unbeherrscht? Sie fielen einander ins Wort, gestikulierten, stießen sich an, machten abfällige Gesten. Ob sie sich so verhielten, weil sie sich unbeobachtet glaubten?

Rebekka war im Schatten der Bäume stehen geblieben, die sich seitlich der Terrasse gruppierten. Es drängte sie, unentdeckt zu lauschen, auch wenn sich das nicht gehörte. Aber sie war sich fast sicher, dass es bei dem Wortwechsel um ihre Familie ging.

Méthode de la république hörte sie, wütend vorgebracht. Irgendetwas sollte erst morgen geschehen. Das Wort *otage* fiel, von dem sie nicht wusste, was es bedeutete.

„Attendre – pourquoi?" *Warten – warum?* Womit wollten sie warten? Das war es, was Rebekka sich fragte.

Der mit dem zerschlissenen Ärmel sprach leiser, sie konnte nichts verstehen. Larrison wurde laut, zeigte auf sich. „C'est moi, qui ..." *Er war es, der ... was?*

Der im Sessel sagte etwas und Larrison schlug ihn mit der flachen Hand auf den Hinterkopf. Von *solde* wurde gesprochen. Ob das wohl „Sold" hieß? Und dann wurde *exécuter* gesagt, und das bedeutete *hinrichten.*

„Je ne le ferai pas!", sagte Larrison und stemmte dabei die Hände in die Hüften. Rebekkas Herz begann zu schlagen, als würde ein junger Vogel sein Gefieder erproben. *Ich werde das nicht tun,* hatte er gesagt. Was konnte schon anderes damit gemeint sein als Friedrichs Verhaftung?

Ihm wurde verärgert widersprochen. Es klang nach Vorwürfen, dann verschwand der eine im Haus. Der im Sessel gab noch einen Kommentar, wurde zurechtgewiesen, erhob sich achselzuckend und verließ ebenfalls die Terrasse. Larrison, nun alleine, ließ sich in den Sessel fallen, streckte die Beine von sich, zupfte einige Halme an der Brüstung ab.

Rebekka nahm ihren Mut zusammen und trat an die Terrasse heran, und noch bevor sie durch die Öffnung gegangen war, sagte er, ohne aufzublicken: „Madame, vous marchez autour de la maison comme une espionne." Wie eine Spionin? Ihre Anwesenheit war also bemerkt worden, und nun sah er ihr entgegen, als würde er eine Antwort erwarten.

„Pardon, je ne parle pas bien le français."

„Wie gut, dass ich aber Deutsch spreche", erwiderte er, und seinem Lächeln sah sie an, dass ihn ihre Überraschung belustigte. „Meine Familie kommt von der Saar, und bis zu meinem zwölften Lebensjahr war ich Laurentzens Johann. Dann zogen wir an die Rhône und ich wurde Jean Laurissant."

„Aber als Sie vorhin bei uns waren ..."

„*Monsieur Frédéric Perth ...*" Er ahmte sich selbst lachend nach. „Ich wollte hören, was Sie sich zu sagen haben, wenn Sie glauben, ich kann Sie nicht verstehen. Es war nichts von Bedeutung, also können Sie mir nicht böse sein." Er zwinkerte gegen die Sonne, vielleicht war es auch ein schelmisches Zwinkern. Tatsächlich nahm sie es ihm nicht übel, zu groß war die Erleichterung mit ihm Deutsch sprechen zu können, *mit ihm sprechen zu können.*

Sie nahm den Korb unter dem Arm hervor.

„Sie hätten auch Grund, *uns* böse zu sein. Wir haben uns vorhin alles andere als gastlich verhalten."

„Oh, Madame, das habe ich auch nicht erwartet. Ich ... ähm ... hätte einen solchen Besuch mit dem Schürhaken aus dem Haus gejagt." Er sprach mit einem ganz sonderlichen Akzent, nicht nur in der nasalen Tonart eines Franzosen, der Deutsch sprach, es war noch etwas anderes in der Stimme. Rebekka, die nur die Orte Wandsbek, Hamburg und Darmstadt kannte, vermutete, dass es der Dialekt war, den man an der Saar sprach.

„Das ist nicht unsere Art", entgegnete sie lächelnd.

„Nein, Sie sind sehr brave Leute." Es klang ein wenig spöttisch.

„Ich habe Ihnen etwas zu essen und zu trinken gebracht." Sie reichte ihm den Korb und er nahm ihn, ohne sich zu erheben. Das fiel ihr unangenehm auf: dass er in ihrer Gegenwart Platz behalten hatte. War es Nachlässigkeit? Hatte er die Umgangsformen verlernt? Oder wollte er gar zeigen, dass er keine Achtung vor ihr hatte?

Er hob das Tuch und sah in den Korb. „Madame, ist Ihnen bewusst, dass sich bald mehrere Armeen hier aufhalten werden? Eine französische, eine dänische, vielleicht noch eine russische und eine preußische. Sie sollten Ihre Vorräte nicht verschenken. Sie sollten in Ihrem Garten ein großes Loch graben und Ihre Vorräte dort verstecken. Hungrige Soldaten sind wie Wölfe, denn sie haben oft gesehen, wie ihre verhungerten Kameraden von Wölfen gefressen wurden. Es gibt jetzt viele fette Wölfe in Russland."

„Wir sind hier aber nicht in Russland, und noch muss niemand hungern."

Er besah sich den Speck und dann den Stuten.

„Oder wollen Sie uns vergiften? Sie sehen so harmlos aus mit Ihren grauen Haaren und der gestärkten Haube darauf. Ich habe gesehen, wie Frauen wie Sie unsere Verwundeten erschlagen haben."

Rebekka wusste nicht, ob er ernsthaft befürchtete, vergiftet zu werden; sie wusste nicht, wie ein Mann dachte oder empfand, der solche Dinge gesehen hatte.

„Ich habe einen Soldaten vor Ihrer Tür postiert, damit Sie nicht einfach hinausgehen."

„Es gibt noch eine hintere Tür."

„Dann hätte er dort auch achtgeben müssen." Er stellte den Korb fort. „Ich werde ihn erschießen lassen."

„Das dürfen Sie nicht!", entfuhr es Rebekka.

„Das war ein Scherz, Madame!"

„Sie sollten sich schämen, über so etwas zu scherzen!"

„Und Sie sollten sich schämen, dass Sie glauben, ich meine es ernst."

„Sie haben mir selbst den Grund dafür gegeben, immerhin sind Sie in unserem Hause vorstellig geworden, um einen Befehl zu verlesen, in dem es um Hinrichtung geht."

Er hatte wieder die ausgerupften Halme zur Hand genommen und begann, sie ineinander zu verflechten. „Ihr ... ähm ... Schwiegersohn? Ihr Schwiegersohn hat sich wirklich etwas zuschulden kommen lassen. Er hat das Vertrauen der französischen Verwaltung missbraucht, einen Aufstand gemacht, bei dem französische Soldaten ums Leben gekommen sind."

„Das machen *Sie* ihm zum Vorwurf? Sie haben doch auch

andere Soldaten getötet. Und zu Recht müsste man wohl sagen: Wer frei von Schuld ist, werfe den ersten Stein!"

„Ja, und wer frei von Verantwortung ist, kann es sich erlauben, die Steine liegen zu lassen. Aber sehen Sie ...", er deutete in Richtung der Soldaten, die ihre Muße am See genossen. „Ich trage Verantwortung dafür, dass möglichst viele von diesen lebend nach Frankreich zurückkehren. Und Ihr Monsieur Perthes macht mir das schwer. Es ist für Sie vielleicht schwer vorstellbar, aber auch französische Soldaten haben Mütter. Wie soll ich denen erklären, dass ich einen gefährlichen Burschen wie Ihren Schwiegersohn unbehelligt ließ?"

„Mein Schwiegersohn ist kein gefährlicher Bursche. Es ist die Freiheit der Hansestädte, die ihm am Herzen liegt. Und er träumt von einer hanseatischen Republik."

Laurissant sah sie an, als habe sie ein nasses Handtuch nach ihm geworfen. Dann fing er an zu lachen. Es war kein markiertes Lachen, es war echt. Er schlug mit beiden Händen auf die Balustrade, dann sah er sie mit vor Belustigung funkelnden Augen an: „Wenn Ihr Schwiegersohn das vor dem Tribunal sagt, brauchen Sie keine Angst um ihn zu haben. Man wird ihn nicht hinrichten, sondern der Narrenfürsorge übergeben! Dann kann er in einem vergitterten Saal auf und ab gehen und jedem erzählen: Der Zar von Russland und der König von Preußen werden uns *befreien* und hier eine Republik errichten. Vielleicht trifft er dort jemanden, der ihm erzählt, wie die Engländer Spanien *befreit* haben. Mein Kaiser hatte den Spaniern nämlich verboten, Kinder mit der Inquisition zu foltern, und von diesem Tyrannen wurden sie befreit."

„In Hamburg hat es keine Inquisition gegeben, und es gab auch keine Zensur, bevor die Stadt französisch wurde", sagte Rebekka unwirsch. Der Spott des Leutnants ärgerte sie.

„Nein, und ein Katholik wie ich hätte dort nicht einmal Mausefallen verkaufen dürfen."

„Und jetzt kann man dort keine Mausefallen mehr kaufen, wenn sie englisch sind."

„Die ganze Welt ist eine englische Mausefalle und Ihre hanseatischen Patrioten stecken drin. Frankreich und die Hansestädte haben doch dasselbe Interesse: freie Weltmeere. Deswegen wollen die Engländer Zwietracht zwischen uns machen. Sie bezahlen die Preußen, die Österreicher und die Russen, damit sie Krieg gegen uns führen. Wissen Sie, wie viel die Engländer einem russischen Fürsten für ein Regiment zahlen?“

Rebekka wusste es nicht. Von diesen Dingen hatte sie nie etwas gehört.

„Und wie viel hat Ihr Schwiegersohn bekommen?“

„Er nahm kein Geld von den Engländern.“

„Aber Waffen? Waffen sind die Währung des Krieges. Und Sie wollen mir sagen, dass er kein gefährlicher Bursche sei! Er ist nicht nur gefährlich, er ist auch verwirrt.“

„Er tut, was er für richtig hält.“

„Und mein Kaiser tut, was *er* für richtig hält, und halb Europa nennt ihn deswegen einen gefährlichen Burschen.“

„Kann man ihn umstimmen?“, fragte Rebekka unvermittelt. „Den Kaiser, meine ich. Ob er wohl das Todesurteil gegen meinen Schwiegersohn zurücknimmt?“

Laurissant ließ sich in den Sessel zurückfallen und sah sie einen Moment schweigend an, als wollte er sich das Gesicht und die Gestalt der Frau einprägen, die ihm diese Frage gestellt hatte. Dann sagte er: „Unser Kaiser gerät schnell in Rage und gibt den Befehl, die hinzurichten, die ihn in Rage gebracht haben. Seine Offiziere lassen solche Anordnungen eine Weile liegen, weil sie wissen, dass der Kaiser meist nicht mehr danach fragt, wenn die Rage vorbei ist. Aber der Aufstand in Hamburg hat militärische Maßnahmen nach sich gezogen und Marschall Davout gehört nicht zu den Offizieren, die Befehle liegen lassen.“

„Und könnte man nicht den Marschall dazu bewegen, den Befehl irgendwie *abzumildern*? Wenn man unseren Schwiegersohn in Haft nehmen würde, dann wäre er auch kein ‚gefährlicher Bursche‘ mehr.“

„Madame, Kriegsgefangenschaft steht nur Soldaten und Offizieren zu, nicht Unruhestiftern, die im Bürgerrock hinter Hecken lauern oder sich hinter dem Rock ihrer Schwiegermutter verstecken."

Rebekka fühlte einen Stich des verletzten Stolzes, und obwohl sie in der Mannhaftigkeit, die zum Kriege führte, keine Tugend sah, ergriff sie das Wort für Perthes: „Mein Schwiegersohn würde es mir übel nehmen, wenn er wüsste, dass ich um seinetwillen vorspreche."

„Wie dumm von ihm. Ich wäre in seiner Lage froh, wenn ich eine Schwiegermutter hätte, die versucht, meinen Kopf zu retten."

Sie wollte aus diesem Scherz heraushören, dass er ihrem Ansinnen gewogen war, also fragte sie: „Kann man Ihrem Marschall denn eine Bittschrift zukommen lassen? Vielleicht lässt sich alles noch einmal überdenken."

„Sie wollen Marschall Davout eine Petition überreichen, in der Sie ihn bitten, die Befehle des Kaisers zu missachten?" Er lachte laut auf und ließ die Hände zusammenklatschen.

Rebekka wusste mit diesem Plauderton nichts anzufangen, mit den Scherzen, mit der Unbeschwertheit, in der der Leutnant ihren Sorgen begegnete. Oder wollte er ihr andeuten, dass am Ende doch alles eine Farce war? Dass der Befehl nichts weiter war als eine Drohgebärde, der keine Taten folgen würden?

„Madame, sind Sie so einfältig oder tun Sie so, um Mitleid zu erregen?"

„Ich bin alt, Monsieur, ich habe keine Zeit, so zu tun, als würde ich Dinge verstehen, die mir unbegreiflich sind. Ist es abwegig, Ihrem Marschall eine Bittschrift zu senden? Oder vielleicht unnötig?"

„Voilà." Er hob das Grasgeflecht wieder auf. „Ein anderer Marschall sagte einmal: ‚Würde der Kaiser mir den Befehl geben, Paris in Brand zu setzen, ich würde meine Familie in Sicherheit bringen und die Stadt anzünden.' Davout würde die

Stadt in Brand setzen, *bevor* seine Familie davon erfahren könnte." Wieder zwinkerte er ihr entgegen. „Wenn er Ihren Perthes in die Hände bekommt, wird er tun, was der Befehl sagt."

„Und Sie? Werden Sie dafür sorgen, dass er meinen Schwiegersohn in die Hände bekommt?" Rebekkas Herz begann heftig zu schlagen, als sie endlich die entscheidende Frage stellte.

„Kann ich das denn? Ist Ihr Schwiegersohn hier? Ist er auf dem Weg? Hat er sein Kommen angekündigt? Sollte man die Straße überwachen?"

Rebekka konnte nur den Kopf schütteln, verwundert darüber, dass Laurissant eine Antwort von ihr erwartete.

„Ich habe Ihnen alle Fragen beantwortet!", rief er plötzlich wütend aus und warf den Graszopf auf den Boden. „Sie wollen mir nicht antworten. Sie trauen mir nicht! Warum sollte ich Ihnen trauen? Hä?" Er war aufgesprungen und Rebekka wich unwillkürlich zurück, aber er drehte ihr den Rücken zu und legte die Hände auf die Balustrade. „Was ist, wenn wir den Befehl bekommen haben, ihn um jeden Preis zu finden? Man wird uns Scherereien machen, wenn es uns nicht gelingt. Wissen Sie, was Scherereien in der Armee sind?"

Rebekka wusste es nicht. Sie wusste nicht einmal, ob er wirklich zu ihnen geschickt worden war. Wer hätte das tun sollen? Sie sagte: „Ich habe gehört, dass Sie vorhin gesagt haben, Sie werden es nicht tun."

„Hm?" Er wandte sich wieder um, dachte kurz nach. „Oh, das haben Sie falsch verstanden. Einer meiner Kameraden machte den Vorschlag, ich sollte erst morgen melden, dass wir die Familie des Aufständischen Perthes hier angetroffen haben. Und ich sollte mir die Stunden, die ich vergehen lasse, mit Geld bezahlen lassen."

„Wir haben kein Geld", sagte Rebekka furchtsam.

„Wir haben die großen Häuser in diesem Ort gesehen. Irgendwer muss Geld haben."

Einige der Kaufmannsfamilien, die aus Hamburg herübergekommen waren, hatten Geld dabei, Wertpapiere und Wertgegenstände, um sie vor den Franzosen in Sicherheit zu bringen. Perthes freikaufen? Warum nicht? In der Geschichte dieser Kriege waren Zerstörung und Übergriffe oft durch Geld abgewendet worden.

„Darauf habe ich gesagt, ich werde das nicht tun. Der Monsieur, der das vorgeschlagen hat, kommt aus einem anderen Corps. Würde ich mich für die Missachtung von Befehlen bezahlen lassen, käme ich noch vor Ihrem Schwiegersohn vor ein Erschießungskommando."

„Sie haben es also gemeldet, dass Sie Caroline Perthes und die Kinder hier gefunden haben?"

„Ich werde es tun, ja."

„Und was wird dann geschehen?"

„Ich werde neue Befehle erhalten."

Auch wenn Rebekka begriff, dass er ihr das zu Erwartende nicht offenlegen würde, war sie nicht bereit, es dabei bewenden zu lassen. „Könnten Sie Ihrem Bericht nicht beifügen, dass wir eine Bittschrift überreichen wollen? Dass man uns sagen soll, an wen wir uns wenden können ... als getreue Untertanen des dänischen Könighauses?" Sie hatte das hinzugefügt, weil sie ahnte, dass es in neuen Bündnissen Rücksichten zu nehmen galt.

Die Finger des Leutnants trommelten an der Balustrade. „Das könnte ich tun."

„Wenn über unseren Schwiegersohn bereits entschieden wurde, dann können wir doch vielleicht etwas für unsere Tochter und unsere Enkelkinder tun?"

Er zuckte mit den Schultern und sah an der Fassade des Schlosses hinauf, als habe er das Interesse an dem Gespräch verloren. Rebekka fand es ungewohnt und befremdlich, wie wenig sie diesen Mann einschätzen konnte. Er ließ einfach nicht durchblicken, was er wirklich dachte und fühlte. Konnten sie in ihm einen Verbündeten gewinnen? Oder war er der Mann, der ihre Familie dem Unglück auslieferte?

„Würden Sie uns helfen, eine Bittschrift aufzusetzen? Es würde mich freuen, wenn Sie heute Abend unser Gast sein wollen."

Nun sah er sie an. „Sie sollten vorsichtig damit sein, mich einzuladen; ich könnte annehmen."

„Die Einladung war aufrichtig."

„Oh, ich weiß schon: Tischgebet und Enkelkinder, die mit großen Augen nach Papa fragen. Glauben Sie, dass Sie damit bei mir etwas erreichen können?"

„Ja", sagte Rebekka. „Denn wer an Gott glaubt, glaubt auch an die Menschen."

Er lachte kurz auf und sah sie lange an. Ihr war, als sollte ihr mit diesem Blick etwas gesagt werden.

„Nun gut. Ich werde kommen. Um wie viel Uhr?"

„Um halb sieben. Wir essen zu Abend. Mein Mann sprach schon gestern davon, dass er sich mit einem Gnadengesuch an Marschall Davout wenden will, aber er wusste nicht, wie er es anfangen soll."

„Nun, wenn der Wein gut ist, fällt uns vielleicht etwas ein. Ihr Mann: Was ist das für ein Patron? Was tut er?"

„Er ist Dichter."

„Er vergießt Blut mit der Schreibfeder? ‚Dort sei des Deutschen Vaterland, wo Zorn vertilgt den welschen Tand, wo jeder Franzmann heißet Feind …'"

„Nein, solche Gedichte schreibt er nicht. Er schreibt über das Gute im Menschen. Über den Glauben, den Humor und die Liebe."

„Jemand in diesem Ort sagte, er sei ein Beamter des dänischen Staates?"

„Er war Revisor bei der Altonaer Specereien-Bank. Und das Königshaus gab ihm einmal eine Donation."

„Wofür?"

„Man schrieb ihm, es sei für die Freude, die er mit seinen Schriften bereitet habe. Eine Geste des Großmuts."

Der Leutnant lachte wiederum auf diese verächtliche Art.

„Eine Geste des Großmuts? Und zu was macht Ihren Mann dieses Geld?“

„Zu was macht Sie der Sold, den Sie erhalten?“

„Heute zu einem Offizier, morgen zu einem Bürger Frankreichs, in dem das *Ancien Régime* Vergangenheit ist. Wie nennt sich das, was Ihr Mann ist? Getreuer Untertan? Büttel? Hofschreiber?“

Nur einmal in seinem Leben hatte Claudius einen Titel getragen, ein Amt bekleidet, und Rebekka dachte daran zurück, welches Unglück das über sie gebracht hatte.

18 In einer anderen Welt

In summa, Vetter, die Wahrheit ist ein Riese, der am Wege liegt und schläft, die vorübergehn, sehen seine Riesengestalt wohl, aber ihn können sie nicht sehen, und legen den Finger ihrer Eitelkeit vergebens an die Nase ihrer Vernunft.

(Aus: Eine Korrespondenz zwischen mir und meinem Vetter, in: Asmus omnia sua secum portans, III. Teil)

1775

„Herr Oberlandcommissarius Claudius!“, verkündete er nach der Lektüre des Briefes.

„Und dann bin ich wohl Frau Oberlandcommissarius“, ergänzte Rebekka heiter und sagte zu der kleinen Caroline, die sie auf den Knien wiegte: „Und du bist das Töchterchen Oberlandcommissarius!“

„Dann könnt ihr beiden mir sicher auch erklären, was das nun eigentlich ist, was ich in Darmstadt tun soll“, meinte Claudius. Rebekka und er sahen sich kurz in die Augen und lachten.

„Sagte Herder nicht, es sei eine Anstellung als geheimer Kanzleisekretär?“ Rebekka erhob sich, denn durch das Küchenfenster hatte sie gesehen, dass die Sonne hervorkam, und sie erwog, einen kleinen Spaziergang am Schlossteich zu machen.

„Ja. Aber das ist vielleicht alles dasselbe – wenn es nur einen klingenden Namen hat!“

„Matze, so darfst du den Brief aber nicht beantworten. Das hören die hohen Herren nicht gerne.“

Claudius verstand die Warnung sehr wohl: Rebekka erinnerte ihn daran, dass man auch ohne üble Absicht Übles auslösen konnte. Dass der *Wandsbecker Bothe* eingestellt worden war, lag nicht nur daran, dass die Zahl der Abonnenten stetig abnahm. Seit Claudius mit Mumssen die Reise nach Preußen unternommen hatte, war Bode ihm gegenüber missgestimmt. Er hatte offensichtlich eigene Pläne für die deutschen Freimaurerlogen und fühlte sich darin nicht nur von Claudius hintergangen. Immer öfter sprach er von einer großen Verschwörung der Jesuiten. Das Ende der Zeitung hatte er Claudius nicht einmal persönlich mitgeteilt. Bodes Frau, selbst emsig im Geschäft des Verlegens, erledigte dies mit kühler Mitteilung.

„Aber ehrlich muss man doch sein“, sagte Claudius. „Ich weiß nicht recht, was Herder dem Herrn von Moser in Darmstadt erzählt hat. Er könnte enttäuscht sein, wenn einer wie ich kommt, der nur Erfahrungen aus der eigenen Schreibstube hat.“

„Was hat man dir als Salär genannt?“

„Den Wert von 800 Gulden, der dritte Teil davon in Naturalien. Für die gesammelten Werke des *Asmus* gibt es auch eine gute Zahl von Subskribenten.“

„Mehr als 500 also in Münzen – Matze, so viel Geld!“ Rebekka, die in der Führung des Haushalts oft auf den guten Willen und den Tausch mit Nachbarn angewiesen war, dachte plötzlich daran, dass sie Dinge würde *kaufen* können; dass sie in Geschäfte gehen würde und dies oder jenes bestellen, dass Händler in ihr Haus kommen würden. Aber es würde ein Haus fern von Wandsbek sein, fern von ihrer Familie.

„Wann sollen wir nach Darmstadt kommen?“

„Anfang 1776 erwartet man uns dort. Ich werde schreiben, dass wir erst deine Niederkunft abwarten müssen.“

Rebekka wandte sich zu ihrem Mann um. Wie so oft in ihrem Zusammenleben, verständigte sie sich stumm mit ihm über das, was sie beide bewegte: Endlich ein gesichertes Einkommen, dafür aber in der Fremde. Claudius würde Beamter des Landgrafen Ludwig IX. von Hessen-Darmstadt sein. Es hieß, dass der Regent den aufgeklärten Ideen nahestand und die Situation seiner Untertanen verbessern wolle: in der Wohlfahrt, der

Bildung, der Landwirtschaft. Dazu hatte er die Oberlandkommission geschaffen. Und wie viele Regenten, suchte er loyale und zugleich fortschrittliche Geister. Claudius hatte stets betont, dass es zur Fürstenherrschaft keine Alternative geben dürfe, weil sich darin die Herrschaft Gottes über die Menschen widerspiegle. Herder teilte zwar diese Ansicht nicht, aber er unterstützte seine Empfehlung.

Mit fragenden Blicken sahen sie einander an: Wie werden wir dort leben? Was werden wir den ganzen Tag tun? Wie wird man uns aufnehmen? Was wird man von uns erwarten? Wie oft und wie rasch waren Beamte bei ihren Herren in Ungnade gefallen, wie oft wandelte sich der Sinn der Herrschenden! In Wandsbek drohte ihnen solche Gefahr nicht, wohl aber die Armut, denn Rebekka erwartete ihr drittes Kind. Schließlich trat sie auf ihn zu und küsste ihn auf die Wange – als Geste der Zuneigung, als Zustimmung zu allem, was er plante.

Am Abend saß Claudius noch lange über ein Schreiben an Staatsminister von Moser, der sein neuer Dienstherr werden sollte. Als er und Rebekka anschließend Hand in Hand in den Schlosspark hinübergingen, über dem ein winterlicher Halbmond stand, sagte er ihr leise ins Ohr:

Weihet euch nicht Gram und Leide
über die Gebühr!
Unterm Mond ist viele Freude,
und die meiste hier.

Hier wachsen Büsch und Bäume
und Blumen überall;
hier träumt man goldne Träume
zum Lied der Nachtigall.

„Das wird wohl das Einzige sein, was uns von Wandsbek bleibt“, seufzte Rebekka. Mehr sprachen sie nicht. Sie hatten begonnen, Abschied zu nehmen von dem Ort, an dem sie sich kennengelernt hatten: von dem Pfad, den sie oft hinter dem Haus entlanggegangen waren, von dem Aussichtsgerüst, das ihr Vater, der Zimmermeister, dort errichtet hatte, von der breiten Chaussee, die sich durch den Ort zog. Dabei hielten sie sich an den Händen.

Den Brief an von Moser schickte Claudius am nächsten Tag Herder zu.

Wenn ich von meiner Neigung sprechen dürfte, so ist die für ein einsames Leben, für ein nützliches Wirken im Stillen, für Feld und Wald und Bauernvolk von jeher gestimmt gewesen; das darf ich auch noch sagen, dass ich es an gutem Willen, herzlicher Tätigkeit und Treue nicht werde fehlen lassen; ob ich aber Geschick genug habe, ein Rad in der Maschine zu sein, dadurch ein Fürst seine Vatermilde über sein gutes Landvolk ausbreiten will, das weiß ich nicht.

Aber Herder mochte diesen Brief nicht weiterleiten: Er hatte sich so sehr für seinen Freund verwendet – und der schrieb nun, dass er eigentlich nur seine Ruhe habe wollte und keine anderen Fähigkeiten besäße, als die, ein treuer Untertan zu sein. Claudius hatte nie einen Hehl daraus gemacht, dass er aus Wandsbek nicht fortwollte. Aber wenn er so unverhohlen von seiner Abneigung gegen einen Posten als *Rad in der Maschine* sprach, so fühlte Herder sich in seinem Bemühen blamiert. Er beschwerte sich brieflich. Claudius las die Antwort mit einigem Erstaunen, hatte er doch bisher bei seinem Freund nie einen Hehl aus dieser seiner Wesensart gemacht.

„Bebelmus: Bedauerst du es manchmal, dass du einen Mann mit so wenig Ehrgeiz geheiratet hast?"

Rebekka lag angelehnt auf der Küchenbank, denn ihr hochschwangerer Bauch machte ihr das Sitzen schwer.

„Wenn man das Wort ‚Ehrgeiz' ganz nach seinen Bestandteilen versteht: mit Ehre geizen – dann wollte ich am liebsten gar keinen mit Ehrgeiz kennen."

„Ja, das ist sonderbar, dass dieses Wort die Fähigkeit zum Aufstieg meint. Aber da ich mich um meiner Ehre willen nie schlagen würde, muss ich wohl sagen, dass ich einzig in Bezug auf meine Ehre ehr-geizig bin."

Rebekka lachte leicht und stützte sich hoch. „Ich glaube, du musst nach der Wehmutter gehen."

Noch in der Nacht brachte sie ein weiteres Mädchen zur Welt, das auf den Namen Christiane getauft wurde.

„Ein Mann mit wenig Ehrgeiz bekommt eben Töchter", sagte Claudius, als er das wenige Tage alte Kind durch die Stube trug. Das Scherzen fiel ihm schwer. Herder und Voß gegenüber hatte er von seiner Freude auf einen Sohn gesprochen. Nun musste er sich zur Dankbarkeit über das gesunde Kind ermahnen. Er fühlte sich Rebekka gegenüber schuldig, die erneut ihr Leben gewagt hatte. Auch sie war ein wenig enttäuscht, da der einzige Sohn, den sie bisher zur Welt gebracht hatte, nach wenigen Stunden gestorben war.

Vielleicht ist es doch gut, nach Darmstadt zu gehen und einige Dinge hinter sich zu lassen, dachte sie. Aber so recht überzeugt war sie nicht, denn nie war das entbehrungsreiche Leben in Wandsbek ihr eine Last gewesen. Ähnlich wie Claudius empfand sie den Ort als Schutz vor allem größeren Unheil.

Claudius schrieb einen beschwichtigenden Brief an Herder und verfasste auch einen neuen an Herrn von Moser. Dieser ging nun nach Darmstadt und die Berufung wurde offiziell. Aus dem Gedankenspiel wurde Tatsache. Am 31. März des Jahres 1776 verließ die Kutsche mit Claudius, Rebekka, den beiden Töchtern Caroline und Christiane sowie dem Dienstmädchen Stine Wandsbek.

Es war der Aufbruch zu einer Reise – so kam es Rebekka vor. Irgendwie sträubte sie sich innerlich gegen die Vorstellung, dass ihr Leben nun eine Wende genommen hatte, denn von einer Reise kehrte man zurück. Darmstadt aber sollte ihr neues Zuhause werden. Es würde einen ganz neuen Tagesablauf dort geben, neue Nachbarn, neue Gesprächsthemen, neue Aufgaben im Haushalt. Würde alles dadurch neu und anders werden?

Als sie bei den Herders in Bückeburg eintrafen, scheute Rebekka sich, über ihre Befürchtungen zu sprechen. Sie wollte nicht undankbar erscheinen für die Empfehlung, die man ihrem Mann gegeben hatte. Außerdem brachte Caroline Herder ihr sehr viel freundschaftliche Wärme entgegen. Sie war ganz so, wie Rebekka sich diese Frau vorgestellt hatte – nach den Briefen, die zwischen Wandsbek und Bückeburg hin- und hergegangen waren. Die beiden Frauen trafen sich zum ersten Mal und Caroline Herder lernte endlich Claudius' kleine Tochter kennen, die nach ihr benannt war. Die Gespräche verliefen ungezwungen. Caroline, die von den schlechten finanziellen Verhältnissen im Hause Claudius wusste, schenkte Rebekka einige Stoffe. Die einfache wollene Landtracht, die Rebekka zeit ihres Lebens getragen hatte, musste sie in Darmstadt gegen die Kleider einer Frau Oberlandcommissarius eintauschen. Aber wie sahen solche Kleider aus? Als sie sich aus Bückeburg verabschiedete, wusste Rebekka, dass sie in Caroline eine Ratgeberin gefunden hatte, der sie sich anvertrauen konnte.

Und Rebekka brauchte schon bald Rat. Sie war es nicht gewohnt, den Tag ohne ihren Mann zu verbringen, denn der musste ja nun in die Kanzlei. All die kleinen und alltäglichen Dinge, die sie sonst mit Claudius besprochen hatte, musste sie nun allein entscheiden. In den ersten Wochen hatte sie einige Dutzend Male mit den Worten „Du, Matze …" angehoben, ehe sie sich seiner Abwesenheit bewusst wurde. Und es gab sehr viel Neues zu entscheiden: Ihr Haus war geräumig und wollte eingerichtet werden. Es lag in der Vorstadt, gleich hinter dem Tor, und der Blick ging auf einen Tannenwald, der Moelibocus genannt wurde. Aber leider gab es keinen Garten, und für Rebekka war das, als würde ihr ein Körperteil fehlen. Alle frischen Kräuter, jede Mohrrübe, jeden Kohlkopf musste sie nun auf dem Markt kaufen. Und immer, wenn sie vor die Tür ging, sah man in ihr die Frau des Oberlandcommissars.

Rebekka wusste, dass man sie beobachtete und über sie sprach. Erwartete man, dass sie das tat, was man „eine Gesellschaft geben“ nannte? In Wandsbek waren die Leute stets ohne Ankündigung vorbeigekommen: das Ehepaar Reimarus, Voß, Bode, Klopstock, als er in Hamburg weilte, Sieveking, der so begeistert von der amerikanischen Unabhängigkeitserklärung zu berichten wusste, als habe er sie selbst aufgesetzt.

Als Claudius am Abend zurückkam, erzählte er belustigt, dass man ihn gerügt habe, weil er ohne gepuderte Perücke ausging und ohne Spazierstock. Als Beamter vertrat er zu jedem Zeitpunkt den Souverän – und das sollte ihm auch anzusehen sein.

Claudius nahm die Rüge auf die leichte Schulter, und Rebekka war beunruhigt deswegen. Alles sprach in diesen Tagen von dem Dichter Schubart, der von seinem Landesherrn wegen seiner spitzen Feder in den Kerker geworfen worden war und dort den Rest seines Lebens verbringen sollte. Claudius hatte ihn einmal um ein kleines Klavierstück gebeten, denn Schubart hatte sich auch musikalisch hervorgetan. Nun lag er in Ketten, allein auf Befehl des württembergischen Regenten, ohne dass ein Gericht ihn angehört hatte.

Seit die amerikanischen Kolonisten sich gegen ihren König gewandt hatten, waren die Herrscher unruhig und empfindlich gegenüber der kleinsten Geste.

„Matze, lass es nicht so weit kommen, dass unsere Gewohnheiten uns in Schwierigkeiten bringen. Wir sind jetzt in Darmstadt und müssen uns eben an das halten, was man von uns hier erwartet.“

„Wenn ich nur wüsste, was das ist! Ich sortiere allerlei Schriften, fasse fünf von ihnen in einer zusammen und mache morgen wieder fünf daraus. Ich sitze in Besprechungen und sage nichts. Kurzum: Ich tue nichts und lasse alles!“ In seinen Augenwinkeln lagen die kleinen Fältchen der Erheiterung, doch Rebekka kannte ihn gut genug um zu spüren, dass er damit ein ernstes Unbehagen überspielte.

Claudius hatte begonnen, den dritten Teil des *Asmus omnia sua secum portans* vorzubereiten, aber es wollte nicht vorangehen. Neues zu schreiben, fiel ihm ebenfalls schwer.

„Asmus kann ich doch nur in Wandsbek sein", sagte er.

Aber er schrieb Briefe an die Freunde, aus denen er Rebekka vorlas. So ließ er Voß wissen:

Die Gegend ist hier ein Paradies, ich habe auch Essen und Trinken und noch übrig zu Coffee und Tabak, aber so sehr am rechten Ort als in Wandsbeck bin ich hier nicht; so gute Luft für meine Brust und so gute Freunde für mein Herz habe ich hier auch nicht. Die Leute lieben hier Frisur und Puder so sehr wie in Hamburg und Lübeck, ich lasse aber doch nur alle Sonntage einstreuen.

Wir haben einen großen Saal für Fremde, eine gute Stube für uns, und eine andere, wo der Nachttopf steht, und noch eine für Stine und eine Küche und einen Holzstall und ein Waschhaus und keinen Garten und keinen Garten, und so hol der Henker den großen Saal und die Stube für uns und die Stube mit dem Nachttopf und Küche und Keller und Waschhaus.

Auch das hatte er mit den heiteren Fältchen gelesen. Aber Rebekka lächelte bekümmert, denn sie hatte begriffen, dass der Garten für etwas anderes stand, das ihnen fehlte. Darüber wollte der eine mit dem anderen nicht sprechen, damit sie einander nicht den guten Mut nahmen.

Rebekka wollte sich Rechenschaft ablegen über das, was ihr fehlte. Wenn sie das im Abendgebet tun wollte, stellte sie oft erschrocken fest: Wie selten habe ich heute an Gott gedacht! Das Gebet am Morgen, das Tischgebet, das alles kam ihr dann vor, als sei der Gedanke an Gott ein gutes Stück Porzellan, das man nur zu bestimmten Anlässen hervorholte. Es war, als sei die Nähe zu Gott in Wandsbek geblieben.

„Lies mir doch ein wenig aus der Bibel vor", sagte sie zu Claudius am Abend. „Vielleicht die Geschichte mit Jona."

Er holte seine Bibel hervor, die sein Vater ihm als achtjährigem Knaben geschenkt hatte. Sie hatte einen schwarzen Ledereinband, darauf waren die Initialien „M. C." in Gold geprägt. Auf das Vorsatzpapier hatte sein Vater geschrieben: „*Matthias Claudius. Mein Sohn, dein Leben lang habe Gott vor Augen und im Herzen. Und hüte dich, dass du keine Sünde willigest und tust wider Gottes Gebot.*" Der Vater war vor drei Jahren gestorben und Claudius hatte viele Stunden schweigend und in sich gekehrt vor dieser Widmung gesessen.

„Warum nicht gleich die Geschichte von Daniel in der Löwengrube?", meinte er nun mit scherzendem Ton.

„Ist es dir denn wie in der Löwengrube hier?"

„Es gibt eben manche Irrung zwischen mir und dem Herrn Direktor Eymes. Herr von Moser will ja diese Zeitung machen, die *Hessen-Darmstädtische privilegirte Land-Zeitung*, deren Herausgeber ich sein soll. Ich stell sie mir wie den *Wandsbecker Bothen* vor. Eymes sagt mir nun, er wolle keine Zeitung nachäffen, die eingegangen sei, und ich müsste daraus doch etwas gelernt haben. Nun, ich habe daraus gelernt, dass Postillen und Gebetbücher sich besser verkaufen als gelehrte Bücher. Im Falle der Gebetbücher will ich darüber auch nicht klagen, wenn sie denn nicht nur für die Lippen sind, sondern auch für's Herz. Er sagt, es habe eher an den einfältigen Reimen gelegen, die es im *Wandsbecker Bothen* zu viele hatte. Wenn er so denkt, frage ich ihn, warum will er dann einen Herausgeber wie mich? Ich wäre nun ein Beamter, sagt er, und müsste tun, was mein Dienstherr von mir erwartet. Das will ich gerne, antworte ich, aber wenn er von mir verlangt, dass ich ein anderer werde, dann wird das wohl kaum gehen. Darüber entscheidet nur unser höchster Herr und darum wollt ich auch gar nicht bitten. Ich bin hergekommen, nicht ehrlich und schön zu schreiben, sondern ehrlich und schön zu handeln."

„Und was sagt der Herr von Moser zu alldem?"

„Der hat ein schönes Programm aufgestellt. Bürgerliche Rechte kommen darin vor, und die Beamten sind darin nicht die Diener des Souveräns, sondern des Volkes. Er muss die höheren Beamten für sich gewinnen und wird es sich um meinetwillen nicht mit ihnen verderben wollen."

„Dann lies also doch von Daniel in der Löwengrube", sagte Rebekka und gab sich einen scherzenden Ton. Doch es war ihr ernst damit, dass nur in Gottes Wort ein Rat in dieser Angelegenheit zu finden sein konnte. Genau wie ihr Mann, nahm sie die Bibel als ein Zeugnis von wirklichen Geschehnissen ebenso wie eine Sammlung symbolischer Geschichten. Die Wahrheit und das Symbol waren eine Einheit, denn die Geschichte der Menschheit war als Ganzes ein Symbol für Gottes Wirken. Genau das sagte auch Herder in seinen Schriften, und als Rebekka dies zum ersten Mal verstanden hatte, da hatte sie bei sich gedacht: Das ist doch selbstverständlich. Warum muss man darüber so viel argumentieren? Aber inzwischen hatte sie gelernt, dass viele über die Heilsgeschichte anders dachten – sie sei eben nur Symbol, deren Wahrheit von den Menschen hinzugedacht, ja hinzuerfunden worden sei. Das könne man etwa daran sehen, dass die Bibel von vielen Zeichen berichte, die man in der heutigen Welt nicht mehr finden könne. Da gab es Feuersäulen und zerrissene Vorhänge, da teilte sich ein Meer und ein Engel rollte Felsblöcke hinfort. Dies seien Bilderwelten, vergleichbar mit den Geschichten der alten Griechen, die am Ende einzig etwas über den Menschen sagten und nichts über das Göttliche.

Claudius war dagegen überzeugt, dass die Zeichen in der Gegenwart nur anderer Natur seien, weil die Menschheit sich verändert habe. Darum habe sich auch Gottes Art verändert, sich zu offenbaren.

Die Gespräche mit Bode und Voß hatten sich oft um dieses Thema gedreht: inwiefern es die Aufgabe dieser Generation sei, ein neues Bewusstsein für diese Zeichen zu schaffen und den Symbolen eine neue Wirklichkeit zu geben. Sie sahen dies als Aufgabe der Freimaurerei an: Sie sollte keine neue Sprache sein, sondern etwas wie ein neues Vokabelbuch für die ewige Wahrheit und ihre neuen Zeichen.

Claudius suchte verstärkt nach neuen Einnahmequellen, denn er zweifelte daran, dass er den Posten in Darmstadt lange halten konnte oder wollte. So bot er sich für Übersetzungen an. Zu jener Zeit in Darmstadt war es ein Werk über den ägyptischen König Sethos. Davon gab es eine englische Ausgabe, aber das Original stammte von dem französischen Autor Jean Terrasson. Die Freimaurer hatten Interesse an der Schrift.

Man trug Claudius zu, dass Moser, mit dem er gut auszukommen glaubte, allerlei Schlechtes über ihn sagte. Etwa: „*Er war zu faul, mochte nichts tun, als Vögel singen hören, Klavier spielen und spazieren gehen …*"

Die harschen Worte sah er Moser allerdings nach, denn längst hatte sich gegen den fortschrittlichen Geist Widerstand am Hof formiert. Auch gegen Moser gab es alle Tage üble Nachrede. Intrigen und Unwahrheiten, so schien es Claudius, wuchsen wie die Schlingpflanzen ohne jegliches Zutun. Die Wahrheit dagegen war ein Riese am Wegesrand, der von dem Unkraut überwuchert und erstickt zu werden drohte. Würde er sich erheben und das böse Kraut zerreißen?

Claudius hatte oft Tage, an denen sich ihm die Brust zuschnürte, an denen er gegen Husten und Atemnot kämpfte. Am Abend nach einer launigen Feier wollte es gar nicht mehr aufhören und Rebekka musste den Arzt rufen. Der stellte eine Brustfellentzündung fest, und das war eine Sache auf Leben und Tod. Rebekka hatte sogleich den Gedanken, dass ihr Mann nur in Wandsbek wieder gesund werden könnte. Aber eine Reise dorthin konnte er nicht antreten. Ob seine Sehnsucht nach dem Zuhause so übermächtig gewesen war, dass der himmlische Herr selbst ihn heimholen wollte?

19 Wahrheit und Irrtümer

Ich lag und schlief; da fiel ein böses Fieber
im Schlaf auf mich daher
und stach mir in der Brust und nach dem Rücken über
und wütete fast sehr.

Es sprachen Trost, die um mein Bette saßen;
lieb Weibel grämte sich,
ging auf und ab, wollt sich nicht trösten lassen
und weinte bitterlich.

Da kam Freund Hain: „Lieb Weib, musst nicht so grämen,
ich bring ihn sanft zur Ruh.“
Und trat ans Bett, mich in den Arm zu nehmen,
und lächelte dazu.

(Aus: Nach der Krankheit 1777, in: Asmus omnia sua secum portans, III. Teil)

Frühjahr 1777

Für Rebekka war die ganze Darmstädter Episode ein Fieber, das ausgeschwitzt werden musste. „Darmstadt ist nicht gesund für uns, Matze“, sagte sie, als sie ihrem Mann eine kräftigende Brühe brachte.

Die Eifersüchteleien am Hofe hatten das Klima in der Landkommission vergiftet. Sie sei doch nur eine Einrichtung, die allerlei Beamten Pfründe verschaffen sollte, sagten die, die von den Pfründen ausgenommen waren. Claudius' Name wurde oft genannt, wenn es um das Unnütze der Kommission ging. Moser legte ihm schließlich nahe, zu demissionieren.

Claudius wusste wohl, wie solch eine Sache am Ruf hängen

bleiben konnte, doch wozu um ein Amt kämpfen, an dem ihm nichts lag? Dass er die Brustfellentzündung überstanden hatte, war für ihn ein Zeichen, sich auf das zu besinnen, was in seinem Leben Bestand hatte: ein Bote zu sein. Es wurde beschlossen, Rebekkas Niederkunft im Juni abzuwarten und dann nach Wandsbek zurückzukehren.

Wieder kam ein Mädchen zur Welt, das auf den Namen Anna getauft wurde.

„Da haben wir doch zumindest etwas vorzuweisen, was uns in Darmstadt gelungen ist", sagte Claudius heiter zu seiner Frau, die im Wochenbett lag.

„Aber warum musste uns denn der einzige Sohn, den wir hatten, sterben, Matze? Es ist schön, gesunde Töchter zu haben, aber es wäre schön, auch einmal einen gesunden Knaben zu haben. Es ist eine Gnade Gottes, dass wir uns von unseren Krankheiten erholen, aber eine größere Gnade wäre es, erst gar nicht krank zu werden. Es ist dankenswert, dass wir immer wieder ein Auskommen finden, aber es würde uns eine Last nehmen, wenn wir darum nicht immer wieder bangen müssten."

Claudius nahm ihre Hand. „Es ist doch ein dummer Aff, der glaubt, immer in die höchsten Zweige klettern zu müssen, weil dort die süßesten Früchte sind; denn dort sind die Zweige auch am dünnsten und er stürzt am tiefsten. Haben wir in diesem Moment nicht alles an Glück?"

„Ich hab auch Glück!", rief Caroline lautstark, die am Fußende des Bettes hangelte. Man hörte wohl, dass sie gar nicht recht wusste, was damit gemeint war, und doch drückte ihr lebensfroher Ruf alles aus, was man darunter verstehen konnte.

„Dann nehmen wir also all unser Glück und gehen zurück nach Wandsbek!"

In Wandsbek empfing man sie mit großer Freude. Der Strom der bekannten Besucher setzte wieder ein: Voß kam vorbei und der Arzt Mumssen, Klopstock natürlich, allerlei Nachbarn und einige aus der Hamburger Gesellschaft, in der viele dachten: Der Claudius bringt so recht gar nichts zustande.

Nun wurden also wieder Briefe geschrieben, aber um eine Anstellung fragte Claudius darin nicht mehr. Es ging um Aufträge für Übersetzungen oder um Abdrucke seiner Texte. Der dritte Teil der *Asmus-Sammlung* erschien und eine erste finanzielle Verlegenheit wurde durch eine Donation aus dem dänischen Königshaus gelindert. Mancher behauptete, man bezahle Claudius dafür, dass das, was er schrieb, die Fürsten auch weiterhin nicht beunruhigen würde.

Nach ihrer Rückkehr stellte Rebekka fest, dass ihr Wandsbek erschien wie ein Paar Brautschuhe: Sie passten noch recht und schlecht, sie waren das Hübschste in ihrem Besitz, weil sie mit besonderen Erinnerungen verbunden waren. Aber wenn sie sie anzog, so war sie doch nicht dieselbe Frau, die vor den Pfarrer getreten war. So war sie auch jetzt, da sie wieder in Wandsbek lebten, nicht mehr die, die von hier fortgegangen war. Claudius ging es nicht anders.

Wandsbek begann sich zu verändern. Ob zum Guten oder zum Schlechten, das wussten beide nicht zu sagen, aber auf eine Weise waren sie sich darüber einig, dass jede Veränderung auch eine Änderung im Wohlbefinden nach sich ziehen musste. Es wurde eine neue Straße gebaut, mehr und mehr entstanden große Häuser, in denen die Hamburger Bürger ihre Wochenenden oder die Sommerfrische verbrachten. Eine Tuchfabrik wurde gebaut und brachte zahlreiche Arbeiter aus der Fremde nach Wandsbek. Viele von ihnen kamen aus Aachen, und das bedeutete, dass sie katholisch waren, was in dem Ort ungewöhnlicher war als der jüdische Glaube – denn mit der Familie Abrahams hatte man dort schon lange Nachbarn mosaischen Glaubens.

Fremde kamen, Vertraute gingen neue Wege: Herder hatte durch Goethe, der inzwischen als Geheimrat dem Hofe von Sachsen-Weimar angehörte, eine Empfehlung erhalten und konnte Bückeburg verlassen, um Hofprediger bei Herzog Carl August zu werden.

Voß hatte nach Jahren der heimlichen Liebe endlich die Einwilligung der Familie Boie erhalten und konnte seine Ernestine heiraten. Doch der *Musen-Almanach* alleine würde keine Familie ernähren können, also nahm Voß die Stelle eines Rektors in dem Örtchen Otterndorf an. Kaum ein Jahr, nachdem Rebekka und Claudius zurückgekehrt waren, verabschiedeten sie sich von dem Freund.

Etwa zur selben Zeit trafen zwei junge Gäste in Wandsbek ein. Es waren die Söhne des Hofkammerrats Friedrich Jacobi. Dieser hatte über den Hamburger Kreis von Claudius erfahren und von dem guten Einfluss, den er auf seine Zöglinge ausübte. Wie viele seiner Zeitgenossen war Jacobi der Ansicht, dass Erziehung eben nicht nur daraus bestand, den jungen Leuten eine gerade Haltung und das Rechnen beizubringen. Man hatte ihm berichtet, Claudius gleiche in seiner Art und in seinem Auftreten sehr dem Schulmeister Johann Heinrich Pestalozzi, der in der Schweiz eine Erziehungsanstalt in ganz neuem Stil begonnen hatte. Der wichtigste Grundsatz dort lautete, dass es das gute Beispiel brauche, um in den Schülern das Gute zu bewirken. Genau das entsprach auch Claudius' Überzeugung, obwohl er selbst nie ein Erziehungsprogramm aufgestellt hatte. So kam es, dass Jacobi der Familie Claudius seine Söhne zur Erziehung anvertraute, was den Wandsbekern nicht nur ein zugesagtes Entgelt einbrachte.

„Na, wenn wir denn schon selber keine Söhne haben, dann müssen wir uns eben welche leihen", scherzte Claudius, als Jacobi wieder aufbrach. „Und wenn wir dereinst eigene Söhne haben sollten, dann haben wir an Ihren schon geübt."

Das nächste Kind, das Rebekka am 3. September 1779 zur Welt brachte, war wieder ein Mädchen. Es wurde auf den Namen Auguste Ernestine Wilhelmine getauft, denn Ernestine Voß war eine der Patinnen. Ihr erstes Kind war ein Knabe, und auch Caroline Herder brachte nur Knaben zu Welt … Rebekka konnte nicht umhin, sich in ihren Briefen zu beklagen, dass ihre Freundinnen Söhne bekamen und sie nur Mädchen, das sei doch auf eine Weise ungerecht.

Aber über Caroline Herders Glück lag ein Schatten. Ein hübscher Schatten, wie man in Weimar allgemein sagte, denn dieser Schatten trug den Namen Sophie von Schardt. Sie war mit ihrer Tante, der Gräfin von Bernstorff, nach Weimar gekommen. Die fünfundzwanzigjährige Sophie, gefangen in einer unglücklichen Ehe, verkörperte ganz und gar die Grazie der neuen Zeit: Sie war empfindsam und wissbegierig. Und so suchte sie bei Herder um Griechischunterricht nach. Caroline und Herder nannten sie „Herzensschwester", aber es ging bald das Gerücht, dass der elf Jahre ältere Herder nicht nur geschwisterliche Gefühle für Sophie hegte. Das Gerücht drang auch bis in die holsteinische Heimat der Bernstorffs und nach Wandsbek. Herder widmete Sophie seine „Lieder der Liebe" und schrieb ihr schwärmerische Briefe, über deren Inhalt es allerlei Andeutungen gab. Zumindest fand man es verdächtig, dass die Worte „rein" und „unschuldig" allzu oft auftauchten, sodass man – was ihren Umgang betraf – vom Gegenteil ausgehen musste.

„Du musst ihn darüber zur Rede stellen!" Rebekka zupfte an den Rockaufschlägen ihres Mannes, was nicht viel half, da die Kinder an seinen Rockschößen hingen und ihren Spaziergang einforderten. Doch er musste sie vertrösten, da Herder seinen Besuch angesagt hatte, und seine Kutsche war schon auf der Chaussee nach Wandsbek gesehen worden.

„Worüber soll ich mit ihm reden? Über den Tratsch der Dienstboten?"

„Caroline Herder ist kein Dienstbote", sagte Rebekka mit einem gewissen Grimm, denn Caroline hatte sich bisweilen beklagt, dass Haushalt und Kinder ihr kaum Zeit für etwas anderes ließen. „Und denk dir nur, wie sie unter diesen Gerüchten leidet! Da spielt es ja eben keine Rolle mehr, ob etwas daran ist. Sie möchte in Sophie eine gute Freundin haben!"

„Was wird Herder schon um meine Ermahnungen geben? Er

wird in dieser Sache wie in allen anderen ganz eigen sein. Heute ist Goethe sein bester Freund, morgen sein ärgster Feind; heute will er die Republik, morgen selbst einen Adel; heute ist er ganz in Demut vor Gott und morgen schreibt er, als würde es ihn nicht geben!“ Claudius schob den Hund beiseite, der ebenfalls die Zeit zu einem Spaziergang gekommen sah, und öffnete die Tür.

„Nein, mit Ermahnungen darf man ihm nicht kommen“, stimmte Rebekka zu. „Und was wir von den Gerüchten gehört haben, würde ich auch nicht erwähnen, Herder kann ja bisweilen so empfindlich sein. Aber sprechen musst du mit ihm darüber! Schon um Carolines willen. Denk nur, wie viel wir ihr zu verdanken haben!“

„Ich soll also mit ihm darüber sprechen, ohne mit ihm darüber zu sprechen?“ Claudius sah seine Frau mit gehobenen Augenbrauen an. „Verzeih, aber solche Talente besitzen nur die Frauen!“

In diesem Moment wurde der dunkle Aufbau der Kutsche sichtbar, die langsam auf Wandsbek zurollte. Einige Kinder und bellende Hunde gaben ihr auf der letzten Wegstrecke das Geleit. Claudius hatte seinen Freund zuletzt vor sieben Jahren gesehen, und er hatte den Eindruck, dass Herder gleichermaßen hagerer und aufgeschwemmter geworden war. Das Kinn lag etwas schlaff über der Halsbinde, die Wangenknochen traten dagegen hervor. In Weimar hatten die Blattern grassiert, auch im Hause Herder. Die Sorge mochte ihn ausgezehrt haben. Aus Angst vor Ansteckung war er eine Weile in das Haus der von Schardts gezogen – was den Gerüchten um ihn und „die kleine Griechin“ nur neue Nahrung gegeben hatte.

An Herders Seite stieg sein neunjähriger Sohn Gottfried aus und machte sich artig bekannt. Zunächst versuchte er ganz wie ein Großer zu wirken, als aber Christiane und Caroline ihn auf die Abenteuer in den Gärtchen und Schonungen von Wandsbek neugierig machten, da vergaß er den guten Reiseanzug und war bald in einer Gruppe lärmender Kinder verschwunden.

Gleich bei der Begrüßung betonte Herder, dass er nicht lange bleiben könne. Doch bald umfing ihn das geruhsame Leben in Wandsbek, er fragte nach gemeinsamen Bekannten und erzählte von seinem Besuch bei „Vater“ Gleim, der es mit ihnen allen stets so gut meinte. So vergingen die ersten beiden Tage. Claudius bemerkte wohl, dass sein Freund oft mit den Gedanken abschweifte und dann hastig nach einem unverbindlichen Thema suchte.

„Das ist also euer neues Haus“, sagte Herder, als sie von der kleinen Wiese, auf der die Kuh stand, hinüberkamen. „Ich weiß wohl noch, als du in deinen Briefen von der bittren Armut klagtest – und doch immer Vertrauen hattest, dass Gott es schon richten wird.“ Herder ließ seinen Blick über das Gebäude schweifen, das aus einem zweigeschossigen Mittelbau bestand und zwei jeweils in sich versetzten Seitenflügeln.

„Der liebe Gott hat diesmal durch das dänische Königshaus gewirkt“, sagte Claudius augenzwinkernd. „Man hat mich wissen lassen, dass ich in Zukunft mit einer jährlichen Rente rechnen kann. – Wollen wir nicht in den Park der Schimmelmanns hinübergehen? Der alte Graf ist im vergangenen Jahr gestorben und ...“

„Nein, nein, nur keine herrschaftlichen Vorzimmer mehr! Wie sehr mir Weimar das verleidet hat! Ich werde ja ohnehin bald nach Hamburg weiterreisen. Ich werde die von Schardts dort wiedertreffen.“

Claudius war dankbar für das Stichwort, denn Rebekka begann schon zu drängen: „Nun sprecht nicht wieder nur über den Mond und die Seelenwanderung! In Weimar glaubt Caroline, ihr Mann wäre abgereist, um sie unbeobachtet betrügen zu können!“

Also fragte Claudius: „Wo hast du die Schardts denn zuletzt gesehen?“

„Im Harz ... ich kann dir kaum in Worten beschreiben, wie sehr ich Sophies Gesellschaft schätze! Sie ist in allen Dingen so einsichtig und so zartfühlend!“

„So mancher sieht offensichtlich hinter eurem Umgang etwas ganz anderes …"

„Ja, weil es in Weimar viele solcher Geschichten gibt!", fiel Herder ihm sogleich ins Wort. „So wie man dort mit Verliebtheit kokettiert, ist man nicht in der Lage, sich die Reinheit und die Unschuld vorzustellen, die in unserer Seelenverwandtschaft liegt!"

„Lieber Freund, in solchen Dingen geht es ja nun leider darum, was darüber gesagt wird, und nicht, was tatsächlich ist."

„Und das sagt mir der Bote, der uns Wahrheit bringen will?" Herder stieg die Röte ins Gesicht.

„Die Wahrheit ist, dass Caroline unter solchen Gerüchten zu leiden hat!", entgegnete Claudius ruhig.

„Ihr ist Sophie eine ebenso gute Freundin wie mir!"

„Dann müsste Weimar das Paradies vor dem Sündenfall sein … Und da würdest du mir wohl selbst widersprechen!"

„Wir tragen das Paradies und die Unschuld in uns selbst! Ist dir der Glaube daran denn ganz verloren gegangen?"

„Ich habe stets daran geglaubt, dass es unserer irdischen Daseinsform nicht gegeben ist, dieses Paradies zu verwirklichen. Und die Vorbereitung auf dieses andere Leben liegt in der Innerlichkeit."

„Ach ja: Da du ja so aufmerksam bist, was die Gerüchte in Weimar betrifft, so sollte ich dir sagen, dass es auch so manches Gerücht darüber gibt, dass du *Des Erreurs et de la Vérité* übersetzt. Du magst das für einen Leitfaden zur Innerlichkeit halten, aber dieses Buch steht noch in einem ganz anderen Ruf!"

Bei dem Eifer, mit dem Herder das Thema gewechselt hatte, war es Claudius offensichtlich, dass sein Freund es vorzog, darüber zu reden.

Es war der Graf von Haugwitz gewesen, der Claudius auf diese Schrift aufmerksam gemacht hatte. Nach seinem Eintritt in die Loge *Zu den drei Rosen* hatte Claudius mit Mumssen, dem Logenmeister, im Jahr 1775 eine Reise unternommen, die sie auch nach Berlin führte. Die Hamburger Rosenloge hatte sich einer preußischen Großloge angeschlossen, und so hatten sie die dortigen Meister und Großmeister aufgesucht. Der Graf von Haugwitz war einer von ihnen und derjenige, dem sich Claudius sogleich am nächsten fühlte. Von diesem Grafen hieß es im Umfeld der preußischen Gesellschaft, „er sei nicht ganz von dieser Welt“, hatte er sich doch auf einer Italienreise mit allerlei seltsamen Zeitgenossen getroffen. Darunter waren selbst ernannte Alchemisten und Magier, und auch dem Katholizismus war er offensichtlich zugeneigt.

Claudius hatte davon gehört, dass man dort die Schrift *Des Erreurs et de la Vérité* eines unbekannten französischen Denkers als heimlichen Vorstoß der Gegenreformation las. Er aber las hinter den Worten des Verfassers eine tiefere Wahrheit, die weder etwas mit Konfessionen noch mit Geheimbündelei zu tun hatte und für eine Übersetzung eine besondere Herausforderung darstellte.

„*Es ist wahr, der Sinn des Verfassers wird mir alle Tage heiliger und ich weiß es dir noch einmal zu sagen, wenn überhaupt das Übersetzen seines Buches nicht nach seinem Sinn wäre, so mag ich's nicht übersetzen*. Denn du weißt ja: Jede Übersetzung ist auch eine Auslegung. *Was also hast du denn, du Lieber, gegen das Buch, das ich übersetze? Zeige mir doch eine Stelle an, die du für böse hältst!*“

„Du sagst es ja selbst: Jede Übersetzung ist eine Auslegung, und Bode hat zu *Irrtümer und Wahrheit* bereits einen Schlüssel in Umlauf gebracht, sein *Examen impartial du livere.* Bode ist nun einmal der Überzeugung, dass es sich bei diesem Buch um eine Dienstanweisung an die Jesuiten handelt, die als die sogenannten *geheimen Oberen* in Wahrheit die Geschicke der Logen von der *Strikten Observanz* leiten.“

„Einen Augenblick.“ Claudius verscheuchte eine Fliege, so als wolle er diese wirren Sätze vertreiben. „Unser Johann Bode, der dicke Mann“, sagte er in lächelnder Erinnerung an die Zeiten, da Bode sein Verleger gewesen war. Inzwischen lebte er in Weimar, wo er das Vermögen der Gräfin von Bernstorff – Sophie von Schardts Tante – verwaltete und sich um die Wiederbelebung der *Anna-Amalia-Loge* bemühte. Auch hieß es, dass er Goethe für die Freimaurerei gewonnen hatte.

„Unser Bode“, wiederholte Claudius, „ist der Ansicht, dass die Hochgradmaurerei ein Versuch der Jesuiten ist, die Freimaurerei zu unterwandern und für ihre Zwecke zu nutzen.“

„Ganz recht! Dein Freund von Haugwitz und Zinnendorf treiben in der *Strikten Observanz* allerlei okkulten Unsinn. Und Bode will auf dem nächsten Konvent der Freimaurer daher durchsetzen, dass die Hochgradpraxis unterbunden wird …“

„Er war doch einst ihr glühendster Verfechter“, warf Claudius ein.

„Die Reise, die Mumssen damals mit dir unternahm, hat er wohl als verschwörerisch empfunden. Er misstraut Leuten wie Haugwitz und Zinnendorf. Denk doch nur: Wenn Bode recht hat mit seinem Verdacht, dann ist alles ad absurdum geführt, wofür die Freimaurerei je stand!“

„Ich weiß immer noch nicht recht, was für ein Verdacht das sein soll. Bode selbst gründet doch Logen wie … wie andere Leute Kartoffeln säen. Und wenn darin auch Jesuiten sind, so verschafft mir das keine schlaflosen Nächte.“

„Wie könntest du auch sonst solch ein Buch übersetzen!“ Herder hatte beide Hände geballt. „Bode hat viele vor diesem Buch und seinen Hintermännern gewarnt. Goethe glaubt ihm darin und spricht immerzu von einer Rotte, die im Dunklen schleicht. Und wenn du dieses Buch übersetzt, gehörst du dazu!“

„Ich weiß immer noch nicht, wozu ich dann gehöre: Zu den Jesuiten? Zu den Verschwörern? Zu der falschen Art von Freimaurern? Haugwitz warf man zuletzt vor, dass er den Herrnhutern zu nahe stehe. Wie das nun passt zu den Jesuiten und den Freimaurern, wer kann das sagen? Herder, Freund, das ist doch alles wirres Geschwätz! Am Hof von Weimar scheint man sich sehr zu langweilen.“

„Naja … also … Dann geht es dir mit dem Buch so wie mir mit Sophie. Es ist viel üble Nachrede im Spiel!"

Claudius wiegte den Kopf. Er wusste, dass sein Freund in manchen Dingen keinen Spaß verstand, doch er sagte: „Nun, die Dinge zwischen Männern und Frauen hat Gott auf eine bestimmte Art gefügt, die wir immer darin sehen, denn sonst wären wir ja selbst nicht in der Welt. Die Dinge zwischen mir und *Des Erreurs*, nein, die fügt weder unser Bode noch der Herr Goethe."

„Wenn du also in dieser Sache keinen Rat annimmst, wirst du es erleben, dass man in dir nur noch den Werber für die Hochgradmaurerei und ihre Tempelherrenspielchen sieht. Deine Freundschaft zu von Haugwitz trägt im Übrigen dazu bei: Er hat doch diesen Bund der Kreuzfrommen begründet – und es heißt, du gehörst dazu."

„Ich finde darin, ebenso wie in *Des Erreurs,* einen Blick auf die Welt, der hinter die Täuschungen schaut, hinter den Schleier …"

„Ja, und hinter alles, was als vernünftig gelten kann!"

Herder hatte dies vorwurfsvoll gesagt. Sie waren die letzten Schritte zur Gartenpforte gegangen. Rebekka trat mit ihrer Tochter Trinette auf dem Arm aus dem Haus und rief der Magd etwas zu.

Claudius fasste seinen Freund beim Arm. „Wären wir nicht in der Lage, hinter den Schleier zu blicken, würden wir alles nur mit der Vernunft betrachten, dann würde ich dort nur ein Haus aus Backsteinen sehen und eine Frau mit einem Kind auf dem Arm. Aber ich sehe ein Zuhause, ich sehe eine Gefährtin, mit der Gott mich verbunden hat, und ich sehe ein Geschöpf, das aus unserer Liebe hervorgegangen ist. Es mag nun viele Philosophen geben, die uns beweisen wollen, dass der Mensch eigentlich ein Tier ist und das Tier nichts weiter als eine Maschine … Wenn es nur noch den Jesuiten erlaubt sein soll, das Göttliche in allem zu sehen, dann mag ich gerne als einer von ihnen gelten. Dort, wo unsere Vernunft endet, beginnt unser Glaube."

„Da kommt ein Wetter von Hamburg herüber", rief Rebekka. „Seht zu, dass ihr ins Haus kommt!"

„Es ist gut, ein festes Haus zu haben, wenn Regen kommt", meinte Claudius heiter, aber Herder erwiderte nichts.

Eine Woche verbrachte Herder in Wandsbek. Nachdem er abgereist war, ließ er so manchen wissen, mit Claudius könne man nicht mehr reden, kauzig sei er geworden. An einen Freund schrieb Herder:

Das Buch Des Erreurs ist mir immer abscheulich gewesen. Mit dem Übersetzer Claudius habe ich mich deshalb einmal als über eine Giftmischerei ordentlich überworfen.

Lange Zeit versuchten Rebekka und Caroline Herder in einem Briefwechsel, zwischen den Männern zu vermitteln. Dann wurde bekannt, dass das Buch *Des Erreurs et de la Vérité* von dem Hochgradfreimaurer und Ordensmeister Louis Claude de Saint-Martin verfasst worden war, und das schien alle Verdächtigungen gegen das Buch zu bestätigen – und zugleich gegen seinen Übersetzer Claudius. Goethe nannte Saint-Martins Philosophie geringschätzig ein Gebinde aus den *Strohseilen des Wahns und der Beschränktheit*. Andere mutmaßten, Claudius bereite so seinen Übertritt zum Katholizismus vor.

Bode gelang es, die Ächtung der Hochgradmaurerei in den deutschen Logen durchzusetzen. Und um dem Einfluss der Jesuiten vorzubeugen, musste ein neuer Geheimbund her. Bode schloss sich den von Adam Weishaupt begründeten Illuminaten an und konnte auch Goethe dafür gewinnen. Es wurde gemunkelt, dass Goethe dies auf Weisung seines Herzogs tat, der dadurch die Kontrolle über die Umtriebe der Freimaurer gewinnen wollte. Denn längst wusste man, dass diese Leute sich nicht nur zu harmloser Geselligkeit trafen: In Amerika hatten sie die Republik begründet und eine Verfassung aufgesetzt. Welche Absichten also verfolgten sie auf deutschem Boden?

Ich bin kein Freund von neuen Meinungen und halte fest am Wort. So gar hasse ich das Kopfbrechen an Religionsgeheimnissen; denn ich denke, sie sind eben darum Geheimnisse, dass wir sie nicht wissen sollen, bis es Zeit ist.

Claudius hatte dies in einem *Brief an Andres* geschrieben, der im vierten Teil des Asmus enthalten war. Der Band erschien im Juni 1783 und wurde wieder mit größerer Aufmerksamkeit gelesen als der vorausgegangene. Einige Gedichte wie das Motet *Der Mensch* oder *Das Abendlied* fanden Beachtung, aber auch das Vorwort zu *Irrtümer und Wahrheit* wurde zur Kenntnis genommen.

Herder mochten die Anmerkungen *Über die Freundschaft* zu denken geben, die zur Ehrlichkeit gegenüber dem Freund mahnten, denn nun sprach er für das kommende Jahr eine Einladung nach Weimar aus. Auch Goethe wollte den Boten aus Wandsbek kennenlernen, der auf so sonderbare Weise von sich reden gemacht hatte. War ihm die Weisheit eines Einsiedlers zu eigen oder war er mystischen Scharlatanen aufgesessen?

20 Glaubensbekenntnisse

Trau nicht auf deinen Tressenhut
noch auf den Klunker dran!
Ein großes Maul es auch nicht tut:
Das lern vom langen Mann;
und von dem kleinen lerne wohl,
wie man mit Ehre fechten soll.

(Aus: Die Geschichte von Goliath und David, in Reime gebracht, in: Asmus omnia sua secum portans, III. Teil)

Juni 1813

„Kurzum: Ich habe ihn zum Abendessen hergebeten."

Rebekka hatte von ihrer Begegnung mit dem Leutnant berichtet, wobei es ihr schwergefallen war, zu sagen, was sich nun daraus ergeben hatte oder ergeben würde.

„Du kannst nicht von mir verlangen, dass ich an diesem Essen teilnehme", sagte Caroline, rote Flecken im Gesicht. „Du kannst nicht von mir verlangen, dass ich – mit Friedrichs Kind im Leib – mich mit dem Mann an einen Tisch setze, der den Vater zur Exekution führen will!" Kaum hatte sie das ausgesprochen, sah Caroline sich um, ob auch keines ihrer Kinder diese Bemerkung gehört hatte. Aber sie waren in den hinteren Räumen bei einem sorglosen Spiel, zu dem Agnes, die Älteste, sie angeleitet hatte, sicher auch, um sich selbst von ihren Gedanken an Wilhelm abzulenken.

„Niemand verlangt das von dir", sagte Rebekka. „Vielleicht ist es auch nur die Einfalt einer alten Frau, die glauben will, dass selbst ein Leutnant bei einer Entscheidung nicht von seinem Herzen absehen kann. Ich weiß nicht, was es uns über sein Herz sagt, dass er die Einladung angenommen hat. Aber weißt du, was es über *dein* Herz sagt, wenn du ihm deine Anwesenheit verweigerst? Ist es wirklich die Liebe zu Friedrich, die dir das befiehlt? Oder doch der Stolz oder der Trotz?“

„Es gibt eben auch eine Liebe, die trotzen kann!“

„Dann ist es gewiss keine Nächstenliebe“, entgegnete Claudius, der am Küchentisch saß und seinen Hund hinter den Ohren kraulte. Caroline verließ die Küche ohne ein weiteres Wort.

„Matze, ich wünschte, du würdest auch in den Dingen, die klug zu sagen sind, ein bisschen weniger deutlich sein“, tadelte Rebekka.

„Ja, das werde ich wohl auch auf meine alten Tage nicht lernen.“ Er nahm seine Pfeife, die kalt auf dem Tisch lag. Da er wusste, dass auch Rebekka innerlich noch bei der Einladung weilte, sagte er: „Du weißt, dass ich mich auch nicht gerne mit solchen Leuten an einen Tisch setze.“

„Matze, dass du nun solcherart verbohrt sein willst, was die Franzosen betrifft …“

„Nein, nein, nicht weil er Franzose ist; da dürfte ich mich, wollte ich dem Leutnant glauben, auch nicht mehr mit meiner Tochter oder meinen Enkeln aus Hamburg an einen Tisch setzen. Ich meine: Waffen tragende Leute. Leute, die von diesen Waffen immer wieder Gebrauch gemacht haben. Unser Herr sagt: Du sollst nicht töten. Das ist ein schlichter und klarer Satz. Du sollst nicht töten. Er sagt nicht: Du sollst nicht töten, es sei denn, dies und das sei der Fall, oder jemand, dem du zum Gehorsam verpflichtet bist, sagt es dir. Menschenblut ist doch viel zu gut.“

Er musste sich mit diesen Worten selbst ermahnen, gewann doch der Gedanke in ihm die Oberhand, dass der Schutz von Heim und Familie das Töten – wenn schon nicht erhöhte – so doch rechtfertigte. *Not hat kein Gebot*, hatte er einst geschrieben. Doch die Kriege der vergangenen Jahrzehnte hatten ihm gezeigt, dass dieser Grund – sich selbst schützen und nur den eigenen Frieden verteidigen zu wollen – stets die heftigsten Waffengänge verursacht hatte. Als er noch im besten Mannesalter gewesen war, hatten sich Friedrich der Große und Maria Theresia bekämpft und dafür keinen anderen Grund genannt, als die Vorherrschaft über bestimmte Gebiete zu erlangen. Und die, die ihnen folgten, waren darin ausgebildet, die Beweggründe ihrer Herrscher zu ihren eigenen zu machen.

Wie anders war doch alles durch den Feuereifer der Revolution geworden! Nun meinte ein jeder, dass ein Krieg dazu geeignet sein könnte, die eigene missliche Lage zu beenden oder gar die Rettung zu sein. Claudius hatte begriffen, dass der Krieg kein Laib Brot war, von dem man sich beizeiten eine Scheibe abschneiden konnte, um sich zu sättigen. Der ganze Laib war vergiftet, und mochte der Krieg auch für einen Moment den Eindruck erwecken, den Hunger nach Freiheit oder Gerechtigkeit, nach Schutz und Sicherheit zu stillen, so vergiftete er doch am Ende alle, die davon gekostet hatten.

„Die Versuchungen des Krieges sind eine sehr unmittelbare Art Gottes, uns zu fragen, ob wir ihn verstanden haben", fuhr er fort. „Welche Antwort haben wir ihm wohl mit den vielen hunderttausend Toten gegeben? Ich mag mir keine Begründungen dafür anhören, dass man Gottes Gebote missachtet, keine Argumente und keine Entschuldigungen. Man braucht sich doch solch eine Uniform nur anzuschauen – und man sieht einen höchst fragwürdigen Grund: Eitelkeit."

An diese Worte musste Rebekka denken, als Laurissant pünktlich erschien. Er trug nicht mehr den abgetragenen und ausgebesserten Waffenrock, in dem sie ihn am Mittag gesehen hatte. Seine Uniform war aufgebürstet und makellos, die Tressen eingehängt, die Knöpfe poliert. Die Stiefel waren blank, nicht einmal der Staub vom Weg herüber hatte es gewagt, sich daraufzusetzen. Rebekka wusste nicht, ob das alles nur den Vorschriften für solch einen Anlass entsprach oder ob es eine Geste der Wertschätzung sein sollte.

Er brachte auch den Korb zurück, und Rebekka fand das hochanständig – taten sich die Armeen aller Seiten doch ansonsten dadurch hervor, einfach fortzunehmen, ohne zu fragen, und ganze Landstriche dem Hunger anheimfallen zu lassen. In dem Korb lag ein Gebinde aus blühenden Zweigen. Sie stammten offensichtlich aus dem Park der von Schimmelmanns. Auch wenn das Schloss dort seit Jahren nicht mehr von der Familie bewohnt wurde, gab es einen Gärtner, der die Anlage pflegte. Dass der Leutnant einen Frevel an der sorgfältigen Hege der Bäume begangen hatte, war ihm sicher nicht bewusst. Sprach es mehr von der Gedankenlosigkeit um das Eigentum anderer oder von dem Wunsch, ein gefälliges Gastgeschenk zu überreichen?

Rebekka bedankte sich und ordnete die Zweige in einem Krug an. Wie bei einem Gastmahl üblich, hatten sie den großen runden Eichentisch im Eingangsflur eingedeckt. Claudius hatte, schweren Herzens, wie er zugab, zwei Flaschen seines geliebten Rheinweins bereitgestellt.

„Wie ich sehe, haben Sie schon die Nachricht gehört und für Illumination gesorgt", sagte Laurissant und deutete auf die beiden Kerzenleuchter, die für diesen Abend voll bestückt waren.

Claudius, Rebekka, Caroline, Agnes und Matthias tauschten fragende Blicke aus.

„Sie wissen es noch nicht? Unsere Truppen sind heute Abend in Hamburg einmarschiert, und General Vandamme hat zur Feier eine große Illumination angeordnet."

Dann konnte Friedrich zu dieser Stunde schon in Arrest sein, schoss es Caroline durch den Kopf. Und wenn es ihm gelungen war, aus Hamburg zu fliehen, dann konnte er nur auf dem Weg nach Wandsbek sein. Ob Wilhelm ihn mit der Warnung vor den französischen Soldaten erreicht hatte? Sonst würde er noch in dieser Stunde in der Tür stehen und seinen Häschern endgültig in die Hände fallen.

„Sie entschuldigen?", fragte Caroline gedankenlos – denn was hätte dieser Mensch, den sie nicht eingeladen hatte, an ihr zu entschuldigen? „Ich werde noch einmal nach den Kindern sehen." Aber in Wahrheit wollte sie zu den Nachbarn hinüber und ihnen einschärfen, dass sie nach Friedrich Ausschau halten sollten, dass sie ihre Abendspaziergänge machten wie Patrouillen.

„Haben Sie Ihrer Tochter nicht gesagt, dass ich Ihnen heute Abend Gesellschaft leisten werde?“, fragte Laurissant, nachdem er Hut, Handschuhe und Säbel abgelegt hatte. „Dann bringen Sie mich in Verlegenheit.“

„In diese Verlegenheit bringen Sie sich selbst durch die Uniform, die Sie tragen, und durch die Dinge, die Sie sagen“, gab Claudius zurück. Rebekka warf ihm einen kurzen, eindrücklichen Blick zu.

„Nun, was die Uniform betrifft: Ihre Frau hat uns heute Mittag verboten, *ohne* herumzulaufen“, entgegnete Laurissant heiter. „Und glauben Sie, dass ich das mit der Illumination aus Gehässigkeit gesagt habe?“

„Wenn man den Menschen in Hamburg befiehlt, ihre Unterwerfung mit einer Illumination zu ‚feiern‘ … Was ist das, wenn nicht Gehässigkeit?“

„Wir wollen uns an den Tisch setzen, das Essen wird sonst kalt“, sagte Rebekka und bedeutete dem Gast seinen Platz.

Laurissant meinte, die Hand an der Lehne: „Ich kann nicht sagen, welche Beweggründe General Vandamme hatte, um die Illumination zu befehlen. Vielleicht lag es daran, dass Hamburg den General Tettenborn auf diese Weise begrüßte. Er soll das Geld aus der sogenannten ‚Gotteskasse‘ auf eine Weise durchgebracht haben, die ein frivoles Spiel mit seinem Namen in die Welt brachte.“

Rebekka ersuchte ihn mit einem kurzen Blick darum, dieses Wortspiel hier nicht zu wiederholen. Mit belustigten Gesichtszügen nahm Laurissant Platz und fuhr fort: „Was mich betrifft, so finde ich die Illumination angemessen, weil ich mich freue. Denn sehen Sie: Bei unseren Truppen weiter im Süden sind einige Menschen, die mir nahestehen. Freunde“, sagte er und gab dem Wort eine Betonung, als mache es alle Empfindungen in dem Zusammenhang über jeden Verdacht erhaben. „Und sehen Sie: Weil wir Hamburg nun wieder sicher haben, sind auch diese meine Freunde sicherer. Darüber freue ich mich. Mit Gehässigkeit hat das nichts zu tun."

„Gestatten Sie, dass wir uns dieser Freude erst anschließen, wenn der Friede uns allen Sicherheit gebracht hat", sagte Claudius und faltete die Hände. „Wir wollen das Tischgebet sprechen." Die Familie tat es ihm gleich. Ihr Gast faltete die Hände nicht; zwar senkte er den Blick, spähte dabei aber um sich, als wäre er sich nicht sicher, was nun geschehen sollte.

„Amen", sagte Claudius und griff nach der Schüssel mit den Kartoffeln.

„Aber es hat niemand gesprochen", sagte Laurissant.

„Wir haben mit Gott gesprochen", meinte Rebekka. Ihr fiel auf, dass der Blick des Leutnants über den Tisch hastete, als würden die Gegenstände darauf herumspringen und als müsse er sich vorbereiten, sie festzuhalten.

Sie hatte in der Kürze der Zeit nicht viel mehr für dieses Gastmahl auftischen können, als sich gewöhnlich auf dem Tisch fand. Einer ihrer Nachbarn hatte immerhin von der letzten Schlachtung noch Fleisch im Rauch, dazu gab es Kartoffeln und Lauch, angebratene Wurst aus Innereien und Hafer. Eines hatte Rebekka jedoch eigens für den Gast aus dem Garten geholt: die ersten reifen Erdbeeren. Es waren ihrer nur ein Dutzend, die in einer kleinen Schale lagen.

„Wie Blutstropfen", hatte Caroline bei dem Anblick gesagt.

Ob ihrem Gast die Tafel trotz Wein und Erdbeeren allzu schlicht vorkam? Er hatte sich immer noch nicht an dem Aufgetischten bedient, sah immer noch herum, als wüsste er nicht, wie er das Gebotene auf den Teller bekommen sollte. Und da begriff Rebekka: Es mochte Monate her sein, dass ihr Gast an einem so reichlich gedeckten Tisch gesessen hatte, an einem Tisch, an dem er sich satt essen konnte – seine Gesichtszüge sprachen deutlich von Hunger und Krankheit. Ganz gleich, wie dieser Abend enden würde – nun war Rebekka froh, ihn eingeladen zu haben. Es war das Einfachste und Ehrlichste, was man für einen Menschen tun konnte.

„Nehmen Sie doch", sagte sie und schob ihm eine der Schüsseln hin. „Es geht bei uns ganz formlos." Nun folgte er der Aufforderung.

„Unsere Tochter wird auch gleich wieder zurückkommen", fügte Rebekka hinzu. „Sie schaut nur nach den Kindern. Haben Sie Kinder, Monsieur Laurissant?"

„Keine, von denen ich weiß."

Agnes ließ einen kurzen Laut der Belustigung hören und heftete ihren Blick sogleich wieder auf den Teller. Rebekka bemerkte, dass Laurissant sie auf eine eigenartige Weise ansah, als würde er in ihr plötzlich eine alte Bekannte erkennen.

„Bevor man eine Familie hat, muss man ja dafür sorgen, dass sie ein Dach über den Kopf bekommt und einen gedeckten Tisch", fuhr Laurissant fort. „Von beiden Dingen habe ich in den letzten Jahren nicht viel zu sehen bekommen. Und es muss nicht nur im Haus alles zum Besten stehen, sondern auch da draußen."

„Sie meinen, dass kein Krieg sein soll", sagte Agnes.

„Nein, Mademoiselle. Ich meine, dass meine Kinder nicht vor den Hochwohlgeborenen im Staube kriechen müssen, wenn sie das Haus verlassen."

„Wir haben in diesem Hause schon oft Hochwohlgeborene zu Gast gehabt und keiner von uns musste *im Staube kriechen*", sagte Claudius.

„Wenn Sie daraus ableiten, dass man das Prinzip des Hochwohlgeborenseins unangetastet lassen soll, sind Sie ein gefährlicher Mann." Der Leutnant sagte das mit allem Nachdruck. Claudius hatte es erlebt, dass man ihn als einfältig und dumm bezeichnete, als Schwärmer und Einsiedler, aber gefährlich hatte ihn noch niemand genannt.

„Warum bin ich dann gefährlich?", fragte er.

Laurissant nahm sich Zeit für einige Schlucke Wein.

„Die Adeligen werden in ihre Vorrechte hineingeboren, und dass sie sich diese erhalten wollen, ist allzu menschlich. Man mag es ihnen nachsehen. Welche Entschuldigung aber haben Sie?"

„Ich brauche keine Entschuldigung. Es ist dieses Prinzip, nach dem der Schöpfer die Welt gefügt hat: Es steht Gott über der Menschheit, der Vater über der Familie und der Fürst über den Untertanen. *Wenn ein König also in seiner Herrlichkeit mitten unter seinem Volk auf dem Thron sitzt, so sitzt er da, um außer dem Glück der Erde auch das Glück des Himmels zu spenden!*"

„Das Glück, das Ihr König Ihnen beschert hat, ist ein Bündnis mit Frankreich, *santé!*" Er hob das Glas mit einem sarkastischen Lächeln. Rebekka unterstellte ihrem Gast die unheimliche Gabe, zu wissen, dass Claudius es verboten hatte, das dänische Königshaus ihm gegenüber noch einmal zu erwähnen. Ein solch mürrisches Gesicht wie nach dieser Bemerkung hatte Rebekka schon lange nicht mehr bei ihrem Mann gesehen.

„Der Vater steht über der Familie und der Fürst über den Untertanen", wiederholte Laurissant. „Der Kuchen, von dem man ein Stück abbekommt, schmeckt immer am besten, nicht wahr?"

„War denn die Revolution nicht nur ein Unterfangen, bei dem der eine den anderen um seinen ‚Kuchen' beraubt und erschlagen hat? Und das kommt dabei herum, wenn der Respekt gegen die Obrigkeit verloren geht! *Denn der Obrigkeit kommt es zu, die natürliche Unbändigkeit und das natürliche Gefühl von Menschenrechten, das jeder Mensch dunkel in sich hat und das sich in jedem Bürger- und Bauerntumult rührt, in Ordnung und Zaum zu halten!*"

„Ach! Wenn einer nicht einmal Brot hat und den, der Kuchen hat, auffordert, etwas abzugeben, dann ist er also für Sie ein Unruhestifter?"

„Nein, Monsieur. Aber wenn er ihn dann einfach beraubt, dann ist er ein Unruhestifter. Ich bin immer dafür eingetreten, dass Gerechtigkeit sei und jeder in seinem Stande erhält, was ihm zusteht. Es ist dies die Verantwortung unserer Oberen, woran wir sie erinnern dürfen."

„So, dürfen wir? Und wie tun wir das? Indem wir dreimal

am Tag beten: ‚Herrgott, lass doch Einsicht sein?' Glaubt man das wirklich, wenn man sein Leben in einem Dorf wie diesem hier verbringt?" Der Leutnant war laut geworden und hatte auch das Essen darüber vergessen. Es sagte Rebekka viel über diesen Mann.

„Man erreicht es jedenfalls nicht dadurch, dass man eine Waffe auf die richtet, die man für uneinsichtig hält", entgegnete Claudius ruhig. „Denn nun haben wir seit zwanzig Jahren Krieg und Unruhe. Und wer könnte noch von sich sagen, dass er satt wird?"

Auch Claudius war nicht entgangen, dass der Leutnant sich recht hungrig an den Tisch gesetzt hatte. Doch der sagte nun: „Sie sind doch ein gläubiger Mann. Heißt es nicht: Der Mensch lebt nicht vom Brot allein?"

„Ja, und die höheren Werte, welche dieses Wort meint, die werden einem nicht vom Staat oder vom König gegeben. Also erzwingt man sie auch nicht durch eine Revolution. *Der wirklich freie Mann ist los von der Erde und allem kleinen Interesse.* Wenn also ein jeder sich selbst bessert, so kommt die bessere Welt."

„Es soll also jeder vor seiner eigenen Tür kehren!" Den Takt der Worte markierte Laurissant mit dem Besteck.

„Wir hätten doch dann eine reine Welt. Ohne Elend und Ungerechtigkeit."

„Die Herrschaften von Adel mögen aber keinen Besen in die Hand nehmen. Dazu haben sie ja ihre Diener. Sie lassen also Besen machen von den Predigern und den Priestern und sagen dem Volk: Da, mach sauber, Gott will es so! Monsieur, ich halte es mir zugute, dass ich solch einen Besen nicht in die Hand nehme!"

„Und tragen also Soldatenstiefel stattdessen; wenn Sie glauben, dass die Ihnen besser passen ..."

„Nein, die passen mir nicht, ich habe sie von einem toten Mann."

Der Leutnant goss sich Wein nach.

„Matthias, iss doch“, forderte Rebekka ihren Enkel auf. Der hatte seinen Teller fast unangerührt gelassen, aber nicht, wie es Rebekka schien, um dem Gast seine Abneigung zu zeigen, sondern weil er noch nie ein solches Gespräch bei Tisch mit angehört hatte. Nun sah er aus wie eine menschgewordene Frage.

„Aber Sie sind aus eigenem Willen in die Armee gegangen?“, fragte Claudius. Laurissant hatte sich ein weiteres Stück Fleisch nachgelegt. „Ich wurde in meinem Jahrgang per Los bestimmt, so wie das üblich ist, aber ich hatte keine Veranlassung, mich dem zu entziehen. Wissen Sie, warum? Mein Vater ist Bauer und dessen Vater war Bauer. Aber das Land, auf dem sie arbeiteten, hat ihnen nicht gehört. Sie haben nur die Pflicht vererbt, darauf zu arbeiten. Deswegen ging mein Vater nach der Revolution an die Rhône. Dort gehört unserer Familie nun Land. Aber es gibt einen Adligen, der behauptet, Gott habe ihm dieses Land gegeben. Er kämpft, soviel ich weiß, in den Reihen der Russen. Wenn ich nun verhindern will, dass dieser Mann meiner Familie das Land wieder abnimmt und meine Kinder wieder nichts haben außer der Pflicht, für einen Mann zu arbeiten, der sie verachtet – sagen Sie mir: Bin ich dann aus freien Stücken in der Armee?“

„Wir können in dieser Welt nichts verlieren, denn es gehört uns hier nichts. Oder können Sie dieses Land mitnehmen in die andere Welt? Aber die Schuld, die Sie auf sich geladen haben, als Sie um dieses Land kämpften …“

„Ist es eine Schuld, wenn ich will, dass meine Kinder heute satt werden? Gibt Ihnen diese andere Welt Kleidung?“ Laurissant beugte sich vor, als wollte er etwas im Vertrauen sagen, und so senkte er auch seine Stimme: „Monsieur, Menschen machen eine Revolution nicht aus Übermut, sondern aus Verzweiflung. Wollen Sie es einem Menschen zum Vorwurf machen, wenn er verzweifelt ist?“

„Wer auf Gott vertraut, kann nicht verzweifeln.“

„Dann machen Sie es den Menschen zum Vorwurf, dass sie nicht genug auf Gott vertrauen.“

„Ja“, sagte Claudius schlicht. „Glauben Sie an Gott?“

„O ja. An den katholischen Gott.“

„Worin unterscheidet der sich vom Gott der Protestanten?“, wollte Claudius belustigt wissen. Als der Graf von Stolberg und die Fürstin Gallitzin zum Katholizismus übertraten, war dies Gegenstand vieler Gespräche und Briefe gewesen.

„Der katholische Gott mag es bunt und man kann mit ihm verhandeln. Aber was uns trennt, Monsieur, ist keine Frage des Glaubens, sondern des Erlebten.“

„Nur der Glaube gibt uns Kraft für das Erleben.“

Laurissant stand nach diesen Worten so unvermittelt auf, dass Rebekka befürchtete, er sei der Runde überdrüssig geworden. Dann aber bemerkte sie Caroline im Durchgang. Ihre Tochter stutzte einen Moment vor dieser Geste der Höflichkeit, dann trat sie näher.

„Die Kinder schlafen ruhig und fest“, sagte sie, als sie ihren Platz einnahm. Laurissant stand noch, die Serviette in der Hand.

„Schlafen Ihre Kinder auf der Straße?“

Caroline hatte sich ob der seltsamen Frage schnell gefasst.

„Trotz der Bemühungen Ihrer Armee konnte ich das bisher verhindern.“

„Ich dachte nur: Der Saum Ihres Kleides ist mit Straßenstaub verschmutzt. – Ich kann es nicht leiden, wenn man mich für dumm hält!“, rief er in plötzlicher Heftigkeit. „Ihr Mann ist kein Freiheitsheld! Er hat sich von Aristokraten und Engländern kaufen lassen und hat die französische Regierung verraten!“ Er nahm wieder Platz und aß weiter.

Caroline sah ihre Mutter ratlos an. Dieser jähe Wechsel zwischen dem Aufbrausen und dem Versöhntsein: Rebekka schien das ein typisches Merkmal des französischen Temperaments zu sein. Von ihren Landsleuten war sie solch eine Sprunghaftigkeit jedenfalls nicht gewohnt.

Der Leutnant wandte sich wieder an Claudius. „Sie sitzen als freier Mann mit Ihren Nachkommen an einem gedeckten Tisch unter einem eigenen Dach und rümpfen die Nase über all jene, denen man das unmöglich macht und denen es daher an Gottvertrauen fehlt."

„Ich rümpfe nicht die Nase über jene Menschen. Sie haben mein Mitleid. Und vielleicht ist es mir gelungen, ein wenig zu ihrem Seelenheil beizutragen mit dem, was ich schreibe."

„Ach ja, Sie sind ein Dichter." Laurissant sagte das, wenn nicht abfällig, dann doch mit einer gewissen Ironie. „Wie wird man das, ein Dichter?"

„Das weiß ich nicht und das Wort behagt mir auch nicht. Als Knabe jedenfalls wollte ich zur See fahren."

„Sie, Großvater?", rief Matthias überrascht aus.

„Ja. Vor einigen Jahren noch habe ich mit einigen Freunden überlegt, ob wir nicht alle nach Tahiti gehen sollten."

„Natürlich! Weil man in Wandsbek nicht im See baden darf." Dabei sah er Rebekka an, jedoch auf eine so freundliche Art, dass ihr die Ermahnung, die sie am Mittag zum Abschluss ihres Gesprächs ausgesprochen hatte, selbst albern vorkam.

„Warum sind Sie nicht Seemann geworden?", fragte Laurissant.

„Als ich mit meinen Brüdern ein Seegefecht nachspielte, fiel ich aus dem Kahn und wäre fast ertrunken. Daraus lernte ich, dass mir nach solchen Abenteuern nicht der Sinn steht."

„Was haben Sie geschrieben? Ich kenne nichts von Ihnen."

„Ich habe unter dem Namen Asmus geschrieben: Aufsätze, Betrachtungen, Gedichte."

„Kein Theaterstück? Keinen Roman? Etwas Berühmtes wie *Die Leiden des jungen Werthers*?"

„Nein, das zum Glück nicht!", sagte Claudius heiter.

„O ja, richtig: In diesem Buch geht es nicht um Seelenheil, sondern um Verzweiflung. Und weil es so viele verzweifelte Menschen gibt, hat Goethe damit einen solchen Erfolg gehabt."

„Ihr Kaiser nannte dieses Buch ‚Domestikenliteratur', wird behauptet. Und hier im Haus war es jedenfalls kein Erfolg. *Der Bürgergeneral* hat uns dagegen ganz gut gefallen", sagte Claudius, denn in diesem Stück wurde der uniformierte Revolutionseifer der Emporkömmlinge vorgeführt.

Laurissant schien die Bemerkung zu überhören und wandte sich an Agnes: „Haben Sie den *Werther* gelesen, Mademoiselle?"

Agnes schüttelte verwundert den Kopf. „Das sollten Sie aber. Oder verbietet Ihnen das der Neid Ihres Großvaters?"

„Neid? Sie meinen Neid auf Goethe?" Claudius lachte herzlich – auch über die Retourkutsche. „Nein, es gibt wirklich nichts, worum ich Herrn Goethe beneide!"

21 Sonnenmann und Mondgeweihter

Der Schriftsteller und der Mensch

Er schrieb. Sie beteten den jungen Schreiber an –
und es war um den Menschen getan!
Oh, hättest du den Götzen nicht geschrieben;
so wären deine Götter in dir geblieben.

(Aus: „Anti-Xenien", verstreute Beiträge)

1783

Goethe war aus seinem Weimarer Gartenhaus in die Stadt gezogen. Herder lebte ebenfalls in Weimar in der Superintendentenwohnung hinter der Stadtkirche – einem Gebäude, das sich vor allem durch eine fast symbolische Baufälligkeit auszeichnete: Die christliche Lehre, in der Europa über mehr als ein Jahrtausend hatte leben können, zeigte nun allerlei schräge Balken, undichte Stellen im Dach, bröckelnden Lehm und krumm getretene Bohlendielen. Wenn auch künftige Generationen darin leben sollten, so musste etwas getan werden.

Herder hatte dazu die grundlegende Idee, dass Gott oder Gottes Wirken viel mehr im Verlauf der Geschichte zu finden sei als in der Bibel. Nicht nur das, was gewesen war, auch das, was kommen würde, legte Zeugnis ab. Für die vorwärtsblickende Generation der jungen Dichter wurde dies zum Credo, räumte es ihnen doch den Platz der Propheten ein. Klopstock hatte man schon zu einem solchen erhoben; Goethe, der Autor des *Götz von Berlichingen* und des *Werthers* war jünger und wagemutiger, was den Ausdruck betraf.

Zu dieser Zeit in Weimar drückte er sich jedoch vor allem durch Aktennotizen aus. Er war zum Geheimen Rat des Herzogs Carl August geworden, der über ein kleines Land herrschte zwischen den beiden großen Rivalen Preußen und Habsburg. Der Wegebau war Goethe anvertraut worden, die Belange der wenige Hundert Mann umfassenden Armee, Beschwerden und Bittbriefe gingen durch seine Hände. Er machte sich zu mancher Tagesstunde Gedanken über die angemessene Anrede für die Durchlauchten und Hochwohlgeborenen. Dann traf er sich mit Herder, sprach über Kant und Mendelssohn, über die Naturgesetze und darüber, ob die Sprache auch eines hätte, über Seelenwanderung, über Gott und Götter.

Herder trug seinen jüngst geborenen Knaben umher und sprach von seinem Augenleiden. Goethe meinte, dass noch etwas kommen müsste, etwas ganz anderes oder jemand. Sie unterhielten sich über Hamann, Gleim, Lavater und Claudius. Der sei doch etwas wunderlich geworden seit seiner Übersetzung von Saint-Martin, seufzte Herder. Er habe ihn zwei Jahre zuvor in Wandsbek besucht, aber das sei nicht mehr derselbe Claudius gewesen, den er einst in Hamburg kennen und schätzen gelernt habe.

„Nun ja, wenn es mit uns richtig zugeht, sind wir am Abend nicht mehr dieselben wie am Morgen, bemerkte Goethe."

Herder bezog die Sammelbände des *Asmus,* und im vierten Teil hatte Claudius seine Vorrede zur Übersetzung von *Des Erreurs et de la Vérité* aufgenommen und sagte dort vor allem und immer wieder: „Ich verstehe dies Buch auch nicht."

„Wie hat er es dann übersetzen können und wozu? Oder ist es nur eine Pose? So wie er sich Bote nennt, damit man ihn nicht wegen seiner Worte zur Rechenschaft zieht?", fragte Goethe. „*Einfalt gebärdet sich jedenfalls nicht*."

Herder konnte mit großer Sicherheit sagen, dass sein Freund, der Bote aus Wandsbek, nicht einfältig sei. Aber was Claudius in Saint-Martin gefunden habe, sei sein eigenes Unbehagen an der Verstandesdurchdringung. Das sage er in seiner Vorrede zur Übersetzung recht deutlich:

Ist uns aber in der materiellen Natur noch vieles verborgen, für die wir den Gebrauch von drei Sinnen haben; wie mögen wir über die immaterielle richten, für die wir nicht den Gebrauch von einem haben, den der Verfasser die sinnliche Fähigkeit oder den Sinn des Geistes nennt?

Das sei doch das Leidige an den Schwärmern, meinte Goethe, dass sie sich über das Folgern erhaben fühlten und alle für kleingeistig hielten, die in der Lage seien, ihr Verständnis der Welt an den Dingen festzumachen, die eben dem Verstand und damit allen zugänglich seien.

„Für die weltlichen Dinge hegt Claudius Verachtung", bestätigte Herder, den *Asmus* in der Hand, „aber es ist ein sehr schönes Gedicht eingefügt, gleich nach diesem sonderbaren Vorwort des Übersetzers." Das Gedicht trug den schlichten Titel *Abendlied*, und Herder fand, es gehörte zu den besten Gedichten, die Claudius bisher geschrieben hatte. Zum Beweis las er die zweite und dritte Strophe vor:

Wie ist die Welt so stille
und in der Dämmerung Hülle
so traulich und so hold!
Als eine stille Kammer,
wo ihr des Tages Jammer
verschlafen und vergessen sollt.

Seht ihr den Mond dort stehen? –
Er ist nur halb zu sehen
und ist doch rund und schön!
So sind wohl manche Sachen,
die wir getrost belachen,
weil unsre Augen sie nicht sehn.

Das sei doch eigentlich der Kommentar zu Saint-Martin, mutmaßte Herder, und könne fast mit diesem seltsamen Buch versöhnen. Dass Claudius es hinter das Vorwort des Übersetzers gestellt habe, könne jedenfalls kein Zufall sein. Herder wusste, dass sein Freund mit der Anordnung der Stücke in seinen Sammelbänden sehr sorgsam war. Was ihn an den unerlaubten Nachdrucken erbost hatte, die ein Herr Niemeyer in Umlauf gebracht hatte, war eben auch der Umstand, dass dieser Verleger die Stücke auseinandergerissen und eigenmächtig ausgewählt hatte. Claudius hatte ein musikalisches Gespür und wusste, dass nicht nur Noten richtig arrangiert gehörten.

Herder hatte dieses Gedicht in seine Auswahl zu dem Band *Stimme der Völker in Liedern* genommen. Das Volkslied und die Volksdichtung waren ihm schon immer die Ur-Stimme der Völker gewesen, eine große Wahrhaftigkeit wohne darin, die von der Politik und jenem neuen Ding, der Nation, nichts wusste. Um diese Wahrhaftigkeit der Volksdichtung war es in seinen ersten Gesprächen mit Goethe gegangen, nachdem sie sich in Straßburg kennengelernt hatten. Goethe hatte daraus den Wunsch mitgenommen, in allem den Ur-Typus zu finden, am Ende gar einen Ur-Typ für alles. Daher hatte er sich in jenen Tagen in Weimar der Naturforschung zugewandt: der Suche nach Ur-Gestein, dem Ur-Typ bei den Pflanzen, der Ur-Form der Anatomie bei Tier und Mensch. Nicht so wie Lavater es tat, der der Ansicht war, man könne es an der Physiognomie eines Menschen ablesen, wie sehr er die Lehre Christi verwirklicht habe. Das war es wert, „wunderlich" genannt zu werden. Aber in Weimar hielt man auch Goethe für wunderlich: Es gab einiges Getuschel über ein sonderbares Ding, das er in einer Kiste in seinem Haus aufhob: den Schädel eines Elefanten.

Auf der Suche nach den Ur-Formen begegnete er dem Gesetz oder mehr noch: der Gesetzmäßigkeit und der Ordnung. Dass die Sprunghaftigkeiten der Geschichte in der Verwirklichung eines christlichen Humanitätsideals dereinst zur Ruhe kommen würden, dieser Idee Herders mochte er nicht recht zustimmen. Ihm zeigte sich darin nur das Unbeherrschte und

Übermütige, und das war ihm zuwider geworden, denn darin konnte nichts von Dauer wohnen. Nicht der Lehre Christi kam es zu, die Vergänglichkeit zu überwinden: Es gab in den Ur-Formen keine Vergänglichkeit. Wenn der menschliche Verstand sich seiner Beschränkung entledigte, dann entledigte er sich auch der Vergänglichkeit, und wozu brauchte es dann noch eine Heilslehre?

Goethe überlegte, es könnte doch vielleicht interessant sein, sich mit Claudius über diese Dinge zu unterhalten. Es habe ja keinen Sinn, immer nur *über* jemanden zu sprechen, es wäre doch besser, *mit* demjenigen zu sprechen. Herder könnte den Wandsbeker Boten doch einmal nach Weimar einladen, und so ließe sich auch in Erfahrung bringen, ob Claudius von all den Unterstellungen wusste, die Bode gegen das Buch von Saint-Martin hegte.

Die bissigen Kommentare, die Claudius als *Wandsbecker Bothe* über Goethes *Werther* oder den *Götz* gegeben hatte, waren dem Dichter noch gegenwärtig. Aber Claudius hatte ja nicht als Einziger eine spitze Feder gegen ihn zu Papier gebracht. Vielleicht hatten die Kritiker in vielem recht gehabt, denn der Überschwang des Gefühls, die Anbetung der Empfindsamkeit, die in beiden Stücken steckte, dieser Geist des Aufbegehrens lag hinter ihm, war vielleicht nur ein Strohfeuer gewesen.

Inzwischen war er der wichtigste Berater des Herzogs Carl August, und der hatte in Wien um Goethes Erhebung in den Reichsadelsstand ersucht. Im *Werther* hatte er den Adel schlecht wegkommen lassen; doch nun war ihm die Aristokratie Stamm, Äste und Zweige, daran die Länder Blüten, Blätter und Früchte trieben: ein Element der Ordnung und der Kontinuität. Und darin fühlte er sich Claudius näher als Herder – Herder, der ebenso oft von der Republik sprach wie vom Reich Gottes und, befeuert von dem Kriege in Amerika, die Gleichheit als Prinzip der gesellschaftlichen Ordnung beschwor.

Er hatte sich damit selbst die Aussicht auf einen großen

Adelsbrief in Weimar verdorben und schien dies Goethe anzulasten. Herder machte keinen Hehl daraus, dass er Goethe allein für den Profiteur einer Günstlingswirtschaft hielt, denn was hatte der schon vorzuweisen? Während er, Herder, unermüdlich an Schriften über eine tiefere Einsicht in die Menschheit arbeitete, unterhielt Goethe die Hofgesellschaft mit halbherzigen Plauderstückchen und antiker Wichtigtuerei. Das wiederum traf Goethe an einem Punkt: Nichts davon fand sein wirkliches Interesse, alles war abgestanden und kleinstaatlich, und für einen rastlosen Geist gab es nichts Schlimmeres als die Enge.

Als Claudius nach Weimar kam, war er überrascht, wie klein und überschaubar doch alles geblieben war. In einer Viertelstunde war man durch das Städtchen spaziert, das keine gepflasterten Straßen hatte. Es waren wohl die Namen, die in aller Munde waren, ihre Strahlkraft, die den großen Schatten von Türmen, Zinnen und Palais warfen: Herder natürlich, Goethe, die Frau von Stein und ihre gelehrten Freunde und Gäste. Und Wieland, mit dem für viele alles begonnen hatte, ohne dass man sagen konnte, *was* da begonnen hatte. Jacobi, der seine Stimme oft in den Disputen erhoben hatte, war auch zu Gast.

Die kleine Gruppe, bestehend aus Herder und seiner Frau, Goethe, Jacobi, Wieland und eben Claudius, machte eine Kutschfahrt nach Jena hinüber, und Claudius sah die Stadt zum ersten Mal seit seiner Studentenzeit wieder. Er bemerkte rasch, dass seine Begleiter eine launige und fröhliche Erinnerung an ihre Studententage hatten. Ihm jedoch war in Jena zumute wie beim Anblick einer Speise, an der man sich einmal den Magen verdorben hatte. Die geselligen Runden, das Reimen und Trinken, die Freunde, die er in jenen Tagen gefunden hatte – das alles war mit dem Sterben seines Bruders Josias verbunden. Der einzige Freund, der in dieser Stunde kam, war Bruder Hain. Er stand, das Gesicht unter dem weiten Hut verborgen, am Bett, die Arme verschränkt. Wie sehr hatte Claudius sein Bemühen darauf gerichtet, ihn zu vertreiben! Doch nach den Tagen und

Stunden, in denen sein Bruder sich mit schwarz-fleckigem Gesicht quälte, hatte Claudius nur noch sagen können: „Erbarme dich seiner! Nimm ihn mit."

Wie tief es den Menschen demütigte, den Tod anbetteln zu müssen, das hatte er in Jena gelernt. Und er hatte begriffen, dass der Mensch im Bewusstsein seiner Sterblichkeit nicht leben könnte, hätte er die Lehre Christi nicht. Jener schmale Pfad der Gesundheit und des Lebens: Wie schnell hätte man ihn verloren! Ohne die Unterweisung des Erlösers würde man umherirren in den Ängsten und Zweifeln. Dass seine Begleiter sich lieber in metaphysischen Spekulationen ergingen, war für Claudius ein Beweis, dass ihnen der Leichtsinn noch nicht vom Tod ausgetrieben worden war. Von Herder wusste er, dass Goethe nichts von Sterbenden oder Kranken hören wollte, dass er jene erbost fortschickte, die ihm die Nachricht von einem dahingeschiedenen Freund bringen wollten. Nicht einmal die Gräber der Gegangenen wollte er sehen.

Bei der Rückfahrt auf der vom Mond beschienenen Straße sprachen sie über den Philosophen Spinoza. Jacobi wollte beweisen, dass Lessing ein Anhänger seiner Lehre gewesen sei, und glaubte, das an den Briefen beweisen zu können, die zwischen Lessing und dem Philosophen Mendelssohn hin- und hergegangen waren.

Jacobi sah in Spinoza einen Atheisten, da der sagte, Gott sei alles in der Welt und alles in der Welt sei Gott, wodurch er die Verschiedenheit zwischen Gott und der Welt leugnete. Herder widersprach, Goethe ebenso, denn der Pantheismus könne doch nur den kirchlichen Dogmatikern als Atheismus gelten.

Jacobi beharrte, denn Spinozas Atheismus zeige sich darin, dass er den freien Willen leugne. Für Spinoza habe jedes Ereignis eine Ursache, sei also bedingt und in seiner Art festgelegt. Eines folge unweigerlich aus dem anderen, eine freie Willensentscheidung gebe es also nicht. Dann aber könne sich der Mensch auch nicht für Gott entscheiden, und das sei doch der Kern der Heilslehre.

Ob Christus selbst einen freien Willen gehabt habe, diskutierte man dann, oder ob er nur das Werkzeug des göttlichen Heilsplans gewesen sei. Hätte er seine Aufgabe gegenüber der Menschheit ablehnen können? Die Versuchung Jesu in der Wüste und im Garten Gethsemane wurde als Beweis herangezogen, dass er sich bewusst dafür entschieden habe, sich zu opfern …

Claudius schwieg viel. Er erkenne die Wahrheit daran, dass sie eine einfache Sache sei, bemerkte er einmal. Das Einfachste für ein Samenkorn wäre es, in der Erde liegen zu bleiben, sagte Goethe darauf. Aber es treibe einen Keim und wachse und treibe aus und differenziere sich. Das sei eben die Natur aller Dinge: zu streben und zu wachsen. Und die Seele differenziere sich durch die Philosophie.

Claudius glaubte nicht daran, dass die Seele ein Bedürfnis nach der Differenziertheit habe, und zog die Musik als Beweis heran. Wenn man in geselliger Runde ein Lied anstimmte, war es dann eine vielschichtige Bachkantate? War es etwa ein Oratorium? Nein, es war das Volkslied mit seiner schlichten Melodie und seinem einfachen Text.

Herder pflichtete ihm eifrig bei, aber Goethe wollte nichts davon wissen, dass in der Seele die ewig kindliche Schlichtheit wohnte. Eigenartig, dachte Claudius, denn was ihm an Goethe gefiel, war der Ausdruck kindlicher Wärme in den Augen.

„Wie bekommt es denn den Kindern und Rebekka, wenn der Vater aus dem Haus ist?“, wollte Herder wissen.

„Dem Vater bekommt es schlecht“, antwortete Claudius sogleich. Er hatte seine Frau an diesem Tag in Jena vermisst. Sie war der einzige Mensch, dem er hätte anvertrauen wollen, was ihn in seinen Erinnerungen bewegt hatte, und davon sprach er nun nicht.

„Rebekka ist vom Kinderkriegen recht mürbe geworden“, erklärte er. *„Das Gebären ist ein gefährlich Stück Arbeit und ich bedaure die armen Weiber von Herzen.“*

„Nun ist aber doch endlich ein Sohn da“, fügte Caroline

Herder hinzu, denn nach fünf Mädchen war im vergangenen Jahr endlich mit Johannes wieder ein Sohn im Hause Claudius geboren worden.

Claudius hatte sich gerne sagen wollen, dass ihm seine Mädchen genauso lieb waren, doch als er seinen Sohn auf dem Arm hielt, da war es doch eine Erfüllung ganz anderer Art gewesen. Dafür war aber auch seine Sorge am Anfang viel größer gewesen, denn ihren ersten Sohn hatten sie damals schon nach wenigen Stunden verloren.

Was das Gebären betraf, so wusste Caroline zu sagen, mache es keinen Unterschied, ob es darum ginge, einen Jungen oder ein Mädchen zur Welt zu bringen, obwohl einige Weiber es anders sagten. Sie musste es wohl wissen, denn sie hatte fünf Söhne und eine Tochter zur Welt gebracht.

Goethe äußerte sich zu alledem nicht. Das Gebären lag ihm wohl zu nahe an der Krankheit und dem Sterben.

Man legte Claudius die Schweigsamkeit als mangelnden Esprit aus, und an den Spitzzüngigkeiten, die man auf den Geselligkeiten austauschte, wollte er sich auch nicht beteiligen. Er rettete sich in die Musik. Am Klavier sitzend, war er der Pflicht enthoben zu sprechen und konnte sich doch mitteilen. Das ein oder andere empfindsame Gemüt mochte ihn darin verstehen, so etwa Sophie von Schardt. Er verstand bei der Begegnung mit ihr sogleich, was Herder an ihr fesselte. Die Gerüchte um ihn und „*die kleine Griechin*“ waren nicht zur Ruhe gekommen, man wollte sogar von Eifersuchtsszenen im Hause Herder wissen.

„*Lass uns aufhören, wo wir sind*“, hatte Herder Sophie schließlich mitgeteilt. „*Wir lieben uns zu sehr, ja zu sehr, so schön wir's uns verleugnen.*“

Claudius scheute also davor zurück, Sophie, deren reine und wache Klugheit ihn beeindruckte, nach Wandsbek einzuladen, da es seinen Freund Herder in Verlegenheit bringen könnte. Und er sah nach nur wenigen Tagen in Weimar, wie sich das Geflecht unweigerlich um jeden legte, der in solch eine Gesellschaft kam, in der man sich nicht aus dem Wege gehen konnte. Der Tag der Abreise war ihm daher wie eine Erlösung.

An Rebekka hatte er geschrieben: „*Bin hier recht wohl in der Hoffnung, dass ich bald wieder bei Dir logieren werde, Du mein einziger Engel, meine Frau, meine Rebekka.*"

Einige Tage später umarmte er Rebekka wie ein Geretteter und ließ ihre Hand nicht mehr los, während er ihr von den Tagen in Weimar erzählte.

Goethe mochte offenbar von der Begegnung mit Claudius nichts erzählen. Charlotte von Stein beklagte sich bei ihrer Schwägerin Sophie von Schardt:

Ich habe Dich um die anziehenden Personen beneidet, die einige Zeit bei Dir waren, und ich hätte gewünscht, Du wärst ein wenig ausführlicher über sie gewesen. Es scheint, Claudius hat Dich mehr angezogen als Jacobi. Unser Freund Goethe hat mir davon nicht das Geringste gesagt. Du kennst seine Art; er denkt viel, ohne etwas zu sagen.

Was Goethe über Claudius und Jacobi dachte, äußerte er erst zwei Jahre später in den Briefen, die er auf seiner Italienreise an Herder schrieb:

Mit den Genannten war unser Verhältnis nur ein gutmütiger Waffenstillstand von beiden Seiten. Wenn J. sich abarbeitet, eine hohle Kindergehirnempfindung zu vergöttern, wenn C. aus einem Fußboten ein Evangelist werden möchte, so ist offenbar, dass sie alles, was die Tiefen der Natur näher aufschließt, verabscheuen müssen. Der eine ist ein Narr, der voller Einfaltsprätentionen steckt.

„Meine Mutter hat Gänse" singt sich mit bequemerer Naivität als ein: „Allein Gott in der Höh' sei Ehr'." Er ist einmal auch ein –.

Bleibt von diesem Volke! Der erste Undank ist besser als der letzte.

22 „Besser Gutes tun als Schlechtes"

Noch ein dito für belesene und empfindsame Personen

Meine Mutter hat Gänse;
fünf blaue,
sechs graue;
sind das nicht Gänse?

(darauf folgend die Besprechung:)
Abhandlung über den Ursprung der Sprache, welche den von der Königl. Akademie der Wissenschaften für das Jahr 1770 gesetzten Preis erhalten hat, von Herrn Herder. Berlin, bei Chr. Fr. Voß, 1772, 12 Bogen in 8°.

(In: Asmus omnia sua secum portans, I. und II. Teil)

Juni 1813

„Ich weiß nicht, was ich mit Ihnen anfangen soll." Die Stimme kam aus dem Dunkeln, war aber unverkennbar.

Claudius war in seinen Garten hinausgetreten, nachdem sie ihren Gast verabschiedet hatten. Er verspürte wieder jenen Druck in der Brust und hatte viel husten müssen. Nun wollte er den Mond noch einmal sehen, bevor er sich zur Ruhe begab, denn das Mondlicht reinigte seine Gedanken und Empfindungen. Dass er dem sonderbaren Lebensverhör, das der Leutnant mit ihm betrieben hatte, noch nicht entronnen war, verstimmte ihn. Ein Satz kam ihm in den Sinn: „Denn siehe, ich sende euch wie Schafe mitten unter die Wölfe."

„Müssen Sie denn etwas mit mir anfangen?"

Der, der ihn angesprochen hatte, stand an einen Baum gelehnt, hatte die Arme verschränkt, war von Nachtschatten seltsam gekerbt, und sein Gesicht war unter der Krempe des Hutes verborgen.

„Das hängt davon ab, was meine Vorgesetzten mir sagen."

„Dann werden die Ihnen doch sicher auch sagen, was Sie mit mir anfangen sollen."

„Ich habe keinen König verjagt, um mir von einem Schneidergesellen aus der Île de France sagen zu lassen, was ich tun und lassen soll." Nun löste er sich von dem Baumstamm. „Ich habe mich in diesem Ort umgehört. Es fällt mir schwer, zu glauben, dass Sie die Fürsprache eines kleinen Leutnants brauchen, um für die Sicherheit Ihrer Anverwandten etwas zu erreichen. Der dänische König hatte offenbar immer ein offenes Ohr für Ihre Bitten und hat sich mit seiner Jahrespension sehr großzügig gezeigt. Wofür hat er Sie bezahlt? Für Ihre Anwesenheit in Hamburg?

Ich hörte, Sie verkehrten viel im Hause Reimarus und dass dieser Herr der Schwiegervater des Monsieur Reinhard ist. Der wiederum war der Gesandte Frankreichs in Hamburg und später Frankreichs Außenminister. Haben Sie dem dänischen König von den Treffen berichtet? Hat Ihr Baron von Schimmelmann Ihre Protokolle und Rapporte dem dänischen Königshaus vorgelegt? Wurden Sie dafür mit klingender Münze belohnt?

Und wie geht es Ihrem Freund, dem Grafen von Haugwitz? Man erzählt hier, dass Sie ihn zu Ihren besten Freunden zählen. Er war Preußens Außenminister, handelte den Frieden von Basel mit Frankreich aus und überbrachte Napoleon jenes lächerliche Ultimatum von Schönbrunn, er war Außenminister im Kriege von 1806. Haben Sie ihm berichtet, was Sie von Reinhard wussten? Sie sprechen auch fließend Englisch, sagte man mir. Wozu braucht man das in einem Dorf wie diesem?"

„Ich brauche es für meine Geheimdiplomatie. Oder nennt man das schon Spionage?", entgegnete Claudius belustigt. Er holte seine Tonpfeife aus der Rocktasche hervor und ein Säckchen mit Tabak. Mit geübten Händen konnte er auch im Dunkeln den Pfeifenkopf stopfen. „Es ist wahr“, fuhr er fort, „aufgrund meiner Verbindungen ist mir vieles zu Ohren und zu Augen gekommen. Aber ich habe mir immerzu gesagt: *Die politischen Angelegenheiten und Absichten mögen für sich bleiben, und wir wollen uns darin nicht bekümmern, wenn wir Privatleute nur ebenso unbekümmert bei ihrer Ausführung bleiben könnten.*“

„Jetzt kümmert sich die große Politik aber um Sie.“ Sein Besucher ging mit verschränkten Armen auf dem Stückchen Wiese auf und ab.

Woher kommt wohl die Getriebenheit an diesem Mann?, fragte sich Claudius.

„Sie haben den Saint-Martin übersetzt“, sagte der Leutnant nun, „die Bibel der Revolutionsgegner. Könige als Gottes Heilsbringer.“

„Als ich den Saint-Martin übersetzte, gab es noch keine Revolution, und ich kenne nur eine Bibel“, entgegnete Claudius, „denn die große Politik ist doch nur kleines Menschenwerk. Jener Friede von Basel, den mein Freund von Haugwitz aushandelte, ist ebenso nichtig wie der Friede von Schönbrunn und das Bündnis zwischen Preußen und Frankreich. Selbst jene, die nicht Buchstabe für Buchstabe an die Bibel glauben, können dennoch nicht bestreiten, dass uns damit ein Vertrag mit seinen Regeln aufgegeben wurde, der zu aller Zeit Gültigkeit behalten kann: ob für das Volk Israel vor dreitausend Jahren oder für uns heute. Wenn ich also ein Anliegen habe, wende ich mich zuerst an denjenigen, der diesen Vertrag aufgesetzt hat.“

„Ja, die Menschen beten in diesen Zeiten viel und um widerstreitende Dinge. Was macht Gott denn, wenn die Russen um seinen Beistand bitten, die Dänen, die Franzosen und die Engländer? Was macht er dann?“

„Er liebt“, antwortete Claudius. Sein Gegenüber lachte auf eine grimmige Art und Weise.

„Und ein Vater, der seine Kinder liebt, schlägt sie bisweilen, nicht wahr?“

„Da der Mensch nicht mit dem Hosenboden denkt, halte ich das strenge Wort für den besseren Weg.“

„Sie halten den Krieg für eine Ermahnung Gottes an die Menschen? Wofür, denken Sie, müssen Sie ermahnt werden? Sie führen doch ein gottesfürchtiges Leben?“

„Die Christen sind eine Gemeinschaft, in der der Lebenswandel des einen ebenso ins Gewicht fällt wie der eines anderen. Im Evangelium steht: Wenn du siehst, dass dein Bruder fehlt und du bist nicht im Guten zu ihm gegangen, um ihn zu mahnen, so werde ich dich um seinetwillen richten. Das Unglück kam über uns, weil wir uns von dem Glauben unserer Vorfahren abgewandt haben.“

„Der Glaube Ihrer Vorfahren hat aber selbst den Krieg in die Welt gebracht; war da nicht sogar ein Dreißigjähriger Krieg? War Ihre Reformation nicht auch eine Revolution? Sie hatten Ihre Thesen an der Schlosskirche, wir hatten unseren Ballhausschwur; sie hatten Ihre Bibelübersetzung, wir haben den Code Civil, Sie haben Luther, wir haben Napoleon. Die katholische Kirche hat Ihre Reformation als Ausbruch des Unglaubens gesehen, Sie sehen unsere Revolution als Gottlosigkeit. Warum, denken Sie, ist Ihnen etwas erlaubt und uns muss man es verbieten? Ist das der aristokratische Geist, den man Ihnen hier allgemein nachsagt?“

„Sie müssen doch wohl zugeben, dass es ein Unterschied ist, ob man den Glauben reformieren will oder abschaffen.“

„Die Revolution wollte den Glauben nicht abschaffen, er gehört zum Menschen wie die Liebe und die Angst; die Revolution hat die Religion von der Herrschaft getrennt. Nicht ein Regierungssitz ist der Ort des Glaubens, sondern das Gewissen des Einzelnen. Weder Könige noch Propheten oder Prediger haben Anspruch auf dieses Gewissen. Wenn die Freiheit des Gewissens eine Zukunft hat, dann hat es auch der Glaube, und diese Freiheit kann nur der säkulare Staat garantieren. Denken

Sie nicht, dass Sie Ihrem Glauben einen Bärendienst erweisen, wenn Sie ihn an das Gottesvorrecht des Adels knüpfen?“

„Warum sind Sie so versessen darauf, den Seelenfrieden eines alten Mannes zu stören?“, fragte Claudius nun, dessen Gedanken nicht mehr gegen die Erschöpfung ankamen.

„Weil Ihr Seelenfrieden das Leichentuch über den Hoffnungen meiner Generation ist.“

„Dann werden Sie uns also nicht helfen?“

„Monsieur, ich habe es Ihnen schon einmal gesagt: Meine Rolle in dieser Angelegenheit ist viel zu bescheiden, als dass ich Ihnen von Nutzen sein könnte; bescheidener als die Ihre, die Sie mit Ministern und Geheimräten verkehren. Aber ich habe Ihrer Frau versprochen, ein Bittgesuch weiterzuleiten, und ich stehe zu meinem Wort.“

„An wen soll ich dieses Gesuch richten? An den Marschall Davout? Oder wird man es an den Kaiser geben?“

„Woher soll ich das wissen?“ Er stand mit dem Rücken zu Claudius gewandt und nahm seinen Hut ab. Die Veränderung der Silhouette zeigte, dass er die Hand an der Stirn hatte.

„Man behauptet, Marschall Davout habe die strengen Befehle des Kaisers gegen die Aufständischen mit den Worten zurückweisen wollen, er wolle aus sich keinen Henker machen lassen. Er hat sie aber nicht zurückgewiesen – und vielleicht ist es nur Armeeklatsch. Aber dass ein Soldat sich mit einem solchen Auftrag unwohl fühlt, das können Sie für Ihr Bittgesuch annehmen.“ Er setzte den Hut wieder auf. „Glauben Sie mir, auch Marschall Davout liebt seine Kinder.“

„So sehr, dass er Paris mit ihnen darinnen niederbrennen würde?“

„Ach, das hat Ihre Frau Ihnen erzählt? Da sehen Sie mal, wie hässliche Gerüchte sich an diese Welt klammern. Und ganz gleich, was ich tue: Über uns wird man hierzulande immer nur diese hässlichen Geschichten erzählen.“

„Was werden Sie tun, wenn die Aufständischen sich nach Wandsbek flüchten?“

Aus dem Dunkeln antwortete ihm ein langes Schweigen.

„Beten“, sagte der Besucher schließlich heiter. Dann verschwand die Gestalt mit einigen munteren Lauten in der Nacht.

„Matze, warum sitzt du denn dort noch auf?“ Rebekka hatte den Kerzenschimmer in seinem Arbeitszimmer bemerkt. Sie war sonst diejenige, die die Nachtstunden schätzte, während Claudius für seine Arbeit die Morgenstunden liebte. Doch von ihren Gewohnheiten hatten sie in den letzten Tagen ohnehin lassen müssen.

Rebekka war schon im Nachtgewand und hatte die Haube unter dem Kinn gebunden. Sie hatte durch einen kleinen Spalt in das Zimmer geblickt, wo die Kinder schliefen, und sich vergewissert, dass alles ruhig war. Caroline hatte nicht zu Bett gehen wollen. Sie kauerte auf der Ofenbank in der Küche, die Wolldecke um sich, die sie vom heimischen Klavier mitgenommen hatte. Sie wollte auf Friedrich warten. Und nun fand Rebekka also auch ihren Mann schlaflos vor.

„Betty, hatten wir heute Abend einen Besucher?“

Rebekka zog sich einen Stuhl heran. Ihr Unterleib war erfüllt mit Schmerzen, und sie wusste, dass das Sitzen nur für einen Moment Erleichterung brachte.

„Aber natürlich, Matze. Leutnant Laurissant war hier.“

„Gut.“ Er strich sich das dünne blasse Haar hinter das Ohr. Vieles an dem Wortwechsel war ihm vorgekommen wie ein inneres Zwiegespräch aus Zweifeln und Hoffnungen. Etwas ganz und gar Unwirkliches war in diesen Ort gekommen, der ihm doch immer so vertraut gewesen war. Sein Leben war innerhalb weniger Stunden zum Reisegepäck eines Fremden geworden.

„Ich fühle mich aufgebraucht, Bebelmus. Mein Körper zwackt mich schon lange mit dem Alter, aber nun wollen auch die Gedanken nicht bei mir bleiben. Mein Geist ist in den letzten Tagen wie ein vom Wind gepeitschter Baum und meine Gedanken sind die Vögel, die darauf nicht sitzen können.“ Er machte mit der Hand eine Bewegung über seinem Kopf. „Ich muss diesen Brief noch aufsetzen“, sagte er.

Er blickte auf die Zeilen. Es ging darin nicht um Perthes und er sprach auch keinen Marschall an: Nie hatte er so deutlich gespürt, dass die Ereignisse in der Welt für etwas anderes standen. An dieses andere richtete er seine Worte, hatte er seine Worte immer gerichtet.

„Ich weiß nicht recht, wie ich es anfangen soll. Hör es dir an, Bebelmus; es ist auf Französisch, ich werde es dir auf Deutsch vorlesen: *Ein Unbekannter, demütig und mit guten Absichten, kommt, um Sie, angesichts eines furchtbaren Schlages, der hereinzubrechen droht, zu sprechen, allein und ohne Zeugen.*“

„Denkst du denn, er wird dir eine Audienz gewähren?“

„Ich kann unser Anliegen nur persönlich vorbringen. Wenn ich ihm in dem Brief sage, worum es geht, wird er gewiss ablehnen.“

Er suchte mit einem Blick ihr Einverständnis. „Ich weiß nicht, wie ich ihn ansprechen soll. Er ist Marschall, aber für seine Siege hat man ihm auch einige Titel verliehen … Herzog oder Prinz. Ich habe ihn mit ‚Seigneur‘ angesprochen.“

„Ich glaube, diese Leute nehmen es mit den Anreden nicht so genau.“

„Also gut: *Seigneur, Sie haben zu Anfang Ihre Zeitgenossen in Erstaunen versetzt, nun sind Sie dazu übergegangen, sie zu bedrücken …* Laurissant sagte mir noch, der Marschall sei nicht glücklich über die Befehle gegen die Aufständischen. Daher schreibe ich: *Es ist besser, Gutes zu tun als Schlechtes, besser zu retten, als aufzugeben. Das Heldentum ist ein edler Beweggrund, man täuscht sich nur mitunter in seinem Gegenstand …* Weißt du, ich möchte wohl, dass er eine Heldentat darin sieht, die Anweisungen unausgeführt zu lassen.“

Rebekka nickte.

„Dann noch einige Worte darüber, dass die Macht, ein Volk zu unterwerfen, auch eine Verantwortung mit sich bringt, aber das ist mir ein wenig fahrig geraten.

Der Mensch ist unsterblich, und er ist für ein erhabenes Werk geschaffen. – Es gibt eine Ordnung der Dinge, die täuschend und falsch ist, und es gibt eine, die wahrhaftig ist und sich über dieser trügerischen und vergänglichen Bleibe befindet. Es besteht hinter dem Schleier des sichtbaren Universums ein Sein, das existierte, bevor der Schleier sich senkte, und es wird existieren, nachdem der Schleier zerrissen wurde; es ist unendlich gut, friedlich, sanft; den Krieg, die Ungerechtigkeit und die Gewalt hassend; es kann alles, will aber nur segnen, lindern, lieben etc. Dieses Sein ist ewig und in seiner Essenz die Glückseligkeit, und es lässt die Sanftmut seiner Existenz in die Seelen jener fließen, die ihm nachstreben und die sich selbst vergessen. Denken Sie daran. Es sind die Wahrheit und die Liebe, die zu Ihnen sprechen.

Ich wollte es nur mit ‚M. C.' unterzeichnen, man wird ihm ja sagen, von wem das Schreiben kommt. Vielleicht erinnert er sich auch an meinen Namen, von der Zeit her, da er im Schloss wohnte."

Claudius tunkte die Feder noch einmal ein und setzte seine Initialen darunter. Er fügte weder Datum noch den Namen des Adressaten ein. Denn für den Marschall war es eine heikle Sache, dieser Bitte überhaupt Gehör zu schenken.

„Ja, Matze ...", Rebekka suchte nach Worten, um ihr Unbehagen mit diesem Schreiben auszudrücken. „Es ist aber doch einiges sonderbar formuliert, so als würdest du mit einem Philosophen sprechen ... diese Anspielung auf die Dinge hinter dem Schleier. Der Schlusssatz indes wird nicht ohne Eindruck bleiben."

„Betty, ich habe ja nun einige Bücher aus dem Französischen übersetzt: den *Sethos,* Saint-Martin und Fénelon. Wenn er diese Anspielungen versteht, dann wird er mich anhören und ich werde etwas für uns erreichen."

„Dann sind das eben diese sonderbaren Dinge, von denen ich nicht viel verstehe."

„Im Grunde geht es immer nur um jenes Höhere, das im

Menschen angelegt ist." Er faltete das Papier und nahm die Kerze. „Wir werden nun abwarten müssen, ob er neben seinem Kaiser noch einen Gott kennt und neben der Macht auch die Gnade. Er stammt ja aus einer alten französischen Adelsfamilie und den Abscheu vor der Guillotine teilen wir sicher."

Nochmals versuchte er, sich das Gesicht des Marschalls ins Gedächtnis zu rufen. Irgendwie sah er harmlos aus. In einem zivilen Rock wäre er vielleicht recht unscheinbar. Aber die vielen Siege, die erfolgreichen Manöver und die unbeirrbar ausgeführten Aufträge sprachen eine andere Sprache.

„Mein lieber Lavater", sprach Claudius den toten Freund an, „wie viel einfacher hätten wir es doch auf der Welt, wenn man, wie du uns wohl lehren wolltest, den Charakter eines Menschen an dessen Nasenspitze ablesen könnte! Dann würde ich jetzt sehen, wie die Brille sich über diesen Brief beugt, die Hand über die Halbglatze streicht und unsere Ängste in einem kurzen ‚Bon, d'accord!' ihr Ende finden."

Was er aber stattdessen sah, war, wie der Krieg nach Zürich kam, so wie er nach Wandsbek gekommen war; er sah, wie Lavater durch die umkämpften Straßen irrte, sich zu einem Verwundeten beugte und von einer Kugel getroffen wurde. Eine Kugel, gegenüber dem Weltenlauf so klein wie ein Sandkorn im großen Getriebe. Sie beendete Lavaters Weltenlauf.

23 Die freie Feder

Sie dünkten sich die Herren aller Herrn,
zertraten alle Ordnung, Sitt und Weise
und gingen übermütig neue Gleise,
von aller Wahrheit fern.

Sie mordeten den König, ihren Herrn,
sie morden sich einander, morden gern,
und tanzen um das Blutgerüste.

(Aus: Klage, 1793, in: Asmus omnia sua secum portans, VIII. Teil)

1794

Schlimmer noch als die Jakobiner sind Goethe und Schiller – das hörte man, als das Jahrhundert sich dem Ende näherte, von Kopenhagen bis Zürich, und auch Claudius sollte bald erfahren, wie es war, wenn mit Tinte scharf geschossen wurde. Friedrich Schiller hatte Goethe für die Mitarbeit an der Zeitschrift *Die Horen* gewinnen können. Auch Herder sagte Beiträge zu, Claudius indes lehnte ab, zu unwohl war ihm mit den Herausgebern und dem Anlass der Zeitschrift.

Anfangs war der Zuspruch zu den *Horen* groß, und zu den Abonnenten gehörten allerlei namhafte Denker und Denkerinnen, doch die fragten sich bald, wer Schiller das Recht gegeben hatte, sie im schulmeisterlichen Ton über die deutsche Kultur zu belehren? Deutschland, das ist da, wo der Schiller mit seinen Griechen lebt, spottete man. Vom derben Ton in den *Horen* fühlte sich auch Herder bald abgestoßen und meinte, sie sollten besser *Die Huren* heißen. Ganz besonders verletzte ihn der Spott über die republikanische Gesinnung, zu der sich auch

Schiller einst bekannt hatte. Doch inzwischen hatte der Baron von Schimmelmann ihm eine Donation von 1000 Reichstalern im Jahr verschafft und Schiller hatte sich für 428 Gulden den dazu passenden Reichsadel gekauft. Seine Zeitschrift kaufte derweil kaum jemand mehr, und sie musste eingestellt werden. Er verständigte sich mit Goethe darauf, dass man von Kleinmut und Dummheit umgeben sei, von Dilettanten und Sonntagsrevoluzzern.

Eine Abrechnung musste her. Für den *Musen-Almanach auf das Jahr 1797* verfassten Schiller und Goethe einige Verse, die sie unter dem Titel *Xenien* drucken ließen. Es wurde darin über alles und jeden hergezogen: Über die Aufklärung und ihre Missgeburt, die Französische Revolution, über alle, die in Deutschland ihr Fähnlein schwenkten; über die Schwärmer und Mystiker, über die Lebenden wie etwa über Kant und Lavater, über die Toten, wie etwa Newton, und über die dazwischen, wie über den achtzigjährigen Greis Gleim. Die Verse waren schlecht gemacht und holprig und sprachen von der Originalität, die man zu haben glaubte, wenn man reichlich dem Wein zugesprochen hat. Es stinkt und zuckt und schlägt um sich wie ein sterbender Fisch, konstatierte daher mancher.

In den *Xenien* wurde auch Claudius bedacht.

ERREURS ET VÉRITÉ
Irrtum wolltest du bringen und Wahrheit,
o Bothe von Wandsbeck;
Wahrheit, sie war dir zu schwer;
Irrtum, den brachtest du fort!

… so war es da zu lesen. Diese Zeilen stammten von Schiller, der sich schon öfter spöttisch über Claudius geäußert hatte. Was den besonders schmerzte, war, dass man ihn wiederum wegen der Übersetzung anging, so als wäre es sein eigenes Werk nicht einmal wert, angegriffen zu werden. Claudius schrieb für die *Hamburgischen Neuen Nachrichten* seine Anti-*Xenien,* die zu der Zeit in großer Zahl erschienen, denn es hatte ja jeder einen Spritzer garstiger *Xenien*-Tinte abbekommen.

Der alte Gleim, Claudius' Freund seit vielen Jahren, nannte das Ganze in seinem Briefwechsel mit Herder eine Katzbalgerei:

Goethe-Schiller so inhuman! Solche Katzbalgerei? Ja! Wohl recht, Katz- und Katerbalgerei. Jawohl, Herzensbruder, haben wir mehr solcher Katzbalgereien durchlebt und wissen, was aus ihnen wird. Menschenfeindschaft, Unmenschlichkeit wird aus ihnen. Die Xenien sind reißende Wölfe, noch ärger als die Jakobiner. Die gegen sie ausgegangenen Jäger sind gar schlechte Schützen.

Claudius gab seinem Freund Gleim im Herzen recht, doch sollte er sich alsbald auf eine „Katzbalgerei“ einlassen, deretwegen es zum Bruch mit Gleim kam.

Durch die Familie Reimarus erfuhr Claudius, dass ihr Schwiegersohn, der Kammerherr August von Hennings, eine neue Zeitschrift plante. *Genius der Zeit* sollte sie heißen. Nun hatten viele dieser Zeitschriften es an sich, schnell zu entstehen und schnell zu vergehen und dabei doch einiges im guten Umgang zu verglühen und zu verbrennen.

Es schien Claudius, dass man im dänischen Staat die Gefahr noch nicht erkannt hatte, die durch das freizügige, öffentliche Debattieren entstand. Dabei konnte man es in Frankreich doch beobachten, wie aus dem Volk der Pöbel geworden war. In Dänemark und in den Personalunion-Gebieten Schleswig und Holstein war man seiner Ansicht nach zu sorglos, wenn man auf eine Zensur verzichtete. Für die *Hamburger Neue Zeitung* schrieb er eine kleine Fabel über den Zensor Brummelbär, dessen Arbeit im Lichte der Aufklärung in Ungnade fiel:

Der Löwe sperrt den Bären ein
und tat den Spruch: „Die edle Schreiberei
sei künftig völlig frank und frei!"
Der schöne Spruch war kaum gesprochen,
so war auch Deich und Damm gebrochen.
Die klügern Widder schwiegen still,
laut aber wurden Frosch und Krokodil.

Der Löwe kam also zu dem Schluss:

Sie waren es nicht wert, die Sudler, klein und groß;
macht doch den Bären wieder los!"

Das kleine Stück unterschrieb Claudius mit seinem Namen, nicht mit *Asmus* oder *Der Bote*, wie er es sonst oft zu tun pflegte, denn man sollte wissen, dass er so dachte. Zu oft hatte er es erlebt, dass ein publizistischer Streit zu einem unwürdigen und schmutzigen Geschäft wurde. In Frankreich konnte man sogar sehen, wie aus Tinte Blut wurde. Er sprach also den Verdacht aus, dass Hennings mit seiner Zeitschrift kein anderes Ziel hatte, als die öffentliche Ruhe zu stören.

Diese Unterstellung brachte Hennings in eine gewisse Gefahr. In mehreren Briefen wandte er sich an Claudius, um die Sache richtigzustellen. Claudius aber bestätigte in seiner Antwort, dass er in einer Zeitschrift, wie Hennings sie unterhalte, eine falsche Methode sehe. Schließlich setzte Hennings seine Angriffe auf Claudius öffentlich fort und dieser beklagte sich in der *Hamburger Neuen Zeitung* darüber:

Solange der Gelehrte nur als Gelehrter gemisshandelt wird, hat es mit solchem Unfug seine gewiesenen Wege. Wenn er aber als Mensch, als Bürger und Untertan angegriffen wird; so verträgt das ein ehrlicher Mann nicht.

„Matze, ich weiß aber auch nicht, was du dir bei solch einer Fabel gedacht hast.“ Rebekka nahm einen Löffel mit warmem Apfelbrei aus der Schüssel. Christiane hielt den kleinen Ernst auf dem Schoß, der dem Löffel pausbackig entgegensah. Rebekka konnte ihn nicht selbst auf dem Schoß halten, denn sie erwartete jeden Tag eine weitere Niederkunft, es war ihre zehnte. Zwei ihrer Knaben waren noch als Wiegenkinder gestorben, beide hatten den Namen „Matthias“ getragen. Beim Tod des zweiten hatte Claudius gesagt, sie würden den Namen keinem ihrer Söhne mehr geben.

„Die Wahrheit ist dir doch ein so wichtiges Gut“, fuhr Rebekka fort, „und sie braucht nun einmal auch die Freiheit in der Äußerung.“

„Nein, Bebelmus, es ist die Meinung, die nach der Freiheit der Äußerung verlangt. Und wie man also sieht, mündet die Meinung in Streit.“

Claudius saß über einem Antwortschreiben an von Hennings. Durch die Fensterritzen drückte sich der kalte Winterwind. Es war nur noch wenige Tage bis Weihnachten, aber der Streit mit dem Kammerherrn hatte ihm die Vorfreude auf das Fest verdorben. Auch war er wegen der bevorstehenden Geburt in Sorge um Rebekka. Es war, als hätte sie an jedes ihrer Kinder einen Teil ihrer Lebenskraft abgegeben.

„Es verlangen doch immer die nach Pressefreiheit, die andere in ihrem Frieden stören wollen“, sagte er. „Wenn ich einen schlechten Tag habe, gehe ich dann vor die Tür und nenne meinen Nachbarn einen krummen Hund? Was also gegen den Nachbarn nicht erlaubt ist, soll beim gedruckten Wort gestattet sein?“

„Du gehst dann davon aus, dass einer wie Hennings die guten Sitten nicht achtet. Und das hat ihn wohl so aufgebracht. Du hast doch selbst einmal geschrieben, dass es erlaubt sein muss, einen schlechten Herrscher auf seine Fehler hinzuweisen!“ Ernst streckte seine Händchen nach dem Löffel aus und als Rebekka diesen zurückzog, begann er zu weinen.

„Christiane, halt doch seine Ärmchen fest!"

„Aber man darf doch nicht dazu auffordern, den Herrschern den Kopf abzuschlagen! Siehst du, Betty, eine Schreibfeder ist an sich weder etwas Gutes noch etwas Schlechtes, so wie ein Pferd weder etwas Gutes noch etwas Schlechtes ist: Man kann es anschirren, um sein Feld zu bestellen und seine Freunde zu besuchen, man kann es aber auch satteln, um zu einem Raubzug zu reiten. Es muss eben jemand da sein, der darauf achtet, wofür eine Feder verwendet wird. Und das ist der Zensor."

„Matze, es gibt in keinem Staate einen, der in jeden Stall schaut, damit die Pferde nur zu redlichen Zwecken geritten werden. Da würde jeder sagen: Das ist meine Sache!"

„Ja, und was dabei herauskommt, sind etwa die Schmähungen, die der Herr Mendelssohn sich anhören musste … nicht wegen seiner Philosophie, sondern weil er ein Jude ist."

„Also gut." Rebekka legte den Löffel in die Schüssel. „Man kann sich den Fall ja auch umgekehrt denken: Ein Herrscher verlangt, dass in seinem Lande die Juden geschmäht werden. Und dann gehst du hin und schreibst, wie du es getan hast, über den Herrn Mendelssohn: Als Juden schätze ich ihn um seiner großen Väter und um meiner Religion willen. – Und das streicht dir der Zensor und sagt: Ich bin eben dem Claudius sein Brummelbär."

Claudius runzelte die Stirn. „Gewiss kann das Amt des Zensors missbraucht werden und man muss solche Leute klug auswählen. Zur Feder kann aber eben jeder greifen. Und von ihr geht daher die größere Gefahr aus, wenn sie wild ihr Werk tut."

Auf die Gesprächspause, die nun eintrat, schien Christiane nur gewartet zu haben: „Die Caroline spricht ja nun immerzu von dem Herrn Perthes, dem Buchhändler. Ob wir den wohl an Weihnachten einladen können?"

„Worüber ihr Mädchen des Abends sprecht, kann man durch alle Türen hören. Der Herr Perthes soll bei seinen Büchern bleiben, denn die Caroline ist erst zwanzig."

„Mutter war sechzehn."

„Ja, ihr Mädchen habt es wohl alle Male eilig, aus dem Haus des alten Kauzes zu kommen!"

Es war sein alter Freund Voß gewesen, der ihn auf Anstiftung Jacobis hin in einer Fabel zum missmutigen Kauz gemacht hatte:

Der Kauz und der Adler
Keine Fabel.
Ein alter Kauz denunziert beim König Adler den Hahn, den gellenden Trompeter der Aufklärung, als Verräter. Er störe Ruhe und Andacht der Untertanen, die Singvögel stimmten mit ihm überein, und Aufruhr und Hochverrat drohten, wenn der fromme Uhu nicht Zensor würde.

„Nun, wir haben ja keinen Anlass, den Herrn Perthes zu vergraulen", sagte Rebekka besänftigend.

„Du meinst, so wie ich die anderen vergrault habe? ‚Der Claudius ist der wütendste unter den Aristokraten geworden und sagt, dass man alle Franzosen totschlagen soll.'"– Woher kam nur diese neue Streitsucht, aus der selbst Freunde einander übel nachredeten, fragte sich Claudius und sagte zu Christiane: „Für Liebesdinge ist es eben eine schlechte Zeit, denn wenn die Franzosen so weitermachen, beginnt das neue Jahr damit, dass wir um unser Leben fliehen müssen."

Aus dem Flur drangen in diesem Moment ein Gepolter und ein lautes Streiten zwischen Henriette und Johannes.

„Was ist denn nun wieder?" Claudius erhob sich und verließ die Küche.

„Ja, da habe ich im Leben wohl viel zu tun, wenn ich den anderen euren Vater erklären muss", sagte Rebekka und nahm wieder Mus auf den Löffel.

„Und was hat er gegen den Herrn Perthes?", fragte Christiane.

„Gar nichts. Er will nur Caroline noch nicht hergeben."

„Aber der Herr Perthes bewundert Vater doch so sehr. Er

hat gesagt, Vater sei ein *seltner Mann und weit hinter, vor oder über seinem Zeitalter.*“

Rebekka sann einen Moment nach, dann sagte sie: „Ich denke, eurem Vater liegt die Geschäftstüchtigkeit des Herrn Perthes nicht recht. Vater scheint es, dass der Herr Perthes an die Revolution glaubt, wenn sich Bücher darüber gut verkaufen, und an das Pfingstwunder glaubt, wenn diese Bücher besser gehen. Der Handel mit Bekenntnissen, das ist eurem Vater nicht geheuer.“

„Caroline sagt aber, der Herr Perthes würde sie um ihrer Frömmigkeit willen lieben ... Und er hätte einen großen Durst nach der Lehre Christi.“

Rebekka lächelte in sich hinein.

„Keine Sorge, deine ältere Schwester kommt bald genug unter die Haube ... Und du kannst dir auch einen Mann suchen.“

Christiane errötete. „Ja, der Herr Perthes kennt allerlei interessante Leute.“

„Nur an diesem Weihnachtsfest laden wir ihn besser nicht ins Haus.“ Rebekka legte die Hand auf ihren Bauch.

24 Das Geheimnis des Glaubens

Der Tod

Ach, es ist so dunkel in des Todes Kammer,
tönt so traurig, wenn er sich bewegt
und nun aufhebt seinen schweren Hammer
und die Stunde schlägt.

(In: Asmus omnia sua secum portans, VI. Teil)

1794 BIS 1803

Am 30. Dezember brachte Rebekka einen gesunden Knaben zur Welt, der auf den Namen Franziskus getauft wurde. Es sollte ihr letztes Kind sein. Lange musste sie das Bett hüten, um sich von den Anstrengungen der Geburt zu erholen, und wurde auch hernach von mannigfaltigen Schmerzen geplagt. Der Arzt der Familie riet daher zu einer Kur. Rebekka und Claudius überließen die Kinderschar den älteren Töchtern und fuhren für einige Wochen in das Bad Pyrmont.

Eine solche Reise war möglich, weil Preußen einen separaten Frieden mit Frankreich geschlossen hatte und Norddeutschland nicht befürchten musste, Aufmarschgebiet für feindliche Heere zu werden. Claudius' Freund und Gedankenbruder von Haugwitz hatte in seiner Rolle als Außenminister Preußens diesen Vertrag ausgehandelt. Seinen Briefen konnte Claudius entnehmen, dass Haugwitz sich gerne in den Dienst des Friedens stellte, in seinem eigenen Land dafür aber angefeindet wurde. Es gab etliche, die die Sache lieber mit Blut ausgetragen sehen wollten, und sie sollten sich bald um die junge Königin Luise scharen, die ankündigte, den Franzosen eine Lektion erteilen zu wollen, wie man sie eben aufsässigen Domestiken erteilte. Der Erste Konsul Bonaparte, der in Frankreich die Macht übernahm, verkörperte für sie alles, was sie aufgrund ihrer höheren Geburt glaubte niederringen zu müssen.

Von Haugwitz war des politischen Geschäfts daher auch bald müde. Er wollte sich lieber der inneren Welt widmen und den Schriften, die darüber Auskunft gaben, wie die mystischen Kräfte der Seele zu entdecken seien. Er beneidete seinen Freund Claudius darum, dass er sich mit solchem Schrifttum beschäftigen konnte.

Claudius bereitete nämlich gerade eine neue Übersetzung vor, ein mehrbändiges Werk von François de Salignac de la Motte Fénelon. Er war Erzbischof in der Zeit Ludwigs XIV. gewesen, und diese Arbeit sollte bald einen Verdacht in Claudius' Umfeld nähren: dass er sich nämlich dem Katholizismus zugewandt habe, ja seinen Übertritt zum Papismus vorbereite. Aus den Gerüchten wurde ein wahrer Tumult, als der Graf von Stolberg, der langjährige Freund der Familie, wirklich zum Katholizismus übertrat.

Die Umwälzungen der Revolution und die kalte Verstandesherrschaft der Aufklärung hatten dazu geführt, dass viele von ihrer Sehnsucht nach einer Kirche der Sakramente, einer Kirche der großen Rituale sprachen. Die wichtigsten Gedanken der Aufklärung waren aus evangelischen Pfarrhäusern hervorgegangen; ihre Nachkommen dagegen suchten wieder das Geheimnis des Glaubens. Also brachten sie jene gegen sich auf, die in der katholischen Kirche nicht so sehr eine Glaubensgemeinschaft, sondern ein Machtinstrument sahen.

Es sprach sich schnell herum, dass Claudius den Stolbergs zu ihrer Entscheidung *gratuliert* hatte. Doch wozu er ihnen gratulierte, das war keinesfalls die Entscheidung, die katholische Kirche der evangelischen vorzuziehen, sondern der Umstand, dass sie sich eingehend über ihren Glauben befragt hatten und eine Entscheidung nach ihrem Herzen und nicht nach dem Geschmack ihrer Freunde getroffen hatten. Dennoch waren Voß,

Jacobi und Gleim sich sicher: Claudius war der Nächste, der vor einem katholischen Altar knien würde.

„Betty, hast du in letzter Zeit etwas Katholisches an mir bemerkt?“, fragte Claudius seine Frau, als sie wieder zurück in Wandsbek waren. Er trug seinen Sohn Friedrich auf den Schultern im Garten herum, während er einen Brief las, in dem es wieder einmal um dieses Thema ging.

Rebekka hatte eine Schüssel vor sich stehen, in die sie Erbsen auslas. Nun schirmte sie ihr Gesicht gegen die Sonne und tat, als müsse sie ihren Mann genau studieren.

„Nein, Matze, das habe ich nicht.“

„Na, und wer würde mich besser kennen als du?“

„Papa, da ist Besuch!“, meldete nun die kleine Rebekka, die mit ihren Geschwistern und den Kindern aus der Nachbarschaft an der Chaussee gespielt hatte. Ihrer Ankündigung folgte eine Frau im schlichten Reisekleid.

Im Hause Claudius gingen oft unangekündigte Besucher ein und aus. Obwohl man sich als Familie immer gastfreundlich zeigte, mochte Claudius das Auftreten mancher Besucher nicht, die glaubten, einen Anspruch auf ihn zu haben, nur weil sie einige seiner Schriften gelesen hatten. Diese Besucherin aber wartete höflich darauf, hereingebeten zu werden. Sie stellte sich als Schulmeisterin aus Westfalen vor, die auf Reisen war und den berühmten Boten persönlich kennenlernen wollte.

Rebekka brachte ein Glas Limonade, Claudius stellte einen Stuhl bereit, denn es war augenfällig, dass es um die Gesundheit ihrer Besucherin nicht zum Besten bestellt war. Bald ließ sich auch bemerken, dass sie nicht die war, für die sie sich ausgab – und mit einer Entschuldigung gab sie ihre Maskerade auf: Es war die Fürstin Amalia Gallitzin.

Jacobi hatte ihnen bereits oft von der Fürstin und ihrer seltsamen Lebenswandlung berichtet: Sie war die Frau eines russischen Großfürsten, hatte ihre Jugend in den Vergnügungen und Lustbarkeiten verschiedener Höfe verbracht, war der Leerheit dieses Lebens jedoch überdrüssig geworden. Sie hatte sich die Haare abgeschnitten, die seidenen Kleider abgelegt und war mit ihren beiden Kindern in das Fürstbistum Münster gegangen. Hier lebte sie nun auf einem Bauernhof und pflegte Umgang mit den Denkern einer neuen Mystik. Sie hatte Hamann zu sich geholt; der von ihr verehrte Lehrer war jedoch bei seinem Besuch gestorben und lag nun in ihrem Park begraben. Auch sie war zum katholischen Glauben übergetreten. Claudius hatte sie dadurch beeindruckt, dass er trotz seines tiefen pietistischen Glaubens keine Feindseligkeiten zwischen den Konfessionen schürte. Er berichtigte sie dahin gehend, dass er *wegen* seines Glaubens keinen Anlass habe, Feindseligkeiten zu schüren: weder zwischen den Religionen noch zwischen den Konfessionen.

Die Wurzel aller Religionen lag für ihn in der Sehnsucht des Menschen nach dem Göttlichen – wobei das Christentum der menschlichen Natur am ehesten entsprach, denn es kannte die Verbindung zwischen dem Geheimnis und der Vernunft, zwischen der Offenbarung und dem Disput.

Nun war darauf zu achten, dass das Schiff des Glaubens sich nicht zu sehr einer Seite zuneigte. Denn das war eben der missliche Versuch der Aufklärung: die Religion auf das zu beschränken, was an ihr Philosophie war. Das Schiff würde kentern, denn eine Religion der Vernunft hatte jene wichtigste Kraft nicht mehr: die des Trostes.

Jedes Tier kannte die Angst, nur der Mensch aber kannte die Furcht, denn er hatte eine Einsicht in seine Endlichkeit.

Er selbst bedurfte schon bald darauf dieses Trostes, denn Bruder Hain stattete ihnen wieder einen Besuch ab: Er nahm Christiane, ihre zweitälteste Tochter, mit. Sie starb wie einst sein Bruder Josias an den Blattern. Noch in vielen Nachtstunden nach ihrem Tod hörte Claudius ihre Geschwister weinen. Am Tag der Beisetzung auf dem kleinen Friedhof in Wandsbek, wo zwei seiner Söhne lagen – wo auch er einmal liegen würde an der Seite seiner Frau, die er nun im Arm hielt – an diesem

Tag dachte er sich: Wie wäre es jetzt um uns bestellt, hätten wir nur Kant und die Menschenrechte?

Caroline bedrückte der Tod der Schwester besonders stark. Claudius gab daher seine Einwilligung in ihre Heirat mit Friedrich Perthes und Caroline berichtete es begeistert der Fürstin Gallitzin, die ihr eine vertraute Briefpartnerin geworden war. Caroline nannte sie mitunter Mutter Amalie.

„So haben wir doch den Trost, dass wir einmal wieder mit unseren Kindern vereint sein werden im Reich unseres Herrn“, sagte die Fürstin bei einem gemeinsamen Spaziergang zu Claudius.

„Werte Frau: Solche Erwartungen hege ich nicht an das Himmelreich, denn sehen Sie: Solange die Vögel in einen Käfig gesperrt sind, sitzen sie beieinander. Öffnet man aber die Tür, so fliegen sie in alle Richtungen davon. Wenn wir den Käfig unseres Körpers verlassen haben, gehen wir in etwas Großem auf und werden getragen von den höchsten Empfindungen, von denen wir heute durch unsere Fähigkeit zu glauben nur eine stille Ahnung haben.“

„Aber welches Empfinden könnte höher sein als die Liebe zu unseren Kindern?“

„Und doch ist sie nur ein Tropfen der Liebe Gottes für die Menschheit.“

„Ob dieser Tropfen nicht bisweilen eine Träne ist, lieber Herr Claudius? Wenn er sieht, mit welchem Zank um Macht und Herrschaft in der Welt wir uns abgeben?“

„Freund Herder könnte den Verlauf der Geschichte mit allem Zank sicher darauf antworten lassen … Ich sehe es so wie Sie, verehrte Freundin.“

Mit Herder hatte Claudius sich fast zwanzig Jahre nicht getroffen. Nun sahen sie sich wieder. Die Auseinandersetzungen von damals erschienen ihnen wie Kindereien – das Vorbildliche der Antike, die Wiederentdeckung der Volkskunst, Spinoza und die Hochgradmaurerei – wie unbedeutend für den Weltenlauf war das alles im Vergleich zu den Umwälzungen der Französischen Revolution.

Von Herder hatte man in England kaum gehört, Goethe war in Russland nur den Gelehrten ein Begriff, Lessing hatte kaum jemand in Italien gelesen, aber überall dort kannte man einen Namen, den man mit Ehrfurcht oder Abscheu nannte: Napoleon Bonaparte.

Sie alle waren zu Zeitgenossen Napoleons degradiert worden, die Jüngeren unter den Schriftstellern mochten sich mit zornigen Schriften dagegen wehren, die Älteren fügten sich und lernten Gelassenheit.

Herder hatte seine vorschnelle und oft ungerechte Art zu urteilen verloren, er war in allem versöhnlicher geworden, fast ein wenig behäbig. Auch mit Goethe hatte er sich ausgesprochen, der seinerseits den scharfen Ton der *Xenien* bereute.

„Vielleicht bedauert er aber auch nur, dass es bestenfalls mittelmäßige Verse waren", fügte Herder scherzhaft hinzu. Sie gingen unter den Plantanen einher. Caroline und Rebekka waren ein ganzes Stück zurückgefallen und hatten sich beieinander untergehakt.

Rebekkas Kleidung wirkte ein wenig altbacken, aber sie wollte sich von den ausgestellten Röcken und dem gekreuzten Brusttuch nicht trennen. „Aus einer alten Frau macht man doch keine Diana mehr", pflegte sie zu sagen, denn die Frauen trugen nun fließende, leichte Stoffe, gleich unter dem Busen gehalten.

Alles sollte antik aussehen, auch die Frisur. Die Männer trugen keine Perücken mehr, die wilden Locken der Revolution waren ebenfalls gefallen. Frankreichs Erster Konsul machte es vor: Er hatte sich die Haare abgeschnitten. Man trug jetzt kurze Locken in die Stirn und die Schläfe frisiert, selbst manche Frau hatte sich an den Titus-Kopf herangewagt. Herder hatte wie immer gepudert, und Claudius trug die grauen Haare bis zu den Schultern. Das Alter half dabei, die Gewohnheiten gegenüber der Mode zu verteidigen.

„Goethe meinte sehr zutreffend: Die Menschen werden durch Gesinnungen vereinigt und durch Meinungen getrennt“, sagte Herder. „Wir haben uns also in mancher Gesinnung wiedergefunden. Vielleicht ist es aber auch die Nähe des Todes, die milde stimmt.“

Lavater war im Jahr zuvor einer Verletzung erlegen, die er bei den Kämpfen um Zürich erlitten hatte. Von Lessing, der viele Jahre zuvor gestorben war, sprach Herder noch oft, auch an Hamann erinnerten sie sich.

„In meinem Leben war der Tod immer nahe“, sagte Claudius leise.

„Du warst auch immer milde“, entgegnete Herder.

Herder starb im Dezember des darauffolgenden Jahres und wurde in Weimar begraben. Auf einer Gedenktafel zu seinen Ehren stand: „Licht, Liebe, Leben.“ Im selben Jahr starben auch Klopstock und Gleim, so als hätten sie sich verabredet. Schiller starb zwei Jahre später 1805; mit ihm hatte Goethe sein wichtigstes Gegenüber verloren. Die Fürstin Gallitzin, zu der er, wie Claudius, freundschaftliche Zuneigung empfand, starb 1806.

Das Haus der Gelehrsamkeit leerte sich. Die, die noch darinnen wohnten, rückten näher zusammen. So erkundigte sich Goethe bei einem Besucher, der über Hamburg gekommen war, ob denn Claudius noch lebe. Als man dies bestätigte, sagte er: „Dann grüßen Sie mir meinen guten Claudius von mir.“

Die Lebenden hatten bald Grund, die Toten zu beneiden, denn die Königin Luise bekam ihren Willen, nämlich einen Krieg gegen Frankreich. Doch das preußische Heer schaffte es kaum über die Grenzen des eigenen Landes hinaus und wurde von der *Grande Armée* zurückgedrängt, bei Jena besiegt und durch das ganze Land bis zur russischen Grenze hin gejagt, wo Luise den Schutz des Zaren erflehte.

Ihr Volk geriet dabei unter die malmenden Räder des Krieges, und auch Sachsen blieb nicht verschont. Weimar durchlebte eine Nacht der Plünderungen und der Brände, Goethe und Wieland mussten um ihr Leben fürchten. Vieles aus den Bibliotheken ging in Flammen auf. Herders Manuskripte nährten die Lagerfeuer einer kalten Herbstnacht, und auch Goethes Schriften wären ein Raub der Flammen geworden, hätte nicht ein französischer Marschall beherzt eingegriffen. Dieser empfahl den Geheimrat dann auch gleich dem Kaiser.

Goethe, der befürchtet hatte, er und sein Herzog müssten betteln gehen, wenn Napoleon mit dem kleinen Herzogtum fertig war, wurde beim Fürstenkongress in Erfurt zur Audienz geladen. Es gab neue Grenzen, Bündnisse und Friedensverträge, und für Wieland und Goethe gab es das Kreuz der Ehrenlegion.

„Der Herr Geheimrat schwimmt immer wie ein Kork obenauf", sagten die Leute.

Goethe hatte die Begegnung mit Napoleon tief beeindruckt. In ihm hatte er endlich den wachen, alles durchdringenden Verstand gefunden, nach dem er sich viele Jahre gesehnt hatte. Von Vorwürfen gegen den Tyrannen wollte er nichts wissen, es sei nur das Unbehagen des Mittelmaßes gegenüber dem Genie. *„Dieser Mann ist zu groß für euch"*, ließ er die Nörgler wissen.

Die großen Ambitionen des französischen Kaisers machten aus Hamburg bald eine französische Stadt: Eines der Einfalltore für englische Waren musste geschlossen werden.

„Ein Gutes hat die Sache ja", meinte Claudius, als er am Vorabend des 15. August 1811 mit seiner Tochter Caroline durch die Straßen der Stadt ging. „Nun wird zu meinem Geburtstag immer alles fein herausgeputzt. Und Feuerwerk soll es morgen auch geben."

Der Grund war: Der Kaiser der Franzosen hatte am selben Tag Geburtstag wie Claudius. Auch Perthes hatte sein Haus am Jungfernstieg geschmückt. Nach Jahren des geschäftlichen Niedergangs, der von Kriegen und von Handelsblockaden befördert worden war, verzeichnete er mit seiner Buchhandlung

Gewinne, die ihn zur ersten Adresse im Handel mit Schriften zwischen Frankreich und Deutschland machten, denn darauf hatte er sich spezialisiert. Die Gesetze des kaiserlichen Frankreich gaben diesem Handel eine Struktur, die den Buchhandel zum eigenen Wirtschaftszweig machten. In Hamburg spottete man, Perthes sitze auf diesem Zweig, singe sein Lied vom guten Kaiser der Franzosen und würde dann herabfliegen, um im Hinterzimmer seiner Buchhandlung über die Zensur zu klagen.

Was das Verlegen betraf, war er vorsichtig geworden. Von den Einschränkungen bekam Claudius ebenfalls bald eine Kostprobe: Man zensierte ihm einige Sätze aus dem Vorwort zu seinem letzten *Asmus-Band:*

Ich habe nicht umgesattelt und suche, wie bisher, einfältig und bescheiden an die wahre Größe und den inwendigen Wohlstand des Menschen zu erinnern, dass sie ihrer gedenken und zu rechter Zeit Hand anlegen. Denn wer sie auch sind, gelehrt und ungelehrt, wenn der Rausch vorüber ist, möchten wir doch alle gern Hand angelegt haben.

Der Zensor des Hamburgischen Korrespondenten, wo die Anzeige abgedruckt werden sollte, sah darin eine Spöttelei über den französischen Kaiser, der eben den *Rausch* und nicht *die wahre Größe* verkörpere. Und die Aufforderung *zu rechter Zeit Hand anlegen* – das kam einer Anstiftung zum Aufruhr gleich. Man wusste in der französischen Verwaltung immerhin, welche Gesinnungsgenossen sich in der Perthes-Buchhandlung trafen. Und Perthes wollte auch dieses angekündigte Buch von Claudius vertreiben.

In einem Brief an seine Tochter beklagte sich Claudius:

Was kann dann nicht übel ausgelegt werden, auch mir, der ich seit der Revolution und während derselben immer der Prediger der Fürstenrechte und des Gehorsams gewesen bin …

Eben darum – stellten einige belustigt fest. Die Sache machte mit einiger Schadenfreude schnell die Runde, hatte Claudius sich doch einst so eifrig für die Zensur ausgesprochen. Nun bekam er seine eigene Arznei zu schmecken.

Sein Schwiegersohn Perthes gab ihm den Rat, fortan besser in Wien drucken zu lassen. Auch er konnte in Hamburg seine Zeitung nicht weitermachen und hatte sich mit Friedrich Schlegel zusammengetan, der bereits auf Weisung des Ministers von Metternich gearbeitet hatte. Nun wollte er eine Zeitschrift mit dem Titel *Vaterländisches Museum* herausgeben. Claudius sollte Beiträge schicken, und man sicherte ihm zu, dass sie unverändert gedruckt würden.

Eine deutsche Stimme wollte die Zeitschrift sein, und das war in diesen Zeiten auch immer eine Gegenstimme: Alle deutschen Länder hatten sich aus Kalkül und nach verlorenen Kriegen Frankreich angeschlossen. Nun suchte man verzweifelt nach dem Deutschen im Lande wie nach einem Erbstück, das man lange als Tand vernachlässigt hatte.

Dass die Volksdichtung wieder zum guten Geschirr kam und die wandernden Studenten auch seine Verse auf den Lippen führten, gefiel Claudius. Dass sie aber auch dem Franzosenhass nacheiferten, den Heinrich von Kleist in seinem *Katechismus der Deutschen* verordnete, beantwortete er auf seine Art: Er nahm einen französischen Schüler zur Erziehung auf. Ihm gab er nichts von Kleist zu lesen, sondern mit ihm konnte er über die Lehren des Bischofs Fénelon sprechen:

… dass die Diener der Religion Boten des Friedens wären und keine Soldaten bei sich haben müssten, dass Schwert und Waffen zwar in Schrecken setzen, aber niemanden wirklich verändern könnten, dass das Schwert des Wortes und die Kraft der Gnade die einzigen Waffen wären, welche die Apostel gebraucht hätten.

25 Der verlorene Sohn

Wer über diese Welt hinaussieht und sich der andern bewusst ist, der vergilt nicht Böses mit Bösem und trotzt nicht; aber er fürchtet auch nicht und erschrickt nicht. – Können sie doch nur den Leib töten und mögen die Seele nicht töten!

(Aus: Geburt und Wiedergeburt, in: Asmus omnia sua secum portans, VIII. Teil)

Juni 1813

„Soll das ein Scherz sein?“ Der Leutnant hielt den Briefentwurf so zum Fenster hin, dass das erste Tageslicht es ihm erlaubte, den Wortlaut zu lesen. „*Es besteht hinter dem Schleier des sichtbaren Universums ein Sein, das existierte, bevor der Schleier sich senkte …*“

Er sah Claudius an, als wäre er ein Schuljunge, der seinen Grillen nachgehangen hatte, statt seine Aufgaben zu machen. „Monsieur, ich dachte, es geht darum, das Leben Ihres Schwiegersohnes zu retten. Stattdessen ergehen Sie sich in frommen Ermahnungen.“

„Für mich ist das kein Unterschied“, widersprach Claudius.

„Nun, für den Adressaten aber schon.“

Noch in der Dunkelheit hatte der Leutnant an die Haustür geklopft. Die Wachsoldaten hatte er fortgeschickt. Seine Ankündigung, dass die Truppe noch am Morgen nach Hamburg abmarschieren sollte, hatte Caroline in Euphorie und Ungeduld versetzt, die sie auch jetzt schwer verbergen konnte.

„Ich weiß, dass Friedrich auf dem Weg zu mir ist“, hatte sie ihren Eltern fiebrig zugeflüstert, als sie sich im Flur begegnet waren.

Laurissant erwartete sie in der Küche. Er schien innerlich

bereits aufgebrochen, hatte wieder jenen hastigen und wachsamen Blick, mit dem er am Vortag hier erschienen war. Er hielt sich nicht mit Freundlichkeiten auf, sondern verlangte nur das Bittgesuch.

Claudius hatte in der Nacht einen quälenden Hustenanfall erlitten, und ihn plagten immer noch Schmerzen in der Brust. Er sehnte sich nach Ruhe, auf eine selbstsüchtige, rücksichtslose Art. Am liebsten hätte er den Mann fortgeschickt – ohne den Brief, der doch mehr Konzept war. Claudius spürte einen starken Überdruss, sich immerzu dafür rechtfertigen zu müssen, dass sein Glaube ihm die Feder führte.

„Es wäre doch möglich, dass Ihr Marschall versteht, was mit diesen Zeilen gemeint ist." Claudius gab den Worten eine Betonung, die Laurissant dazu veranlassen sollte, darüber hinaus zu horchen. Da der Leutnant mit einem leicht verächtlichen „hm" wieder auf das Papier starrte, schien es Claudius jedoch, dass er dazu nicht in der Lage war.

Dann aber sagte er: „Nein, Monsieur, er wird es nicht verstehen. *Ich* verstehe es. Der Marschall wird es *nicht* verstehen." Das unterstrich er mit einem nachdrücklichen Blick, sodass Claudius seinerseits die Botschaft verstand.

„Ich *verstehe* es", sagte er noch einmal, „aber ich befürchte, das wird Ihrem Anliegen nicht viel helfen." Dann faltete er das Papier und steckte es ein. „Ich denke, es wird das Beste sein, es nicht sogleich dem Marschall zukommen zu lassen."

Auch diesen Hinweis verstand Claudius.

„Wir werden uns nicht wiedersehen", sagte Laurissant. „Gendarmerie ist auf dem Weg hierher. Sie sind mit dem Steckbrief Ihres Herrn Perthes hergeschickt worden."

„Und was bedeutet das?", fragte Rebekka, die am Arm ihrer Enkelin Agnes in die Küche getreten war. Auch sie fühlte sich an diesem Morgen gebrechlich.

„Das bedeutet, dass Sie heute Abend jemand anderen zum Essen einladen müssen", entgegnete Laurissant, heiter und spöttisch zugleich. Er schickte sich an, das Haus zu verlassen.

„Mir ist, als wären wir all die Stunden immerzu bewertet und gewogen worden", sagte Rebekka leise zu ihrem Mann.

Im Vorübergehen drückte der Leutnant Agnes etwas in die Hand. Ein Buch. Es war so beiläufig geschehen, dass es Agnes wie ein Irrtum vorkam, und doch wusste sie, dass dem nicht so sein konnte. Also schlug sie den Buchdeckel auf, der von allerlei aufgeleimten Fetzen gehalten wurde. *Die Leiden des jungen Werthers*. Unter dem Titel stand mit Tinte geschrieben: „Ich habe dieses Buch in den vergangenen Jahren vor so manchem Lagerfeuer gerettet. Es ist doch dazu gedacht, ein anderes Feuer zu entfachen."

Eine Unterschrift fehlte, Agnes wusste daher nicht, ob dies eine Widmung sein sollte. Doch bevor sie sich nach ihrer Mutter umgesehen hatte, begriff sie, dass sie es annehmen *wollte*. Dieses Buch, von dem es hieß, dass es den guten Sinn der Jugend verderbe und die guten Sitten gefährde – es musste doch auf solch eine Weise, auf eine *unerhörte* Weise, zu ihr kommen: in einem Moment des Ungehorsams, denn ihr Großvater missbilligte jede Romanlektüre für junge Frauen.

Sie alle waren dem Leutnant gefolgt, als wollten sie sich vergewissern, dass er tatsächlich das Haus verließ, um nie mehr zurückzukehren. Als er die Tür öffnete, sahen sie daher alle, dass jemand auf den letzten Schritten zum Hauseingang war. Friedrich Perthes!

Caroline glaubte für einen Moment, dass ihr die überreizten Nerven und die Übermüdung einen üblen Streich spielten – doch hatte sie sich schnell genug gefasst, um ihre Tochter Agnes fest bei der Schulter zu packen, bevor die ein „Vater!" herausrufen konnte. Caroline spürte, wie das Blut aus ihrer Leibesfrucht sackte. Die Freude und die Angst stießen in einem heißen Kampf zusammen: Freude darüber, Friedrich wiederzusehen; Angst davor, was nun geschehen würde. Wie höhnisch schlecht war doch der Moment seiner Rückkehr gewählt!

Claudius indes fühlte, wie die Schwäche ihn verließ, jenes Gefühl des Unbehagens und der Ohnmacht wich in dem Augenblick, da er Perthes sah. Dieser war stehen geblieben, noch auf der Chaussee, die um diese Stunde verlassen dalag. Zweifellos hatte er in dem Mann, der eben das Haus hatte verlassen wollen, einen Uniformierten erkannt. Er wusste, dass es für eine Flucht zu spät war.

Laurissant setzte seinen Hut nicht auf, sondern sagte mit einer seltsam schwingenden Stimme: „Sie bekommen um diese frühe Stunde sehr viel Besuch."

Claudius war neben ihm in die Tür getreten. Er spürte in sich einen wohlgemuten Sinn, ein Empfinden, das in diesem Moment so unangemessen war, dass er sogleich wusste: Gott hatte sich ihrer angenommen! Dies war seine Antwort auf die bangen Fragen: Unbeschwertheit, wo Angst sein müsste; Freude, wo Verzweiflung sein müsste.

Das Herz war ihm leicht geworden und gab ihm die Worte ein: „Ich bin auch überrascht, dass er schon hier ist. Mein Sohn Fritz ist den weiten Weg von Kiel hergekommen. – Aber Fritze, warum denn alles zu Fuß?"

Claudius hatte sehr laut gesprochen, damit Perthes wusste, welche Rolle ihm zugedacht war.

Rebekka bekräftigte seine Worte sogleich: „Fritz! Wie schön, dich endlich wiederzusehen. – Matze, wie hätte er denn in diesen Tagen an ein Pferd kommen können?" Doch Rebekka ließ die Aufregung so sehr zittern, dass sie nicht auf Perthes zugehen konnte, um ihn zu umarmen, wie man es doch mit einem Sohn getan hätte.

„Ich dachte, da er ja einmal Dienst in der dänischen Armee getan hat, wäre man ihm dort behilflich." Claudius sagte dies, damit Laurissant davon ausgehen musste, es mit dem Reservesoldaten einer befreundeten Armee zu tun zu haben.

„Dann kann Monsieur sich doch gewiss als dänischer Bürger ausweisen", sagte Laurissant, und seine Stimme ließ keinen Zweifel daran, dass er durchschaute, was hier gespielt wurde. Er kannte Perthes' Beschreibung aus dem Steckbrief, und die strenge Augenpartie sowie die tiefe Stirn waren derart eigentümlich, dass er auch für jemanden zu erkennen war, der ihn nie zuvor gesehen hatte.

„Warum sollte er Papiere mit sich führen, wo er doch nur im eigenen Land unterwegs ist? Hier in Dänemark sind wir es nicht gewohnt, uns allenthalben ausweisen zu müssen", sagte Claudius. Seine Worte sollten eine Anspielung darauf sein, dass es in Frankreich, bei den „Söhnen der Freiheit", dagegen zuging wie in einer Kaserne.

Perthes blieb stumm während dieser Worte. Er hatte die Hände zu Fäusten geballt und Rebekka befürchtete, dass er aus falsch verstandenem Stolz, aus irgendeinem törichten Heldensinn heraus seine wahre Identität preisgeben würde. Man merkte ihm an, wie er darum rang. Doch ein kurzer Blick auf Caroline konnte ihn davon abhalten, denn er stand nicht nur für sein eigenes Leben ein, sondern zugleich für das seiner Frau und seiner Kinder, der geborenen wie dem ungeborenen.

„Monsieur Claudius, Sie sind ein gottesfürchtiger und ehrlicher Mann", hob Laurissant an. „Wenn ich Sie frage, ob Sie sich für die Identität dieses Mannes verbürgen, müssten Sie mir doch die Wahrheit sagen, nicht wahr? Ich frage Sie also bei dem Glauben Ihrer Väter: Ist das Ihr Sohn Fritz Claudius?"

„Ja, das ist mein Sohn Fritz aus Kiel", antwortete Claudius. Er sah dabei nicht Laurissant an, sondern Perthes. Dennoch spürte er die Veränderung, die mit dem Leutnant vor sich ging. Es war etwa so wie bei einem Pferd, das die Ohren anlegte, bevor es, für alle unbezwingbar, um sich schlug. Diese Bedrohung, die von Laurissant ausging, empfand offenbar auch Rebekka, denn als der Leutnant nun eine ruckartige Bewegung machte, fuhr sie zusammen. Aber er setzte nur seinen Hut auf.

„Soll sich die verdammte Gendarmerie doch darum kümmern!", rief er erbost aus. „Ich bin Offizier und kein Dorfpolizist, der jeden Lump beim Kragen kriegen soll!" Das Wort ‚Lump' spie er förmlich aus, in der Absicht, Perthes herauszufordern. Caroline stürzte zur Tür, um ihren Mann mit aller

Dringlichkeit, die man in Blicke legen konnte, zum Hinnehmen zu drängen.

Laurissant ging mit großen Schritten davon. Nicht zur Chaussee hinunter, sondern zur Linken, als sei es Abscheu, der ihn davon abhielt, an Perthes vorbeizugehen.

Als Claudius ihm mit dem Blick folgte, bemerkte er den Mann, der im Nachbargarten unter einem Baum stand. Er hatte die Arme verschränkt und den Kopf leicht gesenkt, sodass sein Gesicht unter der Krempe des Hutes verborgen blieb. Die Zuversicht fiel von Claudius ab. Ihm war, als hätte der Beobachter dieser Szene seine Wahl noch nicht getroffen, aber wenn er wieder fortging, würde einer der Anwesenden ihn begleiten müssen. Claudius spürte einen Schmerz in der Brust, Stiche bei jedem Atemzug.

Ich hätte es doch schon längst sein müssen, dachte er. Damals, als ich in den See stürzte; oder in Jena, als ich an den Pocken erkrankte und Josias an meiner Stelle starb; oder in Darmstadt, als das Fieber mich wochenlang im Griff hatte; oder in jenem Jahr, als so viele andere gingen.

Von allen, die in diesem Moment anwesend waren, wäre er wohl derjenige, dem es am leichtesten fallen würde, mitzugehen.

Wie klar empfand er in diesem Moment, dass der Mensch auf Erden immer nur eine Ahnung dessen sein konnte, wozu er bestimmt war.

Es wurde uns verkündet, dachte Claudius, und was für ein Narr müsste man sein, das nicht glauben zu *wollen*. Denn die, die nicht glauben, tun es, weil sie nicht wollen. Sie haben die Philosophie eingespannt, um zu beweisen, dass man auch *nicht glauben* kann, wenn man die Vernunft zum Zeugen ruft. Aber kommt die Liebe aus der Vernunft? Empfinden wir Schönheit aus der Vernunft? Berechnen wir die Freundschaft, bevor wir sie schließen? Dort, wo diese Empfindungen wachsen, ist die Quelle unseres Glaubens, und wenn unser Verstand kein Gefäß hat, um ihn aufzufassen, dann müssen wir nicht die Quelle schmähen, sondern die Gefäße!

Nun sah er, dass Laurissant stehen geblieben war. Einen Moment lang schien es Claudius, dass auch er den Besucher unter dem Baum entdeckt hatte. Doch dann wandte sich der Leutnant wieder um und kam zu ihnen zurück. Er holte den Brief aus der Rocktasche hervor.

„Ich habe es mir anders überlegt", sagte er. „Sie sollten dieses Schreiben neu aufsetzen. Sie haben eine gute Stunde Zeit, bis die Gendarmerie hier ist. Und falls Ihr Schwiegersohn hier erscheinen sollte", und nun hob er seine Stimme an, „sagen Sie ihm, er soll mir schreiben, falls ihm der Zar von Russland und der König von Preußen seine hanseatische Republik gegeben haben. Dann werde ich ihm in Paris einen Freiheitsbaum aufstellen! Leben Sie wohl." Und dann ging er, diesmal ohne sich umzuwenden.

„Was hat denn das zu bedeuten?", fragte Rebekka verwundert.

„Er wollte uns sagen, dass Perthes eine Stunde Vorsprung vor seinen Verfolgern hat und dass er ihn nutzen soll. – Dann braucht es kein Gnadengesuch mehr."

Caroline lief Friedrich entgegen. Sie umarmte ihn, zog ihn ins Haus, als wäre das ein rettendes Floß. Die Stimmen überschlugen sich.

Perthes hatte sein erschöpftes Pferd am Ortsrand zurückgelassen, bei den Nachbarn sollte ein neues geholt werden. Er wollte nach Rahlstedt weiter. Caroline und die Kinder durften ihn nicht begleiten, es wäre zu gefährlich für sie. Aber sie sollten so schnell wie möglich nach Nütschau gehen oder zu den von Reventlows.

Wo er sich würde ausruhen können, wollte Caroline wissen, ob er noch Proviant bei sich hätte.

„Mein Hass hält mich wach und macht mich satt", sagte Perthes mit grimmiger Stimme. „Und die Franzosen wird man in Hamburg einschließen und ihnen ein schreckliches Ende bereiten."

Claudius sah zu dem Besucher unter dem Baum hinüber. Er

war hervorgetreten, schien einen Moment unschlüssig, wohin er sich wenden sollte. Dann folgte er Laurissant mit verschränkten Armen und gemessenen Schritten. Die Schatten nahm er mit.

„Matze, wir werden auch fortgehen müssen", sagte Rebekka und hakte sich bei ihm unter.

„Ja, Betty", erwiderte er. Aber es war keine Flucht, an die er dachte, sondern eine Heimkehr.

26 Wir in seinen Händen

Der Mensch lebt und bestehet
nur eine kleine Zeit;
und alle Welt vergehet
mit ihrer Herrlichkeit.
Es ist nur E i n e r ewig und an allen Enden,
und wir in seinen Händen.
Und der ist allwissend.

(Aus: Motet, in: Asmus omnia sua secum portans, IV. Teil)

Herbst 1814 bis 21. Januar 1815

Beinahe ein Jahr hatte Claudius Wandsbek nicht wiedergesehen. Die meiste Zeit hatten sie in Kiel verbracht, hier kam auch Caroline mit den Kindern wieder zu ihnen, da sie durch die Flucht einige Zeit von ihnen getrennt worden waren. Im Dezember brachte Caroline ihr Kind zur Welt, es wurde auf den Namen Andreas getauft. Im Januar starb der kleine Bernhard. Caroline wurde krank, gedrückt von der Sorge um ihren Mann.

Immer wieder erreichten sie neue Nachrichten. Das dänische Königshaus hatte seine französischen Verbündeten wissen lassen, dass man Perthes auf ein entsprechendes Ersuchen hin ausliefern würde. Dieses Ersuchen stellte Marschall Davout. Doch zugleich erfuhren sie, dass der Marschall bei Napoleon darum ersucht hatte, die Strafmaßnahmen aufzuheben und sie durch eine Kontributionszahlung zu ersetzen, die Hamburg aufzubringen hatte. Und Napoleon stimmte zu: „*Ich ziehe es vor, die Hamburger zahlen zu lassen; das ist die beste Art, Kaufleute zu bestrafen.*“ Es lag auch daran, dass der Kaiser nach dem Feldzug gegen Russland der Toten genug hatte, aber das Geld fehlte ihm.

„Ich möchte gerne glauben, dass unser Leutnant seinen Anteil an diesem milderen Vorgehen hat", sagte Rebekka einmal.

Im Oktober des Jahres 1813 hatten die Franzosen eine große Niederlage bei Leipzig erlitten und zogen sich an den Rhein zurück. Davout aber hielt Hamburg im Vertrauen darauf, dass das Kriegsblatt sich wieder wenden würde. Seine Truppen wurden dort eingeschlossen, und er traf eine strenge Maßnahme: Da die Vorräte in der Stadt nicht für die Bevölkerung und seine Truppen ausreichten, musste jeder Einwohner, der keinen eigenen Proviant für die nächsten Monate nachweisen konnte, die Stadt verlassen. Die Häuser der äußeren Bereiche ließ er schleifen, um dort Verteidigungsanlagen errichten zu lassen.

Im Winter brach ein trauriger Zug der Vertriebenen auf. Viele kostete das strenge Wetter und die Verzweiflung das Leben. Auch der alte Reimarus war unter denen, die nicht lebend nach Hamburg zurückkehren sollten.

Das Frühjahr sah Hamburg immer noch in französischer Hand. Über 10 000 französische Soldaten waren tot, allein 8000 waren am Typhus und an der Ruhr gestorben und an all den Krankheiten, die sich in den Unterkünften einnisteten.

Die verbündeten Truppen hatten inzwischen Paris erobert und Napoleon hatte abgedankt. Als man Davout dies mitteilte, schickte er den Boten fort mit der Bemerkung, auf solch eine Kriegslist falle er nicht herein. Alle militärischen Möglichkeiten, dem Marschall die Stadt zu entreißen, waren gescheitert. Man ließ einen Verwandten aus Paris kommen, der ihm erklärte, Frankreich werde nun wieder von einem König regiert. Daraufhin ließ Davout die kaiserliche Fahne einholen und hisste die königliche. Seine Soldaten mussten einen neuen Treueeid schwören. Ende Mai des Jahres 1814 zogen die letzten französischen Truppen aus Hamburg ab, unbesiegt und unbehelligt.

Perthes hatte seine Zeit im Exil genutzt und mit anderen eine Verfassung für eine hanseatische Republik entworfen. Doch als er mit einer Delegation nach Bremen kam, um die Unterstützung der siegreichen Mächte dafür zu gewinnen, musste er feststellen, dass sie an Republiken und Verfassungsstaaten kein Interesse hatten. Mehr noch: Sie verlangten, dass die Reformen der napoleonischen Herrschaft zurückgenommen werden sollten. Für die Hansestädte hatten sie eine strenge Zensur vorgesehen, denn dass sie einmal Hort der Aufklärung und der Meinungsfreiheit gewesen waren, hatten sie nicht vergessen. Der Traum von der hanseatischen Republik war nicht an Napoleon gescheitert, sondern an Preußen, England und Russland.

Ernüchtert von dem rückwärts gewandten politischen Druck kehrte Perthes nach Hamburg zurück. Man hatte sie betrogen.

Caroline und ihre Familie fanden das Haus am Jungfernstieg übel zugerichtet vor. Die Haustür war zerschlagen, ebenso fast alle Fenster und die meisten Möbel. Der Wandschrank hatte als Latrine gedient. Das Klavier stand aber inmitten von Schmutz und Trümmern unbeschädigt da. Caroline griff sogleich in die Tasten und spielte eine Tonleiter.

„Es ist kaum verstimmt!“, rief sie fröhlich. Das Instrument war ihr ein Zeichen, dass alles in dem Haus bald wieder hergerichtet sein würde. Wie sie später erfuhr, hatte ein französischer General oft auf dem Klavier gespielt. Über sein Können habe man staunen müssen, da er nur einen Arm hatte.

Das große Aufräumen hatte in der Stadt begonnen, das Ausbessern, das Abreißen der militärischen Anlagen. An einem windigen Tag, als Caroline zum Markt ging, wurde ihr ein Papierfetzen geradewegs in den Korb geweht. Darauf stand in Französisch geschrieben: *Freie Bürger Hamburgs! Wir sind zu euch gekommen als Freunde und Beschützer, denn die Freiheit hat …*

Wie das abgerissene Billett eines längst vergessenen Fests, dachte sie, und wollte den Fetzen wieder in den Straßenschmutz werfen. Dann aber dachte sie plötzlich: Und was ist, wenn sie recht hatten? Was ist, wenn Gott in dieser Sache eine ganz andere Entscheidung von uns erwartet hätte? Sie beneidete ihren Vater um seine Gewissheit und begriff: Das ist es, was sich geändert hat, auch wenn die alten Könige auf ihre Throne zurückgekehrt sind: Wir werden uns nie mehr ganz sicher sein können.

Das Haus in Wandsbek war mit relativ geringem Schaden davongekommen. Das hatte Claudius vor allem seinem Sohn Fritz zu verdanken, der sich noch zur Zeit der Belagerung eingefunden hatte, um nach dem Rechten zu sehen. So konnte Claudius an den Grafen Stolberg schreiben:

Wohl sind wir wieder in der Heimat und haben Haus und Garten über Erwartung vorgefunden. Freilich hat Frau Rebekka das Haus acht Tage hindurch waschen und kämmen müssen, und doch haben die Kasernenspuren kaum weichen wollen; doch im Ganzen ist alles über Erwartung gewesen.

Rebekka schrieb den Freunden, dass das Haus oft Kaserne für bis zu 150 Soldaten der verschiedenen Parteien gewesen sei; sie übernahm nun oft das Briefeschreiben, denn für Claudius gab es immer mehr Tage, an denen er das Bett nicht verlassen konnte.

In Kiel hatten die Fenster ihrer Wohnstube zu einem Lazarett ausgeblickt. Dort litt und starb unterschiedslos, was sich auf dem Schlachtfeld als Feind oder Freund bezeichnet hatte: Schweden, Franzosen, Dänen, Preußen, Russen. Der Anblick hatte Claudius tief über die Narrheit des Menschengeschlechts bekümmert. Unter diesem Eindruck schrieb er die *Predigt eines Laienbruders zu Neujahr 1814*, worin er sein Resümee über die Ereignisse zog:

Der Krieg, der nie so weit und breit durch ganz Deutschland und durch fast alle Länder von ganz Europa wütete, hat den Menschen die Güter, darin sie ihr Glück suchen und daran sie ihr Herz hängen (...) mit Gewalt genommen; er hat die Men-

schen Ergebung und Unterwerfung unter die gewaltige Hand Gottes gelehrt und durch mancherlei Unrecht und Gewalttätigkeiten, Verlust und Ungemach ihre Herzen mürbe gemacht und zerschlagen. Mit einem Wort, er hat sie für die Hilfe, die allein helfen kann, empfänglicher gemacht.

Die Predigt wurde im achten Band von *Asmus omnia sua secum portans* abgedruckt. Dies sollte der letzte der *Asmus*-Bände sein. Claudius fühlte, dass nicht nur das große Ringen in der Welt, sondern auch sein kleines Ringen als ein Sterblicher dem Ende zugingen.

So kam sein Geburtstag heran, es war der vierundsiebzigste. Ohne dass ein trauriges Wort darüber verloren wurde, war doch allen bewusst, dass dies sein letzter Geburtstag sein würde. Es überwog die Freude, das Fest im vertrauten Hause in Wandsbek begehen zu können.

Der große Tisch in der Diele wurde wieder eingedeckt. Am Abend traf Johannes ein und brachte sein wenige Monate altes Söhnchen mit. Ernst kam aus Kiel, Franz aus Berlin, Caroline war mit ihren Kindern im Haus, nur die Tochter Anna fehlte, da sie weit entfernt lebte. Bis spät in die Nacht hinein wurde musiziert und getanzt. Claudius hatte sich längst zur Ruhe begeben und rief bald in heiterer Ermahnung aus seiner Kammer: „Nun treibt es mal nicht so doll!"

Im Herbst verließen ihn die Kräfte, so wie die Blätter sich von den Bäumen lösten: leise, ohne Aufbegehren, ohne Schmerz. Da er nun ständig einen Arzt in seiner Nähe brauchte, zogen er und Rebekka nach Hamburg in das Haus von Perthes. Daran hing noch ein großes Spruchband: „Dem zurückgekehrten Vaterlandskämpfer".

Zur Begrüßung fand sich ein kleiner Chor ein, der ein Lied sang, das Claudius nach einem Vorbild von Schillers Reiterlied aus dem *Wallenstein* geschrieben hatte:

Krieg ist nur gut im Fall der Not,
nur gut des Friedens wegen.
Durch Fleiß und Arbeit sich das Brot
erwerben, das bringt Segen.
Nur häuslich Glück ist wahres Glück;
drum kehren wir dahin zurück.

„Wollen wir hoffen, dass sie beherzigen, was sie singen", sagte Claudius zu Rebekka, als die Besucher gegangen und die Ehrungen vorüber waren.

Im großen Salon hatte man für Claudius und Rebekka eine Stube eingerichtet. Die Betten waren so aufgestellt, dass man auf die Alster hinaussehen konnte. Es war jener Ausblick, den auch Caroline liebte und so vermisst hatte, seit sie nach einem innigen Gebet in diesem Raum Hamburg hatte verlassen müssen.

An Weihnachten fand man sich hier um einen großen Tannenbaum zusammen, der mit Zuckerwerk behängt und mit Kerzen reich bestückt war. Im Laufe des Abends rief Claudius Perthes zu sich und bedankte sich für all die Freundlichkeiten, die der ihm erwiesen hatte. Als Caroline das hörte, dachte sie daran, wie ihr Vater in der ersten Nacht nach der Flucht ausgerufen hatte: „Wäre Perthes doch tot!" – und sie begriff, wie sehr ihren Vater dies bedrückte. Was die Not doch bisweilen aus uns macht, dachte sie.

Am Abend des ersten Weihnachtstages saßen Rebekka und ihre Enkelin Agnes über einer Handarbeit.

„Nun kehrt dein Wilhelm auch bald heim", sagte Rebekka, die bemerkt hatte, dass Agnes sehr nachdenklich und in sich gekehrt war.

„Ja, darüber freue ich mich auch. Aber …" Sie senkte das kleine Kinderhemdchen, an dem sie nähte. „Als er uns in Kiel besuchte, war er so verändert. Er sprach nur vom Krieg und seinen Kameraden und wie sehr er die Franzosen hasse. Er hatte ganz leuchtende Augen dabei, so ... so wie die Dichter sagen, dass sie vor Liebe leuchten. Jetzt fürchte ich, dass er seinen Hass mehr liebt als mich. Und ganz furchtbar schmutzig war er auch." Sie hielt die Naht wieder zur Kerze hin und tat zwei Stiche.

„Papa hat mir erzählt, dass er Wilhelm einmal aus dem Arrest holen musste, weil er einem Bauern ein Kalb gestohlen hatte. Ob ich ihn noch lieben kann, wenn er sich so verändert hat? Den Schmutz, den kann man herunterwaschen, aber was ist mit dem Schmutz im Gemüt?"

„Wenn es Gott gegeben ist, den Krieg auf den Schlachtfeldern zu beenden, dann kann er ihn auch in den Seelen der Menschen beenden", sagte Rebekka. „Und vielleicht ist das die Aufgabe, die er dir zugedacht hat."

„Aber selbst Vater ... Als er endlich zu uns nach Kiel kam, hoffte Mutter, er würde nun bei uns bleiben. Aber er sprach immer nur von großen Zielen und Aufgaben. Ich weiß noch, wie heftig beide wurden. Und ich dachte: Ich habe meinen Vater verloren! Da steht er und redet und ich habe ihn verloren, denn er liebt uns nicht so sehr wie seine heilige Pflicht. Könnten doch alle Männer so sein wie Großvater! Als ich in Kiel oft weinen musste wegen der armen Soldaten im Lazarett, hat er mich getröstet. Und mir macht es keinen Unterschied, ob da ein Hanseat oder ein Däne oder ein Franzose leidet. Ja, die Franzosen haben mir sogar ein bisschen mehr leidgetan, waren sie doch so weit von ihrer Heimat und unter ihren Feinden."

Eine Weile führte sie wieder schweigend die Nadel, dann meinte sie: „Was wohl aus unserem Leutnant Laurissant geworden ist?"

„Wir wollen hoffen, dass er nicht mehr auf dieser Welt ist."

„Aber Großmama: Er war uns doch eigentlich gut."

„Eben darum. So wie die Dinge sich entwickelt haben, wäre es besser für ihn, er müsste es nicht mehr erleben. Das Land musste seine Familie gewiss an den Adligen zurückgeben. Und der würde ihn wahrscheinlich nicht mal als Knecht haben wollen. Das ist es doch, was *unser Sieg* bedeutet: das Unglück anderer."

„Großmutter, das ist ein sehr bitteres Einsehen", sagte Agnes seufzend.

„Es wäre besser, wenn die Kriege ohne Siege enden würden", sagte Rebekka. „Dann wäre längst allen die Lust daran vergangen. Die Gier nach dem Triumph verdirbt die Menschen, nicht nur auf dem Schlachtfeld. Ja, und diese Gier hat dein Großvater nie besessen. Weißt du, es gibt nur einen Triumph, der für unsere Seelen gut ist: Das ist der Triumph unseres Herrn Jesus Christus über den Tod und die Sündhaftigkeit."

An einem Tag im Januar, als sein Enkel Clemens Claudius aus den Schuhen half, sagte er: *„Mein Junge, die ziehst du mir nicht mehr an."* Von da an verließ er das Bett nicht mehr.

Als er am Morgen des 21. Januars aufwachte, bemerkte er gleich den Besucher, der im Schatten neben dem Fenster stand. Er hatte die Arme verschränkt und den Kopf gesenkt, sodass der Hut sein Gesicht verbarg.

„Bebelmus, heute zwischen zwei und drei Uhr werde ich heimgehen zu unserem Vater", sagte er zu Rebekka, als sie aufstand. Sie ließ ihr Bett aufheben und weinte dabei, denn solange sie nicht auch selbst heimgegangen war, würde sie jeden Tag die Trennung von ihrem Matze ertragen müssen. Oft hatte sie geglaubt, dass sie ihm vorausgehen würde, denn auch wenn sie vierzehn Jahre jünger war, so hatten die Kindsgeburten sie doch oft in die Nähe des Todes gebracht.

Sie las Claudius vor; immer wieder fragte er, wie spät es sei.

„Das Sterben ist schwer", sagte er einmal. *„Es ist nichts Leichtes."*

Er bat sie, seine wunden Stellen erneut zu verbinden. Dann wollte er, dass sie die Vorhänge an seinem Bett schloss. Sie tat es und verließ das Zimmer.

Die Nachbarn waren gekommen, die Freunde. Und wie immer, wenn man zusammenkam, wurde gescherzt und gelacht, und dann wurde man wieder still.

Claudius lag auf seinem Bett und sah Freund Hain entgegen. Worauf er nur wartete? Habe ich in dieser Welt etwas noch nicht getan, nicht gesagt, nicht gedacht?, fragte er sich. Aber seine Gedanken waren schon so flüchtig – so viele waren es gewesen, so wenig würde bleiben.

Er bemerkte Rebekka, Caroline und Agnes an seinem Bett. Die Gedanken waren fort, was blieb, war das Gefühl. Es war leicht, froh, von Liebe getragen. Er spürte seinen Körper nicht mehr. Er sah ihre Tränen und wollte sie trösten.

„*Gott seg…*“ Doch da war Freund Hain bei ihm. Er beugte sich über ihn und lüftete zum Gruß, zum letzten Gruß, den Hut. Claudius sah sein Gesicht – und es gab kein Leben und keinen Tod mehr.

Der Mensch

Empfangen und genähret
vom Weibe wunderbar
kömmt er und sieht und höret
und nimmt des Trugs nicht wahr;
gelüstet und begehret
und bringt sein Tränlein dar;
verachtet und verehret;
hat Freude und Gefahr;
glaubt, zweifelt, wähnt und lehret,
hält nichts und alles wahr;
erbauet und zerstöret
und quält sich immerdar;
schläft, wachet, wächst und zehret;
trägt braun und graues Haar etc.;
und alles dieses währet,
wenn's hoch kommt, achtzig Jahr.
Dann legt er sich zu seinen Vätern nieder,
und er kömmt nimmer wieder.

Lebensdaten

1740	15. August: Matthias Claudius wird als vierter Sohn des Pfarrers Matthias Claudius in Reinfeld (Holstein) geboren. Er ist ein Kind der zweiten Ehe mit Maria Lorck.
1759–62	Claudius studiert in Jena zunächst Theologie, dann Rechts- und Kameralwissenschaften.
1760	Sein Bruder Josias stirbt an den Pocken.
1763	*Tändeleyen und Erzählungen* erscheint. Claudius beendet das Studium ohne akademischen Grad.
1764–65	Anstellung als Privatsekretär in Kopenhagen.
1768–70	Claudius kommt nach Hamburg. Mitarbeit an den *Hamburgischen Adreß-Comptoir-Nachrichten*. Bekanntschaft mit Herder und Lessing.
1771–75	Im Auftrag des Grafen von Schimmelmann gibt er den *Wandsbecker Bothen* heraus.
1772	Claudius heiratet die aus Wandsbek stammende Rebekka Behn. Der erste Sohn Matthias stirbt nach der Geburt.
1774	Claudius wird auf Vermittlung von Johann Bode bzw. Johann Voß in die Loge *Zu den drei Rosen* aufgenommen. Geburt von Caroline.
1775	Der *Wandsbecker Bothe* wird eingestellt, der Sammelband *Asmus Teil 1 und 2* erscheint. Geburt von Christiane. Reise nach Berlin, Begegnung mit von Haugwitz.
1776–77	Durch Herders Fürsprache erhält Claudius die Stelle als Oberlandkommissar in Darmstadt.
1777	Rückkehr nach Wandsbek. Claudius lebt fortan als freier Schriftsteller und Übersetzer. Geburt von Anna.
1778	*Asmus Teil 3* erscheint.

1779 Geburt von Auguste.

1781 Die Übersetzung von Saint-Martins *Irrtümer und Wahrheit* erscheint.

Geburt von Henriette.

1783 *Asmus Teil 4* erscheint.

Geburt von Johannes.

1784 Reise nach Schlesien und Weimar, Begegnung mit Goethe.

Geburt von Rebekka.

1786 Geburt von Matthias (stirbt 1788).

1788 Claudius wird Revisor bei der Specereien-Bank in Altona.

1789 Geburt von Friedrich.

Mit dem Sturm auf die Bastille beginnt die Französische Revolution.

1790 *Asmus Teil 5* erscheint.

Bekanntschaft mit der Fürstin Gallitzin.

1792 Geburt von Ernst.

1794 Geburt von Franziskus.

Kuraufenthalt in Bad Pyrmont.

1795 Die Tochter Christiane stirbt.

In mehreren Schriften bezieht Claudius Stellung gegen die Gedanken der Aufklärung; „Zensurstreit".

1797 Caroline Claudius heiratet Friedrich Perthes.

1798 *Asmus Teil 6* erscheint.

Geburt von Agnes Perthes.

1803 *Asmus Teil 7* erscheint.

Herder und Klopstock sterben.

1805 Napoleon Bonaparte wird Kaiser von Frankreich.

1810 Annektierung der Hansestädte.

1812 *Asmus Teil 8* erscheint als letzter Teil.

1813 Unruhen in Hamburg, Perthes wird zum Anführer der hanseatischen Bewegung; die Familie flieht über Wandsbek nach Kiel.

Rebekka und Claudius fliehen vor den Kriegseinwirkungen.

1814 Rückkehr nach Wandsbek; *Predigt eines Laienbruders* als letzte Veröffentlichung.
Umzug nach Hamburg zu Perthes.

1815 21. Januar: Claudius stirbt.
25. Januar: Beisetzung in Wandsbek.

1832 26. Juli: Rebekka stirbt in Wandsbek.

Nachwort

Wie der Hund Phylax aussah und wie lange er im Haushalt der Familie Claudius lebte, erscheint vielen Biografen nicht erwähnenswert, denn es trägt kaum etwas bei zur Beurteilung von Claudius als Person der deutschen Geistesgeschichte. Claudius wäre es erwähnenswert gewesen, da bin ich mir als Hundebesitzerin sicher ... Die Art des Hundes gibt aber eben keine Auskunft darüber, ob das Gedicht, das Claudius in seinem Beisein verfasst hat, zum Sturm und Drang gehört, zur Klassik oder zur Romantik. Und so hat die Kanonisierung in der Literaturwissenschaft nicht nur Claudius als Dichter an den Rand gedrängt, sondern auch den *Menschen*.

Er lebte am Rande: in Wandsbek, nicht in Weimar. Er schrieb am Rande: nicht im Sturm und Drang oder der Ästhetik der Klassik. Er war dabei – nicht mittendrin – und besaß die Unverschämtheit, uns nicht in Tagebüchern und Gesprächsnotizen davon zu berichten. Wenn er den Namen „Klopstock" hörte, dachte er wahrscheinlich zuerst ans Schlittschuhlaufen und dann an den *Messias,* und mit Eckermann wäre er kegeln gegangen ...

Wer über Claudius schreibt – geht man den Vorworten nach –, scheint sich folglich immer irgendwie rechtfertigen zu müssen. Claudius erhält seine Zugangsberechtigung zu den „biografiewürdigen" Personen nicht selten erst über sein geistesgeschichtlich schwergewichtiges Umfeld – Herder, Lessing oder Klopstock.

Warum also über Claudius schreiben? Für den Verlag ist selbstverständlich das anstehende 200. Todesjahr 2015 die Antwort. Für mich lautete die Frage eher: Warum *nicht* über Claudius schreiben? In jedem Menschenleben sind alle Menschenleben enthalten und mein Interesse an Claudius ist jener ewigen Neugierde geschuldet, die Fernando Pessoa zu dem Ausspruch brachte: „Ach, dass ich nicht alle Menschen und überall bin!"

Ich weiß nicht, was Claudius dachte, als er seine künftige Frau Rebekka das erste Mal sah. Ich weiß nicht, was ihm an Goethe auffiel, als er ihn traf. Ich weiß nicht, warum er sich Zeit ließ mit der Zustimmung zur Vermählung seiner Tochter Caroline mit Friedrich Perthes. Ich habe zwar die Daten und einige verstreute Äußerungen. Ich habe gewissermaßen die Dreiecke, mit denen ich den (Lebens-)Kreis ausfüllen kann, um seinen Inhalt zu berechnen. Aber es bleibt immer ein Rest. Der Biograf kommt hier an seine Grenzen, der Schriftsteller beginnt hier seine Reise. Claudius erwies sich daher als ideale Gestalt für eine Romanbiografie – wobei es korrekterweise „Biografieroman“ heißen müsste, denn das war die Reihenfolge in meiner Arbeitsweise: Am Anfang stand die wissenschaftliche Quellenerschließung, die Auseinandersetzung mit dem „Claudius-Diskurs“. Das war gewissermaßen die Motivsuche, dann kam die Frage der Ausgestaltung, der Inszenierung. Die Arbeit an einer Romanbiografie gleicht für mich dem Fotografieren: Nah an der Wirklichkeit und doch künstlerisch gestaltet.

Hätte es zu Claudius' Zeiten schon Fotoapparate gegeben, hätte er sie fleißig genutzt, da bin ich mir sicher. Ich kann mir auch vorstellen, was auf den Bildern zu sehen gewesen wäre: viele gesellige Runden, Schnappschüsse, sehr oft Rebekka und die Kinder, der Hund natürlich, der Garten zu allen Jahreszeiten; Voß, der im Gras liegt; Herder, der mit den Gedanken immer woanders zu sein scheint. Gesichter von Menschen, deren Namen wir heute nicht mehr kennen. Kein Foto von Goethe im gesamten Album.

Auf *seine* Weise hat Claudius fotografiert. Seine Gedichte tragen oft Titel, die an Bildunterschriften erinnern: *Die beiden Nachtigallen, Die Mutter bei der Wiege, Frau Rebekka an einem Maimorgen.* Seine Essays sind mehr Collagen als detaillierte philosophische Zeichnungen. Er mochte sich zu Recht nicht als Dichter bezeichnen, so wie ein Fotograf sich nicht als Maler bezeichnen würde. Das Werk des Boten hat eine überraschende „Plötzlichkeit“ – da sind Fragmente, Dreizeiler neben mehrseitigen Aufsätzen. Ein bewusstes Arrangement. Das Zersplitterte zusammenfügen, Ganzheit bewahren – wenn es eine Lebensaufgabe gibt, die man für Claudius definieren kann, dann liegt sie darin.

Die Aufklärung – viel mehr noch die Französische Revolution – hatte den großen Spiegel zerbrochen, in dem der Mensch sich als Ebenbild Gottes erblickte. Claudius wollte sich seine Gottesgeschöpflichkeit bewahren. Er lebte in jener Epoche, die zum ersten Mal die Aufspaltung der Gesellschaft in Bewahrer und Veränderer erlebte. Je eifriger er sich zu den Bewahrern bekannte, wenn er etwa die Ständegesellschaft in *Paul Erdmanns Fest* verklärte oder die Erklärung der Menschenrechte kritisierte, desto mehr trieb er diese Spaltung voran, auch in seinem Freundeskreis. Viele Versuche gegen den *Geist der Zeit* erscheinen uns heute hilflos, manches überholt. Einiges – wie der Ruf nach der Zensur in der „Brummbär-Fabel" – fanden schon manche Zeitgenossen nicht mehr zeitgemäß.

Auch meine Sympathien gelten eher den Barrikadenkämpfern, deren Errungenschaften in unserer pluralistischen bürgerlichen Gesellschaft weiterwirken. Der Lebensentwurf des frommen Dulders Claudius, vor allem sein Gehorsam gegenüber einer – wie er dachte – stets gottgewollten Obrigkeit, erscheint nicht nur angesichts der historischen Erfahrung gefährlich. Auch in einer Demokratie bleibt den Bürgern das Recht vorbehalten, eigene Alternativen zu formulieren. Für Claudius ein undenkbarer Vorgang. Er war ein Kind des *Ancien Régime.* Das zwanzig Jahre währende Ringen um Herrschafts- und Gesellschaftsformen, das mit der Französischen Revolution begann, war für ihn ein Gottesgericht, wenn nicht gar Strafe für das Liebäugeln mit der Aufklärung.

In einem aber war Claudius erstaunlich vorausschauend: Er wusste, dass die ausgerufene Vernunftherrschaft das Bedürfnis des Menschen nach Religiosität nicht ersetzen würde. Und er erkannte die Gefahr, die von den notwendigerweise entstehenden Ersatzreligionen ausging, mochten sie politisch-ideologischer Natur sein oder aus der Kunst hervorgehen. Für ihn konnte dieses Bedürfnis nur durch das erfüllt werden, wovon es Zeugnis ablegte. Für ihn war die Fähigkeit, (an Gott) zu glauben, ein Beweis für Gott selbst: „So ist klar, dass wir, in unsrer jetzigen Lage, nicht sind, wo wir sein sollten. Wir zappeln auf dem *Trockenen*, und es muss irgendwo ein *Ozean* für uns sein."

Die Seele als zappelnder Fisch, der sich nach dem Ozean sehnt – das gehört für mich zu den schönsten Bildern aus Claudius' Gedanken. Diese Sehnsucht konnte zwar abgelenkt werden – seine Zeit bot die „Nation" und die „Ästhetik" dafür an –, aber ihre Erfüllung konnte sie eben nur in ihrem Ursprung, in der Begegnung mit Gott finden. Diese Begegnung war nach Claudius für jeden unmittelbar möglich, sie brauchte keine vermittelnden Instanzen.

Claudius erlebte das Ende der metaphysischen Behaustheit der sogenannten christlich-abendländischen Gesellschaft. Er erlebte, ja man muss sagen, er erlitt sie an sich selbst. Man kann sein reges Interesse an den neuen Fragen in seinen Schriften ebenso finden wie seine Ermüdung und seinen Überdruss. Er war kein Suchender, aber ein Fragender.

Und hierin liegt einer der Gründe, warum es sinnvoll ist, heute über Claudius zu schreiben und zu lesen. Claudius' Leben ist ein Beispiel dafür, wie man seinen eigenen Weg im Glauben finden kann. Und er zeigt, dass man tief verwurzelt sein kann, ohne einen Alleinvertretungsanspruch zu forcieren: Gelebter Glaube als Bereicherung für sich selbst und andere. Jenseits der Dogmen liegt das Erlebnis. So liegt auch für mich jenseits der Lebensdaten der *Mensch* Claudius. Und ich hoffe, dass es für die Leser eine Bereicherung ist, dass ich ihn nicht nur aufzähle, sondern *erzähle.*

Köln, 5. Mai 2011
Tanja Schurkus

Quellenlage und Danksagungen

Claudius wies Heinrich von Gerstenberg in einem Schreiben einmal an: „*... dass Sie diesen und alle meine Briefe verbrennen, wer weiß, welchem Leutnant Ihr Briefpult in die Hände fallen könnte.*"

Hinweise auf die Verbrennung von Unterlagen und Briefen finden sich immer wieder bei Claudius, ebenso Aussagen, dass er sich über diese oder jene Angelegenheit nicht in Briefen äußern wolle. Die Einwirkungen vieler großer Kriege haben seinen Nachlass weiterhin geschmälert, ein Teil seiner Unterlagen ist bisher nur in Archiven zugänglich. Eine (kritische) Gesamtedition seiner Briefe steht noch aus. Die Zitate in diesem Buch sind daher der von Hans Jessen in zwei Bänden zusammengestellten Edition *Briefe an Freunde* und *Asmus und die Seinen. Briefe an die Familie* entnommen.

Stellvertretend für das Archivmaterial steht der Brief, der von unbekannter Hand mit dem Vermerk versehen wurde „An Napoleon gerichtet, aber nicht abgeschickt". Eine ausführliche Diskussion dieses Briefes, seiner Gestaltung und seines Inhalts findet sich in dem Aufsatz *Matthias Claudius an Napoleon Bonaparte und an den Kaiser von Japan, in: Auskunft. Zeitschrift für Bibliothek, Archiv und Information in Norddeutschland. 27. Jg., Heft 2, Juli 2007, S. 221–286* von Helmut Glagla. Dieser Brief wurde im vorliegenden Buch in einen fiktiven Kontext eingebettet.

Verschiedenes deutet aber darauf hin, dass der später hinzugefügte Hinweis „An Napoleon gerichtet" ein Irrtum der Nachwelt war. Die zeitweise Nachbarschaft zu Marschall Davout im Wandsbeker Schloss oder die Anrede „Seigneur" sowie der Inhalt des Briefes erlauben zumindest die Überlegung, dass der Marschall der Adressat war. Die Truppenaushebungen in Hamburg nach 1811 wären ein denkbarer Anlass.

Es ist nicht überliefert, dass Claudius sich für seinen Schwiegersohn Perthes eingesetzt hat. In Leutnant Laurissant handelt es sich um die einzige erfundene Figur in diesem Buch. Erst aus der Zeit im Kieler Exil berichtet Agnes Perthes davon, dass Militär auf der Suche nach ihrem Vater bei der Familie vorstellig wurde. Diese Begegnung wurde aus dramaturgischen Gründen von mir nach Wandsbek vorgezogen.

Die Lebenserinnerungen von Agnes Perthes – sie erwähnt für die Zeit des Exils, dass sie zum ersten Mal den *Werther* las – bzw. die Aufzeichnungen ihrer Mutter Caroline Claudius-Perthes liegen im Wesentlichen der Darstellung in der Rahmenhandlung zugrunde. Sie liefern auch viele Details über das Alltagsleben im Hause Claudius.

Aus der Vielzahl der verwendeten Gesamt- und Einzeldarstellungen möchte ich nur einige erwähnen: Die Dissertation *Matthias Claudius und der Sturm und Drang. Europäische Hochschulschriften Reihe I, Frankfurt/Main, Bern 1981 (Deutsche Sprache und Literatur, Bd. 357)* von Reinhard Görisch bettet Claudius in den Kontext seiner zeitgenössischen Literatur ein. Herrn Dr. Görisch verdanke ich auch den Hinweis auf den „Brief an Napoleon". Ihm und der Claudius-Gesellschaft (www.claudius-gesellschaft.de) möchte ich an dieser Stelle herzlich danken für die freundliche Unterstützung.

Einen Blick auf das „Netzwerk Claudius" wirft die Dissertation von Burghard König: *Matthias Claudius. Die literarischen Beziehungen in Leben und Werk, Bonn 1976 (Abhandlungen zur Kunst-, Musik- und Literaturwissenschaft, Bd. 220).*

Aus der Vielzahl an Biografien sei stellvertretend die von Urban Roedl: *Matthias Claudius, Hamburg 1969 (1934)* erwähnt, die meinen Einstieg in das Thema bildete. Bei der Darstellung der geschichtlichen Ereignisse in Hamburg und Norddeutschland habe ich vor allem Burghart Schmidt: *Hamburg im Zeitalter der Französischen Revolution und Napoleons (1789–1813), 2 Bde., Hamburg 1998* zurate gezogen.

Bei den Ausführungen über das Freimaurertum und die Rolle von Johann Bode beziehe ich mich auf Daniel Wilson: *Unterirdische Gänge. Goethe, Freimaurerei und Politik, Göttingen 1999.* Da Claudius' „Aufnahmegesuch" in die Freimaurerloge *Zu den drei Rosen* nicht überliefert ist, wurde es von mir nach Auszügen aus seinem Aufsatz *Über die Unsterblichkeit der Seele* fingiert.

Originalzitate von Claudius oder seinen Zeitgenossen sind im Text kursiv gesetzt bzw. mit dem Werksverweis versehen. Als Werksausgabe verwendet habe ich: *Matthias Claudius, Sämtliche Werke. Bearbeitet v. Hansjörg Platschek, München 1968.* Die Schreibweisen sind heutiger Rechtschreibung angepasst. Auslassungen sind nicht gesondert gekennzeichnet. Im Erzähltext sind die Schreibweisen modernisiert, also „Wandsbek" statt „Wandsbeck" und „Davout" statt „Davoust" (eigentlich d'Avoût) etc. In einem wesentlichen Punkt musste ich vom Original abweichen: Claudius sprach Plattdeutsch, und darin fehlt mir jede Kenntnis.

Abschließend möchte ich mich bei meinem Kollegen Titus Müller bedanken, der den Kontakt zum Brunnen Verlag hergestellt hat, und bei meiner Kollegin Heike Prassel für die kritische Erstlektüre. Mein besonderer Dank gilt auch Gerda Schwarz, die mich mit ihren französischen Sprachkenntnissen unterstützt hat.

Verzeichnis historischer Personen

Behn, Rebekka, s. Rebekka Claudius

Bode, Johann Joachim (1730–1793)
Ehemaliger Regimentsmusiker, später Verleger des *Wandsbecker Bothen* 1771–1775; Schlüsselfigur im Richtungsstreit der Freimaurer; in Weimar Bekanntschaft mit → Goethe und → Herder.

Boie, Heinrich Christian (1744–1806)
Als Herausgeber des *Musen-Almanach* wichtiger Impulsgeber für die Dichtergruppe *Göttinger Hain.* Gönner und Schwiegervater von → Voß. Austausch von Gedichten mit Claudius.

Boie, Ernestine, s. Ernestine Voß

Bonaparte, s. Napoleon I.

Carl August, Herzog von Sachsen-Weimar (1757–1828)
Während seiner Regentschaft (1775 Herzog, 1815 Großherzog) zogen mit → Goethe, → Herder und → Wieland die bedeutendsten Vertreter des deutschen Geisteslebens nach Weimar.

Claudius, Rebekka, geb. Behn (1754–1832)
Heiratet 1772 Matthias Claudius. Sie pflegt (Brief-)Freundschaften zu Ernestine Voß, Caroline Herder, Amalie Gallitzin, den Familien Gerstenberg und Stolberg. Sie tritt vor allem als Hausfrau und Mutter in Erscheinung und bringt insgesamt zwölf Kinder zur Welt:
Matthias (1772), Caroline (1774), Christiane (1775), Anna (1777), Auguste (1779), Henriette (1781), Johannes (1783), Rebekka (1784), Matthias (1786), Friedrich (1789), Ernst (1792), Franziskus (1794).

Davout, Louis-Nicolas, Herzog von Auerstedt, Prinz von Eggmühl (1770–1823)
Französischer Marschall, Statthalter in Hamburg 1811/1812; wird von Napoleon 1813 mit der Niederschlagung des hanseatischen Aufstands beauftragt; Durchsetzung des Steckbriefs gegen → Perthes.

Dumpf, Johann Wilhelm (1729–1801)
Herausgeber der *Adreß-Comptoir-Nachrichten* in Hamburg. Als sein Mitarbeiter lernt Claudius das Arbeiten als Journalist.

Flachsland, Caroline, s. Caroline Herder

Gallitzin, Adelheid Amalia Fürstin von (1748–1806)
Sammelte in Münster einen Kreis von Philosophen und Theologen mit mystischer Ausrichtung um sich. Enge Bekanntschaft mit → Hamann, seit den 1780er-Jahren Kontakt zur Familie Claudius, mütterliche Freundschaft zu Caroline.

Gerstenberg, Heinrich Wilhelm von (1737–1823)
Dichter und Offizier, Bekanntschaft mit Claudius während des Studiums in Jena, wird mit den *Tändeleyen* zum ersten literarischen Vorbild Claudius'. Tritt in Kopenhagen und Holstein als Vermittler für Claudius' Stellengesuche auf.

Gleim, Johann Wilhelm Ludwig (1719–1803)
Dichter und Literat. Zentrale Kontaktperson in der Literaturwelt Preußens. Unterstützt Claudius auch mit materieller Hilfe.

Goethe, Johann Wolfgang von (1749–1832)
Liefert durch Vermittlung → Herders Beiträge für den *Wandsbecker Bothen*; Claudius schreibt Besprechungen seiner Werke. Einzige persönliche Begegnung in Weimar 1784. Kritik an Claudius' mystischer Religiosität, insbesondere der Übersetzung von *Irrtümer und Wahrheit.*

Hamann, Johann Georg (1730–1788)
Theologe und Philosoph, Vordenker des *Sturm und Drang* durch die Betonung des Gefühls als Mittel der Erkenntnis. → Herder vermittelt 1774 den Kontakt zu Claudius, der von dessen Leib-Seele-Dualismus im Denken beeinflusst wird. Pate von Claudius' Tochter Christiane.

Haugwitz, Christian Heinrich Kurt Graf von (1752–1832)
Diplomat und Landedelmann. Interesse an mystischen Denkern, Freimaurer, gründet den Bund der Kreuzfrommen. Seit 1774 Freundschaft zu Claudius. Als preußischer Außenminister verschiedene Vertragsverhandlungen mit → Napoleon.

Hennings, August Friedrich von (1746–1826)
Schwiegersohn von → Albert Reimarus, dänischer Kammerherr und Beamter, setzt sich für die Verbreitung aufgeklärter Ideen ein, u. a. in *Genius der Zeit*. Claudius greift die Zeitschrift an, Auseinandersetzung in öffentlichen Briefen.

Herder, Caroline, geb. Flachsland (1750–1809)
1773 Heirat mit Herder. Enge Freundschaft zu Rebekka Claudius, Patin von Caroline C. Aufzeichnungen über die Gesellschaft in Weimar.

Herder, Johann Gottfried (1744–1803)
Philosoph und Theologe. Schließt 1774 in Hamburg Freundschaft mit Claudius, vermittelt ihm die Anstellung in Darmstadt sowie den Kontakt zu → Lavater, → Hamann, → Goethe u. a. Nach der Übersiedlung nach Weimar Distanz zu Claudius, insbesondere wegen der Übersetzung von *Irrtümer und Wahrheit*. Claudius bespricht zahlreiche seiner Werke.

Heß, Jonas Ludwig von (1756–1823)
Schriftsteller; führende Figur im hanseatischen Aufstand im Frühjahr 1813.

Jacobi, Friedrich Heinrich (1743–1819)
Als Sohn eines wohlhabenden Kaufmanns finanziell unabhängig, beschäftigt sich u. a. durch *Der Teutsche Merkur* mit dem Geistesleben der Zeit. Claudius nimmt zeitweise zwei seiner Söhne zur Erziehung auf; Claudius' Tochter Anna heiratet 1798 Maximilian Jacobi.

Kant, Immanuel (1724–1804)
Philosoph, Lehrer → Herders. Verfasst mit *Kritik der reinen Vernunft* und dem Aufsatz *Was ist Aufklärung?* wesentliche Impulse der deutschen Aufklärung. Claudius verweist wiederholt ablehnend auf seine Philosophie bzw. deren Wirkung.

Kleist, Heinrich von (1777–1811)
Dichter, Gegner der französischen Vorherrschaft (*Katechismus der Deutschen*), beging 1811 Selbstmord.

Klopstock, Friedrich Gottlieb (1724–1803)
Dichter. Claudius machte bereits in Kopenhagen seine Bekanntschaft, bewunderte ihn vor allem für das Versepos *Der Messias*. Klopstock wird zum Vorbild des *Göttinger Hain* (→ Voß). Claudius' Trauzeuge, häufige Besuche in Wandsbek.

Lavater, Johann Casper (1741–1801)
Schweizer Schriftsteller und Philosoph, entwickelt die *Physiognomische Lehre*, Gegner der Revolution. → Herder vermittelt den Kontakt zu Claudius, persönliche Begegnung 1793. Kommt bei den Kämpfen um Zürich ums Leben.

Lessing, Gotthold Ephraim (1729–1800)
Entwickelte eine an die Aufklärung angelehnte Dramentheorie und das bürgerliche Trauerspiel *(Emilia Galotti)*. Dramaturg des Hamburger Nationaltheaters. Claudius bespricht mehrere seiner Stücke. Freimaurer-Gespräche *Ernst und Falk*.

Luise von Preußen (1776–1810)
Ehefrau des preußischen Königs Friedrich Wilhelm III. Gegnerin der Französischen Revolution, provoziert 1806 den Krieg gegen → Napoleon, der mit Preußens Niederlage endet und u. a. zur Brandschatzung Weimars führt.

Mendelssohn, Moses (1729–1786)
Philosoph, enge Freundschaft zu → Lessing, mit ihm briefliche Debatte über die Philosophie → Spinozas. Die Briefe werden später von → Jacobi unauthorisiert herausgegeben und lösen den Spinoza-Streit aus, in dem auch Claudius sich mit mehreren Aufsätzen zu Wort meldet.

Mumssen, Jacob (1737–1819)
Arzt bzw. Amtsarzt in Altona. Freimaurer, Meister vom Stuhl in der Loge *Zu den drei Rosen* bzw. in der *Fidelis*-Loge, in die Claudius eintritt. Enge Freundschaft mit Claudius, der ihn mit dem Spitznamen „Onkel Toby“ anredet.

Napoleon I. Bonaparte (1769–1821)
General der Revolution, seit 1804 Kaiser von Frankreich. Annektiert 1810 die Hansestädte, um die Kontinentalsperre gegen englische Waren durchzusetzen.

Nicolai, Friedrich Christoph (1733–1811)
Schriftsteller, Herausgeber und Literaturkritiker. Wurde auf dem Hintergrund der Aufklärung vor allem durch die *Allgemeine Deutsche Bibliothek* zur prägenden Gestalt des deutschen Literaturlebens. Mitglied der Illuminaten. Kritisierte Claudius Erstlingswerk *Tändeleyen*.

Perthes, Friedrich (1772–1843)
Gründet 1796 die Verlagsbuchhandlung „Hinter dem breiten Giebel“ in Hamburg, beeinflusst entscheidend das Buchhandelswesen in den deutschen Staaten. Verheiratet mit Caroline

Claudius. Führende Figur im hanseatischen Aufstand von 1813.

Reimarus, Johann Albert Heinrich (1729–1814)
Arzt und – durch den Salon seiner Schwester Elise und seiner zweiten Frau Sophie – führende Figur in der Hamburger Gesellschaft. Vertritt aufgeklärte Gedanken (Pockenimpfung), begeistert sich anfangs für die Französische Revolution. Schwiegervater von Karl Friedrich Reinhard.

Reinhard, Karl Friedrich (1761–1837)
Stammt aus Württemberg, begeistert sich für die Französische Revolution. Verschiedene diplomatische Aufgaben für Frankreich, u. a. als Gesandter in Hamburg; Freundschaft und Austausch mit → Goethe.

Schardt, Sophie Friederike von (1755–1819)
Geb. Bernstorff, innige Beziehung zu → Herder; Claudius lernt sie 1784 in Weimar kennen.

Schiller, Friedrich von (1759–1805)
In Württemberg zum Militärarzt ausgebildet, kommt gegen den Willen seines Landesherrn nach Weimar bzw. Jena. Entwurf einer ästhetischen Erziehung des deutschen Volkes; mit → Goethe u. a. Arbeit an den *Horen* und den *Xenien*. Abwertendes Urteil über Claudius.

Schimmelmann, Ernst (1747–1831) und Christian Grafen von
Die Familie Schimmelmann war durch weltweiten Handel (vor allem mit Sklaven) zu Wohlstand gekommen; Finanzminister im Dienst des dänischen Königshauses, von diesem mit Wandsbek als Gutsbesitz belohnt. Im Auftrag der Schimmelmanns begründet Claudius den *Wandsbecker Bothen*, er verkehrt häufig in ihrem Schloss.

Schönborn, Gottlob Friedrich Ernst (1737–1817)
Jugendfreund von Claudius, geht als dänischer Konsularsekretär nach Algier, berichtet von dort für den *Wandsbecker Bothen*. Findet sich nach seiner Rückkehr nach Europa nicht mehr zurecht, lebt zeitweise in Perthes' Haus.

Schubart, Christian Friedrich Daniel (1739–1791)
Dichter, bespricht Claudius' Gedichte in der *Deutschen Chronik*. Wird wegen eines kritischen Artikels durch den Herrscher von Württemberg für zehn Jahre eingekerkert.

Sieveking, Georg Heinrich (1751–1799)
Hamburger Kaufmann, Anhänger der Aufklärung, organisiert das Harvestehuder Freiheitsfest. Vertritt die Interessen Hamburgs in Paris.

Spinoza, Baruch (1632–1677)
Niederländischer Philosoph. Erkennt die Trennung zwischen Welt/Natur und Gott nicht an, leugnet die Willensfreiheit. Seine Rezeption durch → Lessing und → Mendelssohn löst den Spinoza-Streit aus; *Spinozismus* wird gleichbedeutend mit Atheismus gesetzt.

Stolberg, Christian (1748–1821) und Friedrich Leopold (1750–1819) Grafen zu
Dichter und Übersetzer (Homer), lebenslange Freundschaft zu Claudius; Gegner aufgeklärter Reformen. Friedrich Stolberg löst durch seinen Übertritt zum Katholizismus einen Skandal aus, in dem Claudius für seinen Freund Partei ergreift.

Tettenborn, Karl Freiherr von (1778–1845)
Preußischer General in russischen Diensten, wurde im Frühjahr 1813 beauftragt, den hanseatischen Aufstand gegen die Franzosen zu unterstützen, veruntreute die sogenannte „Gotteskasse".

Vandamme, Dominique (1770–1830)
Französischer General, einer der Kommandeure bei der Wiederbesetzung Hamburgs 1813.

Voß, Johann Heinrich (1751–1826)
Sohn eines Kammerdieners, kann durch Unterstützung → Boies in Göttingen studieren, schließt sich dem *Göttinger Hain* an, übernimmt die Herausgabe des *Musen-Almanach*. Tritt in Hamburg den Freimaurern bei. Lebt zeitweise bei Claudius in Wandsbek. Die Freundschaft kühlt ab, als Claudius sich gegen die Aufklärung und den Egalitätsgedanken positioniert. Voß heiratet Ernestine Boie.

Voß, Ernestine, geborene Boie (1756–1834)
Tochter von Heinrich Boie, dem Gönner von Voß. Briefwechsel mit Rebekka Claudius.

Wieland, Christoph Martin (1733–1813)
Begründete die deutsche literarische Rezeption der Antike, prägte als Erzieher des → Herzogs Carl August das Geistesleben in Weimar. Dort 1784 Begegnung mit Claudius. Die Mitarbeit am *Teutschen Merkur*, der von Wieland konzipiert wurde, lehnte Claudius ab.

Zinnendorf, Johann Wilhelm Kellner von (1731–1782)
Militärarzt, führender Freimaurer, vertritt die Richtung der *Strikten Observanz;* begründet 1770 die Große Landesloge der Freimaurer von Deutschland. Claudius lernt ihn während der Reise 1775 kennen.